■ "民族地区经济社会发展研究中心" 资助

西北民族地区
新型城镇化发展研究

李长亮 著

中国社会科学出版社

图书在版编目（CIP）数据

西北民族地区新型城镇化发展研究／李长亮著 . —北京：中国社会科学
出版社，2017.4

ISBN 978 - 7 - 5203 - 0167 - 1

Ⅰ . ①西…　Ⅱ . ①李…　Ⅲ . ①民族地区—城市化—研究—西北地区
Ⅳ . ①F299.274

中国版本图书馆 CIP 数据核字（2017）第 064006 号

出 版 人	赵剑英
责任编辑	孔继萍
责任校对	李　莉
责任印制	李寡寡

出　　　版	中国社会科学出版社
社　　　址	北京鼓楼西大街甲 158 号
邮　　　编	100720
网　　　址	http://www.csspw.cn
发 行 部	010 - 84083685
门 市 部	010 - 84029450
经　　　销	新华书店及其他书店

印刷装订	北京市兴怀印刷厂
版　　　次	2017 年 4 月第 1 版
印　　　次	2017 年 4 月第 1 次印刷

开　　　本	710 × 1000　1/16
印　　　张	14
插　　　页	2
字　　　数	233 千字
定　　　价	68.00 元

前　言

　　新型城镇化是当前我国一项重要发展战略。新型城镇化是一个复杂的系统演变过程，它既是农村人口向城镇集聚的过程，同时也是城乡经济、社会、空间结构等的优化过程，最终实现城乡生活条件、社会经济结构、空间布局、社会公共服务等协调发展。西北民族地区的新型城镇化是我国新型城镇化战略的重要组成部分，关系着国家新型城镇化战略的实施成效。但是西北民族地区的新型城镇化具有自身的特点，不能完全照搬其他地区的新型城镇化发展战略，应该从自身实际出发，制定适合本地区的新型城镇化发展相关战略。

　　我国社会经济的发展具有明显的区域差异性。西北民族地区的经济发展相对滞后、产业结构不合理、生态环境恶劣，同时又是多民族聚居区、贫困落后区和重要的生态功能区，因此西北民族地区的新型城镇化与其他地区有明显的区别。西北民族地区在新型城镇化过程中要以国家新型城镇化战略为指导，结合西北民族地区实际，形成适合当地实际的发展战略，这就需要解决以下关键问题：中国新型城镇化规划与西北民族地区新型城镇化战略选择、新型城镇化规律是否适合于西北民族地区、新型城镇化的集约功能与西北民族地区城镇空间结构的碎片化、经济发展与社会发展的断裂等，因此应促进新型城镇化体制机制创新、生态环境改善、城镇空间结构优化，进而提高新型城镇化质量。

　　新型城镇化与城镇承载力是密切相关的，新型城镇化应该以城镇承载力为基础稳步推进。城镇承载力系统是一个复杂的巨系统，具有自己特殊的结构和功能。根据西北民族地区城镇化发展中的关键问题，构建西北民族地区城镇承载力系统，以此为基础对西北民族地区城镇承载力水平进行评价，为制定新型城镇化战略提供基础。新型城镇化与城镇承载力是相互制约、相互促进的。一方面，在推进新型城镇化的同时要提高城镇承载力；另一方面，提高城镇承载力的同时要促进新型城镇化发展。城镇承载力不仅取决于资源绝对量的多少，同时受资源使用效率的影响。由于城镇承载力是一个复合系统，其水平的高低不仅取决于各子系统承载力水平的高低，还取决于各子系统的协调性。因此，提高城镇承载力不仅要提高各子系统的承载力，同时要提高各子系统的协调性，进而提高城镇综合承载力。

西北民族地区在新型城镇化过程中促进城乡一体化发展，要加强农村基层组织的建设。农村基层组织是新型城镇化过程中连接农村和城镇的重要节点，加强农村基层组织建设，提高基层组织的服务能力和服务水平，使其能够和城镇的社会治理协调，促进城乡社会治理一体化的实现。建立城乡社会协同治理的制度。社会治理具有一定的复杂性，而制度是保障城乡社会治理协同发展的基础。因此，在新型城镇化过程中，要建立城乡社会协同治理的制度，主要包括流动人口管理制度、就业制度、短期社会保障制度、医疗报销制度等涉及农业转移人口切身利益的相关制度。加强农村社区建设。当前城镇社区建设相对完善，对新型城镇化过程中的社区管理起到了积极的促进作用，但是农村社区治理相对滞后，因此要加强农村社区治理，提高社区服务水平，实现城镇社区治理与农村社区治理的协同发展。

西北民族地区在新型城镇化过程中要加强生态补偿。生态环境对民族地区来说尤为重要，但是其生态环境相对恶劣，因此应加强对其生态补偿。生态补偿的前提是明确西北民族地区生态环境恶化的形成机制。西北民族地区生态环境的恶化不仅是 PPE 怪圈和 RAP 怪圈恶性循环的结果，更为重要的是 PPE 怪圈和 RAP 怪圈耦合作用的结果，农业经济结构单一和环境退化成为 PPE 怪圈和 RAP 怪圈恶性循环的耦合节点。因此，西北民族地区在新型城镇化过程中应加强生态补偿，调整农村产业结构，增加农民收入来源，进而改善生态环境。

总之，西北民族地区新型城镇化是一项系统工程，本书主要对当前其西北民族地区新型城镇化的基础条件、城镇承载力、城乡一体化和生态补偿等相关问题进行研究，为促进西北民族地区新型城镇化发展提供一定的借鉴。

本书只是对西北民族地区新型城镇化相关问题的一些阶段性思考，由于笔者的知识所限，错误和不足在所难免，恳请学界同人提出批评，以鼓励我在科学研究的道路上继续探索。

本书在写作过程中参考了大量的文献，对直接引用的文献都尽可能地一一注明出处，对参阅的文献也在书末尽可能地一一列出，如有遗漏，实非故意，敬请原文献作者谅解。在此对所有引用文献和参阅文献的作者表示诚挚的谢意！

李长亮

2016 年 12 月 15 日

目　录

第 一 章

导　论

新型城镇化是一个复杂的系统演变过程,它既是农村人口向城镇集聚的过程,同时也是城乡经济、社会、空间结构等的优化过程,最终实现城乡生活条件、社会经济结构、空间布局、社会公共服务等协调发展。对于我国的城镇化,党和政府明确提出"走中国特色城镇化道路"。对"中国特色城镇化道路"不管是在理论上还是在实践上都有众多的研究,这些研究成果对我国的城镇化起到了积极的促进作用;但是在这些研究成果中,对西北民族地区新型城镇化的研究较少,西北民族地区的新型城镇化是我国新型城镇化战略的重要组成部分,西北民族地区的新型城镇化既有其他地区新型城镇化的共性也有其自身的特殊性,因此要制定科学的新型城镇化战略就要对西北民族地区新型城镇化相关问题进行深入研究,特别是要从当前制约西北民族地区新型城镇化发展的因素出发,在此基础上提出相应的对策建议。

第一节　研究背景与研究意义

一　研究背景

西北民族地区城镇化是在新型城镇化的有关理论和国家新型城镇化战略的指导下,以西北民族地区社会经济发展的现实为基础进行的,要制定科学合理的民族地区城镇化战略,就要对西北民族地区新型城镇化的背景做系统分析。

（一）理论背景：城乡统筹与建设和谐社会

科学发展观中提出"五个统筹"，城乡统筹是其中的一个重要内容。所谓城乡统筹，就是要坚持贯彻工业反哺农业、城市支持农村的方针，正确处理农业和农村、农业和工业、农村人口和城镇人口的关系，通过以工促农、以城带乡、城乡协调发展，积极稳妥地推进城镇化，形成城乡社会经济一体化新局面，实现城乡共同繁荣。城乡统筹是解决当前西北民族地区社会经济发展中问题的重要指导，而实现城乡统筹的一个重要途径就是新型城镇化。首先，城乡统筹是破解二元经济结构的根本途径。城乡二元经济结构是指现代化的工业和技术落后的农业同时并存的经济结构。这主要表现为：城市经济以现代化的工业为主，农村经济以小农经济为主；城市基础设施发达，而农村基础设施落后；城市的收入水平和消费水平远远高于农村；部分剩余劳动力滞留农村等。这些现象的出现，是发展中国家或地区在发展中突出的结构问题，也是制约发展中国家或地区发展的重要因素，因此发展中国家或地区的现代化，重要的是要突破城乡二元经济结构，实现国民经济的工业化和现代化。当前西北民族地区的城乡二元结构几乎具备了如上所有特征，要实现西北民族地区的工业化和现代化，必须突破城乡二元经济结构。其次，城乡统筹是实现城乡资源优化配置的重要途径。城乡统筹中以工促农就是要合理地配置城乡公共资源，特别是加强工业对农业发展的带动作用，提高农业综合生产能力，改变当前农业在整个国民收入分配中的不利地位。通过工业带动农业，形成具有一定规模和特色的农业生产体系，推动农产品生产、加工的结构升级，改变农业在市场经济中的地位，进而促进城乡资源的优化配置。再次，城乡统筹是实现城乡协调发展的重要举措。城乡协调发展是促进城乡经济发展和社会发展的重要途径，也是保持社会稳定的根本。当前西北民族地区城乡经济差异、各种社会保障差异等问题的存在制约了西北民族地区的总体发展。通过城乡统筹，为农民进城就业、农业可持续发展、农村全面发展创造条件，实现农村经济和城镇经济互相促进、协调发展；农村基础设施建设与社会经济发展要求相适应；农村各种社会保障与社会发展相适应，进而实现城乡协调发展。由此可见，城乡统筹是国家宏观发展战略的重要内容，而新型城镇化是实现城乡统筹的根本途径。

建设和谐社会是人类社会所追求的一种美好社会，中共十六大和十六届三中全会、四中全会，明确提出了到 2020 年构建社会主义和谐社会的目标和主要任务。首先，建设和谐社会，发展是基础。必须坚持用发展的办法解决前进中的问题，大力发展社会生产力，不断为社会和谐创造雄厚的物质基础，同时更加注重发展社会事业，推动经济社会协调发展。而这里的发展是指全面发展，即包括经济、社会、生态等各个方面在内的发展；建设和谐社会首要的是发展，包括经济、社会、生态等全面发展。经济发展是基础，和谐社会的建设需要一定的物质基础，因此应该加快经济的发展；社会发展是条件，各项社会事业如社会保障体系的地区差异、城乡差异是当前不和谐的一个重要体现，建设和谐社会就要促进各项社会事业的发展，缩小地区差距、城乡差异；生态建设是保障，人与自然和谐发展是建设和谐社会的重要内容，加强生态建设，为和谐社会的建设提供生态环境保障。其次，建设和谐社会要千方百计扩大就业。建设和谐社会就要把就业放在更加突出的位置，坚持实施积极的就业政策，充分发挥市场的调节作用，通过发展劳动密集型产业、服务业和其他产业，增加就业岗位，同时建立促进就业的长效机制。再次，加快建立完善的社会保障体系。建立健全与社会经济发展水平相适应的社会保障体系，确定合理的保障标准和保障方式，逐步完善城乡医疗、失业、养老等各种保障制度，提高社会保障的层次，优化社会保障体系，逐步实现城乡统一的社会保障体系。最后，建设和谐社会要实现人与自然和谐相处。建设和谐社会不仅要促进经济发展、人们生活水平的提高，同时要正确处理人与自然的关系。人是生活在自然环境中的，需要与自然环境进行物质、信息、能量等交流，只有正确处理人与自然的关系，才能实现生产发展、生活富裕和生态良好，否则就会形成生产落后、生活贫困和生态破坏，加剧人与自然的矛盾。

由上可见，不管是城乡统筹还是建设社会主义和谐社会，新型城镇化是其重要途径。新型城镇化可以建立城乡一体化的社会经济体系，打破城乡二元经济结构，优化城乡资源配置。新型城镇化的发展可以促进城乡社会、经济、生态的全面发展，促进城乡社会保障体系的建设，改善城乡生产、生活环境，实现城乡协调发展。

（二）现实背景：西北民族地区总体发展水平滞后

西北民族地区主要分布在边疆地区，这些地区同时又是生态脆弱区、贫困落后区、社会事业发展滞后区，当前又有很多地区成为禁止开发区和限制开发区，这些地区总体发展水平滞后，主要表现为以下几个方面。

首先，生态环境脆弱。西北民族地区特殊的地理环境和气候条件，加上落后的经济，使生态环境极度脆弱。沙漠化面积在不断扩大，西北民族地区的沙漠化是多种原因造成的，有气候原因、也有人为原因，更重要的是人为原因，特别是过度放牧、过度采伐、水资源利用不当等行为，加速了西北民族地区的沙漠化；植被破坏严重，植被的破坏主要是因为过度放牧和乱砍滥伐造成的，西北民族地区的草原主要由干旱草原、荒漠草原和高山草甸草原构成，草原的产草量低，承载能力相应也低，而广大农牧户为了追求经济效益而盲目增加牲畜数量，使牲畜数量远远超过草场的承载力，使得草场严重退化，许多地区出现了沙漠化；水土流失严重，水土流失是西北民族地区生态恶化的突出表现之一，水土流失的原因同样有自然原因和人为原因，自然原因主要是因为土质疏松，遇到强降雨会造成大量的水土流失；根本的原因还是人为原因，乱砍滥伐造成植被破坏，蓄水能力降低，使水土流失更加严重。从西北民族地区城镇的微观生态环境来看，发展也相对滞后，城镇的建成区绿化状况、废弃物的处理、单位GDP耗能、资源节约等方面都较差，这说明西北民族地区城镇生态环境发展总体较差。

其次，西北民族地区经济落后。西北民族地区的经济在改革开放以来得到了快速的发展，部分地区已经脱离了贫困状况，正向小康迈进。但是，总体来看，西北民族地区的经济发展较为落后。第一，经济结构不合理。西北民族地区的经济是在传统农牧业经济的基础上发展起来的，由于自然、地理位置、经济基础等条件的制约，第二、三产业发展相对滞后，产业结构的调整无法适应当前社会经济发展的需要。第二，以资源开发为主的发展模式使其发展的可持续性较差。西北民族地区经济发展较好的地区大多数是资源富集地区，这些地区不管是从GDP总量来看，还是从其他方面来看，发展势头都较好，如青海的格尔木市、新疆的克拉玛依市等，城镇经济发展较好，但是主要依靠资源开发，后续产业发展不足，发展的可持续性较弱。第三，区域间发展水平差异较大，制约了西北民族地区总体发展水平的提高。西北民族地区由于总体经济发展水平滞后，部分地区凭借资源优势加速发展，经济总量、人均收入水平、各项社会事业等发展较好，有的甚至远远超过全国平均水平，但是其他地区的发展又较为落后，区域间的这种差异使相互间的带动作用不强，孤岛式的发展制约了区域总体经济发展水平的提高。第四，社会事业发展相对滞后。各项社会事业的发展是一个地区发展水平的重要体现，虽然西北民族地区的社会事业发展相对较好，但是与东中部地区相比仍然较为落后，在一定程度上仍然制约了西北民族地区的进一步发展。

由此可见，西北民族地区在生态、经济、社会等各个方面都有一定程度的发展，同时也存在较大的问题，在这样的背景下进行新型城镇化，就应该科学分析新型城镇化的客观基础，制定合理的新型城镇化发展战略，保证新型城镇化的科学性、合理性，实现新型城镇化可持续发展。

（三）政策背景：国家城镇化发展战略

纵观我国的城镇化发展战略，主要有以下相关政策。1979 年 9 月，党的十一届四中全会通过的《中共中央关于加快农业发展若干问题的决定》提出"有计划地发展小城镇建设和加强城市对农村的支援。这是加快实现农业现代化，实现四个现代化，逐步缩小城乡差别、工农差别的必由之路"。1980 年，全国城市规划工作会议确定了"控制大城市规模，合理发展中等城市，积极发展小城镇的方针"。1994 年 9 月，建设部、国家计委、国家体改委、国家科委、农业部、民政部六部委联合发布《关于加强小城镇建设的若干意见》，这是我国第一个关于小城镇发展的指导性文件，是政府引导城镇化的真正开端。1995 年 4 月，根据国务院原则同意《关于加强小城镇建设的若干意见》的要求，国家体改委、建设部、公安部、国家计委、国家科委、中央机构编制委员会办公室、财政部、农业部、民政部、国家土地局、国家统计局等联合发布《中国小城镇综合改革试点指导意见》，决定依靠地方政府和各有关部门，选择一批小城镇，进行综合改革试点。1998 年 10 月，《中共中央关于农业和农村工作若干重大问题的决定》提出，"发展小城镇，是带动农村经济和社会发展的一个大战略"。2000 年 6 月，中共中央、国务院发布了《关于促进小城镇健康发展的若干意见》，指出当前小城镇建设中"存在一些不容忽视的问题"。2005 年，胡锦涛强调，坚持走中国特色的城镇化道路，按照循序渐进、节约土地、集约发展、合理布局的原则，努力形成资源节约、环境友好、经济高效、社会和谐的城镇发展新格局。2008 年，中共十七届三中全会通过《中共中央关于推进农村改革发展若干重大问题的决定》，允许农民以转包、出租、互换、转让、股份合作等形式流转土地承包经营权，发展多种形式的适度规模经营。2010 年，中央经济工作会议明确强调"城镇化是我国现代化建设的历史任务，也是扩大内需的最大潜力所在，要围绕提高城镇化质量，因势利导、趋利避害，积极引导城镇化健康发展"，会议还着重强调，未来大中小城市和小城镇、城市群要科学布局，与产业布局、环境资源相协调，而且"要把有序推进农业转移人口市民化作为重要工作抓实抓好"。2012 年 12 月，中央经济工作会议指出，城镇化是我国现代化建设的历史任务，也是扩大内需的最大潜力所在，要围绕提高城镇化质量，因势利导、趋利避害，积极引导城镇化健康发展。2014 年，《国家新型城镇化规划（2014—2020 年）》指出新型城镇化是以人为核心的城镇化。

与传统城镇化相比，新型城镇化至少应该包括以下内涵。第一，以"人"为本的城镇化。人是新型城镇化的主体，城镇化的发展是为了促进人的全面发展，因此在城镇化过程中应该强调人的主体地位，实现经济发展、生活水平提高、生活环境美化、社会事业不断发展，形成以人为本、经济繁荣、环境优美、社会稳定、和谐发展的城镇化。第二，经济城镇化。经济城镇化是新型城镇化的基础，经济城镇化就要促进城镇经济的发展，主要包括经济结构的调整、经济发展水平的提高以及经济规模的扩大，以此提供更多的就业机会，提高人口收入水平，改善生活质量。第三，生态城镇化。生态城镇化是新型城镇化的重要内容，在城镇化过程中不仅要促进经济的发展，同时要改善城市生态环境，营造良好的生活环境，提高人口生活质量。第四，社会城镇化。社会城镇化是新型城镇化的保障，在经济、生态发展的同时应该促进各项社会事业的发展，包括人们生活观念、生活方式等的转变，特别是加强各项社会保障和公共服务事业的发展，进而促进人口的全面发展。

由此可见，新型城镇化是要促进生态、经济、社会等各个方面的发展，在发展过程中必须防止传统城镇化只注重城镇规模而忽视城镇质量、只注重人口城镇化而忽视生态和各项社会事业的城镇化、只注重单方面的城镇化而忽视综合城镇化的发展模式，而新型城镇化是全面、健康、可持续发展的城镇化。

二　研究意义

（一）理论意义

理论意义主要有以下几个方面：第一，对西北民族地区新型城镇化的总体概况进行研究。西北民族地区新型城镇化具有自身的特点，这些特点主要是由西北民族地区自身的发展基础、自然资源环境等因素决定的，因此对这些内容应该进行深入研究，形成西北民族地区新型城镇化的相关理论。第二，构建西北民族地区城镇承载力体系。新型城镇化是在城镇承载力的基础上推进的，根据西北民族地区新型城镇化的实际，从资源承载力、环境承载力、经济承载力、社会承载力和综合承载力的角度研究西北民族地区城镇的承载力，为西北民族地区新型城镇化提供科学的理论指导。第三，对西北民族地区城乡一体化进行研究。城乡一体化是新型城镇化的重要内容，新型城镇化过程中促进城乡一体化发展也是新型城镇化的重要目标，因此对西北民族地区新型城镇化与城乡一体化进行研究，形成新型城镇化促进城乡一体化的相关理论，为西北民族地区城乡一体化发展提供借鉴。第四，构建西北民族地区生态补偿机制。西北民族地区是我国重要的生态功能区，同时也是生态脆弱区，在新型城镇化过程中要加强生态补偿，促进生态环境的发展，为西北民族地区乃至全国的发展奠定良好的生态环境基础。

（二）实践意义

西北民族地区城镇化是我国城镇化战略的重要组成部分，西北民族地区的新型城镇化发展状况将决定着我国新型城镇化战略目标的实现与否。西北民族地区的新型城镇化与其他地区的新型城镇化有着许多共同的方面，也有其自身的特点，如发展基础、资源环境条件、自然条件、地理位置、生活方式与价值观念等，这些差异的存在决定了西北民族地区的城镇化不能重复其他地区新型城镇化的发展模式与路径，应该形成适合西北民族地区的独特的新型城镇化发展战略。因此，通过对西北民族地区新型城镇化的相关问题进行研究，主要包括城镇承载力系统、城乡一体化、生态补偿等，对促进西北民族地区新型城镇化发展提供借鉴。

第二节　研究内容及概念的界定

一　研究内容

研究内容主要包括以下几个方面：

第一，导论。在导论部分中主要介绍研究背景、研究意义、研究思路、研究内容和相关概念的界定，通过这些内容的研究为后面的研究奠定基础。

第二，西北民族地区新型城镇化概述。该部分内容主要对西北民族地区新型城镇化的发展水平、制约因素、发展意义等相关内容进行研究。

第三，西北民族地区新型城镇化与城镇承载力。该部分内容主要对西北民族地区城镇承载力系统进行研究，构建西北民族地区城镇承载力。

第四，西北民族地区新型城镇化与城乡一体化。这部分内容主要研究城乡一体化的相关理论，并对西北民族地区城乡一体化水平进行评价，并通过新型城镇化促进城乡一体化发展。

第五，西北民族地区新型城镇化与生态补偿。这部分内容主要对新型城镇化与生态环境的关系进行研究，然后对生态补偿的理论、西北民族地区生态环境恶化的机制、生态补偿机制等相关内容进行研究。

第六，主要观点。

二　概念的界定

（一）新型城镇化

在理论研究中，当前"城镇化"和"城市化"两个概念都广泛应用，这就形成了两种观点，一种认为"城镇化"和"城市化"是一致的，二者之间没有本质的区别；另一种认为"城镇化"和"城市化"是有区别的，"城市化"是主要发展大中城市，"城镇化"是发展小城镇。但是，在相关文献中，对"城市"和"城镇"有以下几种理解：第一，城市的狭义理解：只含市不含镇；第二，城市的广义理解：含市又含建制镇；第三，城镇的狭义理解：含市和建制镇；第四，城镇的广义理解：含市、建制镇且含集镇。

　　本研究认为，"城镇化"和"城市化"是一致的。理由如下：第一，从英文表述中来看"城镇化"和"城市化"都是 urbanization，只是在翻译的时候，有的译为"城镇化"，有的译为"城市化"，还有译为"都市化"，如日本和我国的台湾地区，虽然在翻译的表述上不同，但是二者的内涵是一致的；第二，1982 年中国城市与区域规划学界和地理学界在南京召开的"中国城镇化道路问题学术讨论会"上，明确指出"城市化"和"城镇化"是同义语，并且建议用"城市化"代替"城镇化"。第三，在 1989 年通过的《中华人民共和国城市规划法》中明确指出："本法所指的城市，是指国家按行政建制设立的直辖市、市、镇。"由此可见，广义的城市化和狭义的城镇化内涵是完全一致的。

　　新型城镇化是当今我国最为重要的社会、经济现象，同时也是我国"十三五"时期国家的重要发展战略。对城镇化的研究国内外已有很长的历史时期，但是对城镇化的研究涉及多个学科，每个学科从自身研究的角度出发，由于研究的侧重点不同，对城镇化给予不同的界定，迄今为止，对城镇化没有一个完整统一的解释。近年来，我国的经济学家、社会学家、人口学家、城市地理学家等专家学者对我国城镇化问题进行了深入的探讨和研究，并取得了具有重要指导意义的学术成果。但是这些专家学者主要是从自身研究领域的特点出发来研究城镇化的，因此不同学科、不同学者对城镇化的具体理解有所不同。经济学对城镇化的研究主要是从经济发展与城镇发展的关系出发来研究城镇化的，强调城镇化在城乡关系协调发展、农村经济发展、城乡产业结构、就业结构等方面，使农村经济向城市经济转化，特别强调生产要素流动在城镇化过程中的作用，强调通过资本、劳动力、技术、社会文化等要素的城乡流动，促进农村经济结构的转化，农业活动向非农业活动转化。社会学以社群网（即人与人之间的关系网）的密度、深度和广度作为研究城市的对象，强调农村社会生活方式向城市社会生活方式为主的转变。人口学家主要是研究农村和城市人口数量和人口结构的变化来研究城镇化的，强调城市人口数量的增加变化情况、城市人口在一个地区总人口中比例的提高，以及城市人口规模的分布及变动等，认为城镇化是农村人口向城镇集聚的过程，并分析这种积聚对经济、社会等产生的影响。地理学家强调城镇化对农村和城镇之间的经济、社会、人文等关系变化的影响，认为城镇是人类各种活动的中枢，城镇化是由于社会生产力的发展而引起的农业人口向城镇人口、农村居民点结构向城镇居民点结构转化的过程；他们特别从地域空间的角度出发来思考城镇化，一方面强调城镇数量的扩张，另一方面强调已有城市地域的扩大。此外，不同学者对城镇化所做的界定也不相同，程春满等认为："城市化是指农村人口向城市转移和聚集，以及城市数目和规模不断增加和扩大的现象。"① 邹彦林认为："城市化过程是社会生产力变革所引起的生产方式，生产力布局，人口分布及生活方式客观演变的过程。"② 侯蕊玲认为："城市化进程，就是一个经济发展，经济结构和产业结构演变的过程，又是一个社会进步，社会制度变迁以及观念形态变革的持续发展过程。"③ 郑弘毅认为："城镇化指乡村人口向城市人口转化，以及人类的生产、生活方式由乡村型向城市型转化的一种普遍的社会现象。"④ 姜爱林认为："城镇化是农村人口不断向城镇迁移和集中为特征的一种历史过程，一方面表现在人的地理位置的转移和职业的改变以及由此引起的生产与生活方式的演变，另一方面则表现为城镇人口和城镇数量的增加及城镇经济社会化、现代化和集约化程度的提高。"陈明艺认为："城镇化是指由工业化引起并伴随工业化发展过程而产生的农村人口向城市迁移，使城市人口比重不断提高的过程，是一个从乡村社会逐步变为现代化城市社会的历史过程，其实质是农村人口的城镇化。"⑤

综上所述，新型城镇化是一个复杂的系统演变过程，涉及人口、社会、经济、城域空间、居住环境等方面的变化，这既是生产要素集聚的过程，也是社会文化扩散的过程，这种集聚与扩散不仅是规模上的，而且是

---

① 程春满：《城市化取向：从产业理念转向生态思维》，《城市发展研究》1998年第5期。

② 邹彦林：《我国城市发展宏观思考》，《江淮论坛》1999年第2期。

③ 侯蕊玲：《城市化的历史回顾与未来发展》，《云南社会科学》1999年第2期。

④ 郑弘毅：《我国乡村城市化的主要理论和基本特征》，《城乡建设》1998年第7期。

⑤ 陈明艺：《城市化与农民工人养老保障制度的联动效应》，《浙江工商大学学报》2005年第2期。

质量上的，最终使社会经济结构、城乡空间布局、居民生产生活方式等都发生根本性的改变。但是，我国的新型城镇化表现为东中部地区发展较好、西部地区发展缓慢，特别是西北民族地区发展速度更加缓慢。西北民族地区的新型城镇化是我国城镇化战略的重要组成部分，直接影响全国的新型城镇化发展。西北民族地区大多又是全国的生态涵养区，同时也是资源富集区、民族文化复杂区和贫困落后地区，在这种复杂的条件下，西北民族地区的新型城镇化必须从自身特点出发，制定符合本区域实际的新型城镇化发展战略。

（二）民族地区

民族地区有两种含义，一是少数民族聚居地区，二是民族自治地方。少数民族聚居地区是一个自然概念，而民族自治地方是一个行政概念，二者之间并不完全一致，因此需要对该概念进行界定。对于少数民族聚居地区，主要是从空间地理来看，有大量的汉族以外的民族居住的地方，这些地区可能是民族自治地方也可能不是民族自治地方，如青海省、贵州省等。民族自治地方是指在一个地区设立自治机关、行使自治区的民族自治地方，包括自治区、自治州、自治县、自治乡等。根据当前新型城镇化的内涵以及发展目标，所研究的西北民族地区主要是指少数民族聚居地区，并且这些地区的发展在空间结构上能够对其他地区产生一定影响，在发展过程中对当地新型城镇化具有重要促进作用的地区。根据国家城镇化发展战略以及西北民族地区城镇化发展的实际，所选择的西北民族地区主要包括甘肃、宁夏、青海、新疆四省区。

第三节 国内外相关研究进展

一 国外相关研究进展

城镇化或城市化（urbanization）是社会经济发展到一定历史阶段的产物，是衡量一个国家或地区社会、经济、文化、科技等发展水平的重要标志，也是促进区域社会经济全面发展的重要途径。城市化最早是1867年西班牙工程师塞达（A. Serda）在他的《城市化原理》中首次提出的。此

后随着西方城市化的发展，引起了社会学、人口学、经济学、地理学等众
多学者的关注。纵观国外已有的研究成果，对城镇化（城市化）的研究
主要集中在以下几个方面。

（一）城镇化的内涵

对于城镇化的内涵主要有狭义和广义之分。狭义的城镇化，即人口城
镇化，一方面是指农村人口迁移到城市，使城市人口增加、规模扩大的过
程，也称为人口迁移城镇化；另一方面是指通过社会经济发展的促进，使
农村地区转变为城镇，也称为人口就地城镇化。从世界各国的城镇化过程
来看，主要是通过人口迁移促进的城镇化。广义的城镇化是在人口城镇化
的基础上同时包括土地城镇化、经济城镇化、生活方式城镇化、文化城镇
化、价值观念城镇化等，这些城镇化都是以人口城镇化为基础的。只有人
口城镇化的发展才能带动土地城镇化，同时随着农村人口向城镇集聚，逐
步融入城镇，促进生活方式、文化、价值观念等的城镇化。国外对城镇化
的理解主要是从不同的研究角度进行的。人口学对城镇化的定义强调了城
镇人口的集中，主要是通过农村人口向城镇集中形成的城镇人口比重不断
上升的现象。赫茨勒指出："城市化，就是人口从乡村地区流入大城市以
及人口在城市集中。"① 威尔逊（Christopher Wilson）认为："人口城市化
即指居住在城市地区的人口比重上升的现象"。② 经济学认为城镇化是农
村生产要素向城镇集聚，形成农村经济向城市经济转化的过程。美国学者
沃纳·赫希认为："城镇化是指以人口稀疏而且相当均匀地遍布于空间、
劳动强度大而且个人分散单干为特征的农村经济向特征与其基本相反城市
经济转化的变化过程。"③ 英国经济学家 K. J. 巴顿认为："城市是一个坐
落在有看空间地区的各种经济市场——住房、土地、运输等等相互交织在
一起的网状系统。"④ 社会学意义上的城镇化强调的是农村社会向城市社

---

① ［美］赫茨勒：《世界人口的危机》，何新译，商务印书馆 1963 年版，第 52
页。

② C. Wilson, The Dictionary of Demography, Oxford, 1986：225.

③ ［美］沃纳·赫希：《城市经济学》，中国社会科学出版社 1990 年版，第 22
页。

④ ［英］K. J. 巴顿：《城市经济学》，商务印书馆 1984 年版，第 14 页。

会的转变，城镇化是随着人口向城镇积聚的同时城市生活方式、社会文化、价值观念等的扩散过程。美国社会学家路易斯·沃斯（Louis Wirth）指出："城市化意味着乡村生活方式向城市生活方式发生质变的全过程，从社会学角度建立城市研究的三个方面的结构：第一，包括人口、技术、生态秩序的物质结构；第二，典型的社会结构，包括一系列的社会制度，典型的社会关系的社会组织的结构；第三，一系列的态度和概念乃至典型的集体行动，加上城市机构的社会统治下一系列的个性结构。"① 美国学者弗里德曼（J. Friedman）将城市化区分为城市化Ⅰ和城市化Ⅱ，前者包括人口和非农业活动在规模不同的城市环境的地域集中过程，非城市景观转化为城市景观的地域推进过程；后者包括城市文化、城市生活方式和价值观在农村的地域扩散过程。因此，城市化Ⅰ是可见的、物化了的或实体性的过程，城市化Ⅱ则是抽象的、精神上的过程。② 地理学对城市化的研究主要是强调城镇景观的改变，即人口、产业、地域等由乡村地域景观向城市地域景观的转变过程。日本地理学家山鹿城次指出："现代的城市化概念，据我看应该包括四个方面：一是原有市街的再组织、再开发；二是城市地域的扩大；三是城市关系的形成与变化；四是大城市地域的形成。"③

此外，生态学、军事学、政治学等学科也从自己的研究调度对城镇化进行了诠释，对城镇化的发展具有重要的指导意义。

（二）城镇化的理论

1. 城乡结构转换理论

城乡结构转换即从传统的二元经济结构转换为同质的一元结构。美国发展经济学家阿瑟·刘易斯通过对埃及、印度等发展中国家的经济发展进行研究，在1954年发表了《劳动力无限供给下的经济发展》；1955年发表了《经济增长理论》，提出了二元经济模型。他认为发展中国家经济由

---

① Wirth, Louis, Urbanism as a Way of Life, American Journal of Sociology, 44 (1938): 1 – 24.

② 康就升：《中国城市化道路研究概述》，《学术界动态》1990年第6期。

③ ［日］山鹿城次：《城市地理学》，朱德泽译，湖北教育出版社1986年版，第160页。

传统农业部门和现代工业部门两类不同性质的经济构成，由于农业部门收入水平低于工业部门，如果没有干涉，农业劳动者会自然向工业部门转移，促进工业部门的进一步发展，同时对农业剩余劳动力的需求进一步扩张。这主要是因为两部门生产和组织的不对称性形成的。刘易斯没有注意农业发展的重要性，拉尼斯和费景汉对二元经济模型进行了修正，认为工业和农业两部门平衡增长是非常重要的。乔根森指出农村劳动力转移的根本原因是消费需求，劳动力在农业部门就业满足了其对农产品的生产需求，当农产品剩余时，农业对劳动力的吸引力下降，劳动力就向工业流动。

2. 区位理论

早期的区位理论主要内容包括农业区位论、工业区位、中心区位论等，主要有杜能、韦伯、克里斯泰勒和弗里德曼等的代表性研究。区位理论通过探讨社会经济活动的空间布局对经济效率的影响，优化生产力布局。由于区位理论对现实经济活动具有重要的指导意义，现代区位理论得到了迅速发展，形成了以克鲁格曼、藤田昌久、维纳布尔斯等为代表的新经济地理学。克鲁格曼在1991年发表的《收益递增与经济地理》一文提出了"中心—外围"理论，他将空间经济模型纳入区位论的分析模型，揭示了经济地理积聚与产业集聚的内在机制。区位理论揭示了社会经济活动与各种环境要素的关系，通过对区域经济活动进行组织和调控，实现区域社会经济活动与空间环境的和谐发展。

3. 推拉理论

推拉理论是研究人口转移的重要理论，1880年英国研究人口迁徙的学者雷文斯坦（E. Ravenstien）发表了一篇《人口迁移理论》的论文，文中论述了人口迁徙的七条规律，该理论被看作是推拉理论的基础。一般认为系统地提出推拉理论的是巴格内（D. J. Bagne），他指出人口流动的目的是改善生活条件，流入地的那些有利于改善生活条件的因素就成为拉力，而流出地的不利的生活条件就成为推力，人口流动就是由推力和拉力这两股力量共同决定的。但是该理论相对简单，对具体原因的分析不全面。在巴格内之后，迈德尔（G. Mydal）、索瓦尼（Sovani）、贝斯（Base）、特里瓦撒（Trewartha）等人对该理论做了一些改进。特别是李（E. S. Lee）在《移民人口学之理论》一文中，在沿袭巴格内理论的基础上，认为流出地和流入地实际上都既有拉力又有推力，并补充了第三个因素，即中间障碍因素。他认为中间障碍因素主要包括距离远近、物质障碍、语言文化的差异，以及移民本人对于以上这些因素的价值判断，因此人口流动是这三个因素综合作用的结果。此后，推拉理论成为解释人口流动的重要理论。

4. 非均衡发展理论

非均衡发展理论是从区域动态发展的角度分析的，强调首先发展一些具有带动性的产业或地区，通过这些产业或地区的发展带动其他产业和地区的发展，最终实现均衡发展。非均衡发展理论主要有冈纳·缪尔达尔的循环累积因果论、赫希曼（A. O. Hirshman）的不平衡增长理论、佩鲁的增长极理论、克鲁格曼的中心—外围理论、拉垣等的梯度推移理论、威廉姆逊的倒"U"型理论等。非均衡增长理论认为，发展中国家或地区在起初发展的时候，由于受到资源、投资等各种要素的限制，必然存在非均衡依赖问题，即只能选择一些发展条件较好、带动性较强产业或地区进行优先发展，这些产业或地区发展的同时带动其他产业或地区的发展，最终实现均衡发展。

（三）城镇化的发展阶段

国外对城镇化发展阶段的研究主要是从城镇化与城镇社会、经济、环境等各个影响因素的关系出发进行研究，总结了一些具有代表性的理论。R. M. 诺瑟姆（Ray M. Northam）将不同国家和地区的人口城市化发展进程（即城市人口占总人口比重的提高）的共同规律描述为一条被拉平的 S 型曲线，并将城市化进程分为三个阶段：（1）城市化水平较低、发展速度较慢的初期阶段，其发展态势反映为 S 型曲线在左下段，曲线斜率较小；（2）人口向城市迅速集聚的中期阶段，其发展态势反映为 S 型曲线的中间段，曲线斜率较大；（3）进入高度城市化以后城市人口比重的增长又趋于缓慢甚至停滞的后期阶段，其发展形态反映为 S 型曲线的右上段，曲线斜率较小。日本学者今野修平认为，产业革命以来，近代城市发展经历了三个阶段：第一阶段，城市化（Urbanization）；第二阶段，特大城市化（Metroplitanization）；第三阶段，特大城市群化（Meglopolitanization）。日本学者山田浩之在研究了发达国家城市化进程后，将世界城市化发展过程分为三个阶段，即集中型城市化阶段、郊区化阶段和逆城市化阶段；六个时期，即绝对集中的城市化时期、相对集中的城市化时期、相对分散的郊区化时期、绝对分散的郊区化时期、绝对分散的逆城市化时期、相对分散的逆城市化时期。对于城市化发展阶段的理论模型主要有"差异城市化理论"（Theory of Differential Urbanization）和"城市发展阶段理论"（Stages of Urban Development）。"差异城市化理论"是由盖依尔（H. S. Geyer）和康图利（T. M. Kontuly）于1993年提出的，他们引入极化逆转理论分析世界上各地区人口变化的演化模式。他们认为大、中、小城市的净迁移量的大小随时间而变化，进而根据这种变化将城市化分为三个阶段：第一个阶段是大城市阶段，也叫作"城市化阶段"，在这一个阶段里大城市的净迁移量最大，大多数移民往大城市集中，大城市增长最快；第二个阶段是过渡阶段，即"极化逆转阶段"，在此阶段，中等城市由迁移引起的人口增长率超过了大城市由迁移引起的人口增长率；第三个阶段是"逆城市化阶段"，小城市的迁移增长又超过了中等城市的迁移增长。结合西方国家比较流行的发展周期的观点，盖依尔和康图利又进一步提出，"逆城市化"阶段结束后，紧接着又是城市发展的第二个周期，第二个城市发展周期又开始于"城市化"阶段，迁移人口再一次往大城市集中。[①]"城市发展阶段理论"是由霍尔（P. Hall）在1971年提出的，随后在1981年由克拉森等人进行了改进。该理论认为城市是具有生命周期的，在这个生命周期中，一个城市从"年轻的"增长阶段发展到"年老的"稳定或衰老阶段，然后进入到一个新的发展周期。该模型将一个城市划分为中心城区和中心城区周围的地区两个部分，并对这两个地区人口的增长进行模拟。该模型首先根据整个城市地区的人口数量是上升还是下降，以及是中心城区还是周围地区人口增长得更快或下降得更快，而将城市发展划分为城市化、郊区化、逆城市化和再城市化四个大的阶段；然后又根据中心城区和周围地区在人口增长率的上升和下降之间的转折点，将这四个大阶段中的每一个阶段都再一分为二，从而划分出八个小的阶段。[②]

---

① 王放：《中国城市化与可持续发展》，科学出版社2000年版，第65—66页。
② 同上书，第66页。

（四）城镇化的动因

国外对于城镇化动因的研究有众多的观点，有的学者认为城镇化是与工业化密切相关的，认为工业化是城镇化的直接推动因素；也有的学者认为城镇化是受农业剩余产品的生产影响；也有学者认为城镇化与劳动分工密切相关等。高佩义对其进行了系统总结。[①]

1. 工业化论和产业革命论

即认为产业革命的兴起使大规模的工厂化生产成为可能，随之而来的首先是产业然后是工艺专业化的扩大，工厂同新机器相结合，产生了规模经济效益。反过来又导致工厂规模的扩大，与此同时，交通运输业、产业服务业进一步扩大发展起来。因为所有这一切只有在城市环境里才能提供，所以城市化也随之加快。城市化的加速，不仅驱使人们离开土地，而且同时又增加了对农产品的需求。由于工业技术改革、耕作技术、食物保藏和运输方面的进步，使城市工业、产业、服务业的发展得到了食物上的保障。自动化时代的到来，加强和加速了城市化的进程，并从这些工业化城市发展成为美国的现代化大都市地区和英国的组合城市。这种观点是以欧美发达国家的城市化进程为依据的。

2. 农业剩余产品论

该观点认为城市化的界限，一般由该国家的农业生产力决定，或是由该国家通过交通、政治或军事力量从国外获得粮食的能力所决定。尽管现代某些国家可以通过国际贸易获得足够的粮食，但就整个世界而言，还是以第一产业生产力是否有余力作为城市继续存在的前提条件。持有这种观点的学者占相当多数，比较有代表性的人物有松巴特、芒罗、沃伊廷斯基等人。

3. 劳动分工论

有学者指出："劳动分工就是城市经济组织的基础"。他们认为，光凭农业生产力的不断提高而有了剩余粮食，并不一定必然导致城市的产生和发展。因为还必须有第二、三产业的发达。这是因为城市是第二、三产业区位的集聚。因而，如果农业生产大大提高后，而社会的全部人口从事

---

① 高佩义：《中外城市化比较研究》，南开大学出版社 2004 年版，第 409—41 页。

农业生产活动的话，城市化还是不可能产生。就是说，社会的分工是城市化不可缺少的前提条件。

4. 科技进步论或科技革命论

这主要是苏联某些学者的观点，他们认为"科技进步是城市体系发展的重要因素"。当然持此观点的学者并不认为科技进步或科技革命是城市化的唯一因素，只不过是特别强调了科技进步对城市化的重大推动作用，在现代科技突飞猛进的今天尤其如此。

概括地说，以上四种观点可以算作一派论点，统称为经济发展论或者生产力发展论。这主要是经济学界的观点。

5. 个人意识发展中心论

在国外研究城市化的学者中，有相当多一部分人在探讨城市化的动因或一般前提时，不仅考虑到物质方面的因素，而且也探讨了人本身的精神因素。有的人甚至特别强调精神因素，即人要求获得充分自我实现的欲望对城市化的重大推动作用。如德国著名社会学家马克斯·韦伯就把中世纪以后的城市看作是强烈的个人意识发展的中心。他认为，人们作为平等的个人在公事往来中相互制约；层次相同的人在经济社区中有同等的义务和权利；他们作为"公民"，在新的城市法律面前成了平等与"自由"的成员，摆脱了从前贵族所实行的那种传统等级制度的封建枷锁。正因为如此，才使城市有了巨大的吸引力，使大量的农村人口流向城市，使大量的工业家、艺术家等各类专家奔向城市。帕克指出，"总之，每个人都会在城市环境中找到一个最适合的道德气候，使自己的欲求得到满足。我猜想，许多乡下的青年男女放弃他们安适的乡间生活跑到城里来正是出于这种动机。而这种动机的基础，并非完全是追求利益，甚至也不是要追求情感，倒是追求一种更本质、更原始的东西"，这种东西不是别的，就是"施展自己本领的机会"①。

6. 综合论

国外有的学者认为，城市化的动因和一般前提比较复杂，历史时期不同、地域不同、国度不同、国际环境不同，城市化的动因也不同，而且个

---

① ［美］R. E. 帕克：《城市社会学》，宋俊岭等译，华夏出版社 1978 年版，第 34 页。

人的理论观点不同，看法也不尽一致。如有的学者指出，造成城市发展的因素是多种多样的，有技术的、社会文化的和涉及人口规模及环境特征的其他因素，很难确定究竟是哪种因素发挥着首要作用。持此观点的学者从食物生产、运输与原料利用的技术，社会文化变革，环境和人口，以及城市化的社会文化背景等四个方面综合了城市化的动因和一般前提。同时他们还注意研究分析了不同历史时期、发达国家与发展中国家之间的城市化动因和一般前提的重大区别。

（五）城市治理

1950 年以来，发展中国家城市化过程中出现了一系列问题，就是所谓的"城市病"，学术界对城市病开始了系统研究。特别是 20 世纪 70 年代以来，一些公共治理相关的理论蓬勃发展，如公共选择理论、新制度主义理论、新联邦主义、后官僚主义、新公共管理、第三部门理论等。"治理"理论被认为是解决一系列城市病的重要工具，很快就应用到城市管理上来。约翰·弗里德曼（John Friedman）认为，城市治理是"制定和实施城市和城市区域约束决定的社会过程"，并指出理想的城市治理结果应当是："一个丰饶的城市；一个生态可持续的城市；一个适于居住的城市；一个安全的城市；一个主动包容差别的城市；一个关爱的城市"，并指出这些"标准为全方位地改善城市提供愿景，……最终，它还提示我们城市要平衡发展，因此，任何一个标准不能因其他标准的原因而做出牺牲。让我们的城市最大限度地多产的同时，破坏环境（或安全，或适于居住性，等等）那太糟糕了。因为我们是生活在今天，而不是未来，因此必须找到一个在上述六个方面同时进步的、好的城市的路子"。① 皮埃尔（John Pierre）认为"城市治理是城市政府与非政府部门相互合作促进城市发展的过程"，他在考察西方发达国家城市发展模式的基础上，根据参与者、方针、手段和结果的不同，将城市治理模式归纳为四种基本类型：管理模式、社团模式、支持增长模式和福利模式。② 奥斯本和盖布勒

---

① John Friedman, The Governance of city-Regions in East and southeast, Asia, 2001. 4, DISP 145.

② 孙荣：《城市治理：中国的理解与实践》，复旦大学出版社 2007 年版，第 7—9 页。

提出了"企业化政府模式"的十大基本原则：（1）起催化作用的政府：掌舵而不是划桨；（2）社区拥有的政府：授权而不是服务；（3）竞争性政府：把竞争机制注入提供服务中去；（4）有使命的政府：改变照章办事的组织；（5）讲究效果的政府：按效果而不是按投入拨款；（6）受顾客驱使的政府：满足顾客的需要，而不是管理政治需要；（7）有事业心的政府：有收益而不浪费；（8）有预见的政府：预防而不是治疗；（9）分权的政府：从等级制到参与和协作；（10）以市场为导向的政府：通过市场力量进行变革。① 美国公共管理学者盖伊·彼得斯（B. Guy Peters）提出："当代西方行政改革实践中以新公共管理理论为基础形成了四种治理模式：市场化政府模式、参与型政府模式、灵活性政府模式和解除规制政府模式。"②

二　国内城镇化相关研究进展

新型城镇化是当今我国最为重要的社会、经济现象，对城镇化的研究国内外已有很长的历史时期。但是，对城镇化的研究涉及多个学科，每个学科从自身研究的角度出发，由于研究的侧重点不同，对城镇化给予不同的界定，迄今为止，没有一个完整统一的对城镇化的解释。

（一）城镇化的概念

近年来，我国的经济学家、社会学家、人口学家、城市地理学家等专家学者对我国城镇化问题进行了深入的探讨和研究，并取得了具有重要的指导意义的学术成果。但是这些专家学者主要是从自身研究领域的特点出发来研究城镇化的，因此不同学科、不同学者对城镇化的具体理解也有所不同。经济学对城镇化的研究主要是从经济发展与城镇发展的关系出发来研究城镇化的，强调城镇化在城乡关系协调发展、农村经济发展、城乡产业结构、就业结构等方面，使农村经济向城市经济转化，特别强调生产要

---

① ［美］戴维·奥斯本、特德·盖布勒：《改革政府：企业家精神如何改革着公共部门》，周敦仁、汤国维、寿进文、徐荻洲译，上海译文出版社 2006 年版，第 1—210 页。

② ［美］B. 盖伊·彼得斯：《政府未来的治理模式》，吴爱民等译，中国人民大学出版社 2001 年版，第 4 页。

素流动在城镇化过程中的作用,强调通过资本、劳动力、技术、社会文化等要素的城乡流动,促进农村经济结构的转化,农业活动向非农业活动转化。社会学以社群网(即人与人之间的关系网)的密度、深度和广度作为研究城市的对象,强调农村社会生活方式向城市社会生活方式为主的转变。人口学家主要是从农村和城市人口数量和人口结构的变化来研究城镇化的,强调城市人口数量的增加变化情况、城市人口在一个地区总人口中比例的提高以及城市人口规模的分布及变动等,认为城镇化是农村人口向城镇集聚的过程,并分析这种积聚对经济、社会等产生的影响。地理学家强调城镇化对农村和城镇之间的经济、社会、人文等关系变化的影响,认为城镇是人类各种活动的中枢,城镇化是由于社会生产力的发展而引起的农业人口向城镇人口、农村居民点结构向城镇居民点结构转化的过程,他们特别从地域空间的角度出发来思考城镇化,一方面强调城镇数量的扩张,另一方面强调已有城市地域的扩大。此外,不同学者对城镇化所做的界定也不同,例如朱林兴认为:"城市化是指农业人口转化为城镇人口的过程,这个过程表现为城市人口的增加,城市数量的增多和城市地理界限调整过程的综合。城市化是由英文 Urbanization 翻译过来的,也有人译作都市化、城镇化。我们认为,根据我国的实际情况,称为城镇化较为恰当。这是因为:(1)我国的市与镇,在概念上、划分标准上是有一定的区别的;(2)我国非农业人口并不都居住在设市的行政区内;(3)我国农业人口众多,随着社会生产力的提高,农业剩余劳动力将不断增多,村镇、集镇等小城镇必将有很大的发展,并将成为我国城镇化的主要途径。"[1] 谢文蕙等认为:"城市化是社会生产力的变革所引起的人类生产方式、生活方式和居住方式改变的过程。它表现为:一个国家或地区内的人口由农村向城市转移;农业人口转化为非农业人口;农村地区逐步演化为城市地域;城镇数目不断增加;城市人口不断膨胀、用地规模不断扩大;城市基础设施和公共服务设施水平不断提高;城市居民的生活水平和居住水平发生由量到质变的改善;城市文化和价值观念成为社会文化的主体,并在农村地区不断扩散和推广。总之,城市化不仅是物质文明进步的体

———————————

① 朱林兴:《中国社会主义城市经济学》,上海社会科学院出版社 1996 年版,第 20 页。

现，也是精神文明前进的动力。"① 高佩义认为："就城市化的本质而言，它指的是变农村社会为城市社会的全过程。"② 程春满等认为："城市化是指农村人口向城市转移和聚集，以及城市数目和规模不断增加和扩大的现象。"③ 邹彦林认为："城市化过程是社会生产力变革所引起的生产方式，生产力布局，人口分布及生活方式客观演变的过程。"④ 侯蕊玲认为："城市化进程，就是一个经济发展，经济结构和产业结构演变的过程，又是一个社会进步，社会制度变迁以及观念形态变革的持续发展过程。"⑤ 郑弘毅认为："城镇化指乡村人口向城市人口转化，以及人类的生产、生活方式由乡村型向城市型转化的一种普遍的社会现象。"⑥ 姜爱林认为："城镇化是农村人口不断向城镇迁移和集中为特征的一种历史过程，一方面表现在人的地理位置的转移和职业的改变以及由此引起的生产与生活方式的演变，另一方面则表现为城镇人口和城镇数量的增加及城镇经济社会化、现代化和集约化程度的提高。"⑦ 刘传江认为："城市化的涵义可以归纳为如下四个层次：（1）城市化是形成人口分布结构的转换；（2）城市化是产业结构及其布局地域结构的转换；（3）城市化是传统价值观念与生活方式向现代价格观念和生活方式的转换；（4）城市化是人民聚居形成和集聚方式及其相关制度安排的变迁或创新。"⑧ 陈明艺认为："城镇化是指由工业化引起并伴随工业化发展过程而产生的农村人口向城市迁移，使城市

---

① 谢文蕙：《城市经济学》，清华大学出版社 1996 年版，第 28—29 页。

② 高佩义：《中外城市化比较研究》，南开大学出版社 1991 年版，第 11 页。

③ 程春满：《城市化取向：从产业理念转向生态思维》，《城市发展研究》1998年第 5 期。

④ 邹彦林：《我国城市发展宏观思考》，《江淮论坛》1999 年第 2 期。

⑤ 侯蕊玲：《城市化的历史回顾与未来发展》，《云南社会科学》1999 年第 2期。

⑥ 郑弘毅：《我国乡村城市化的主要理论和基本特征》，《城乡建设》1998 年第7 期。

⑦ 姜爱林：《关于信息化推动城镇化的战略选择》，《经济前沿》2001 年第 6期。

⑧ 刘传江：《中国城市化的制度安排与创新》，武汉大学出版社 1999 年版，第47 页。

人口比重不断提高的过程，是一个从乡村社会逐步变为现代化城市社会的历史过程，其实质是农村人口的城镇化。"[①]

"新型城镇化"被广泛熟知是 2012 年党的十八大和中央经济工作会议提出的"把生态文明理念和原则全面融入城镇化过程，走集约、智能、绿色、低碳的新型城镇化道路"，并将新型城镇化作为未来中国经济发展的新动力和扩大内需的手段。刘嘉汉、罗蓉通过对传统城镇化与新兴城镇化的比较分析，提出发展权威核心的新型城镇化道路，是解决当前城镇化中诸多问题的正确选择和关键所在。[②] 曾志伟在分析了新型城镇化的新型度内涵的基础上，从环境、经济、社会三个层面构建了新型城镇化新型度的二级评价指标体系，综合运用熵权法和多目标线性加权函数法，构建了新型城镇化新型度的定量化评价思路和框架。并选取环长株潭城市群为例，对长沙、株洲、湘潭、衡阳、岳阳、常德、益阳、娄底等城市的新型度进行了定量评价。[③] 盛光耀认为新型城镇化是在科学发展观的指导下，遵循城镇化的基本规律，以全面提升城镇化质量和水平为目标，坚持以人为本，强调城乡统筹、社会和谐、环境友好、集约发展、规模结构合理的城镇化发展模式。与传统城镇化模式相区别，新型城镇化更加注重城乡统筹，更加注重城镇发展的集约性，更加注重城镇化的社会性，更加注重城镇化的区域性，更加注重城镇化的协调性，更加注重城镇化质量内涵的提升。[④] 王文龙认为，新型城镇化的主要目的就是如何缩小城乡收入差距，使人口在城乡之间合理分布，以缓解国家粮食危机，维护社会稳定，提高国民生活品质。[⑤]

（二）城镇化的动力

城镇化的动力因素也就是什么在促进中国的城镇化发展，不同的学者

---

① 陈明艺：《城市化与农民工人养老保障制度的联动效应》，《浙江工商大学学报》2005 年第 2 期。

② 刘嘉汉、罗蓉：《以发展权为核心的新型城镇化道路研究》，《经济学家》2011 年第 5 期。

③ 曾志伟：《新型城镇化新型度评价研究》，《城市发展研究》2012 年第 3 期。

④ 盛光耀：《新型城镇化理论初探》，《学习与实践》2013 年第 2 期。

⑤ 王文龙：《反向留守、逆城市化与中国新型城镇化》，《中州学刊》2014 年第 1 期。

从自身的研究领域总结了中国城镇化的动力因素，具有代表性的有以下几类观点。一是产业机构转换动力。曹培慎、袁海认为，从宏观方面讲，我国城市化的动力机制主要包括产业结构转换力、后续动力与制度和政策调控力一起构建推动我国城市化快速发展的合力。① 孟祥林认为，当城市产业结构由第二产业主导型向第三产业主导型转变时，生产方式也会相应地由劳动密集型向资金、技术密集型过渡。因此，市域城镇体系赖以发展的是由于产业结构调整的扩散作用所形成的产业在市域空间的重新分布。② 程德理认为，城市化中出现的问题很大程度上与资源分散有关，而产业集群正好可以有效促进资源、土地、产业、人口的合理聚集，成为城市化的新动力。③ 二是由"推力—拉力"构成。李晓莉从城镇化不同的发展阶段出发，分析了推力和拉力的变化以及对城镇化的影响。④ 钟睿、张立认为，人口流入地的"拉力"和人口流出地的"推力"已经出现了新的变化，人口流动可能有所改变，在拉力和反推力、推力和反拉力角力的时间节点，应积极采取"移业就民"的发展策略。⑤ 三是综合动力。范建双等认为，内源力是最主要的驱动力，后面依次是市场力和外向力，而行政力则起到了相反的作用。⑥ 滕玉成等认为，山东省城镇化的发展主要来自经济发展和人口素质的提升，市场力和持续力。⑦

---

① 曹培慎、袁海：《城市化动力机制——一个包含制度因素的分析框架及其应用》，《生态经济》2007 年第 5 期。

② 孟祥林：《产业结构变化对城市化进程影响的经济学分析》，《北华大学学报》2008 年第 1 期。

③ 程德理：《基于产业集群的城市化动力机制研究》，《上海管理科学》2008 年第 6 期。

④ 李晓莉：《河南省城镇化驱动力机制研究探讨》，《安阳师范学院学报》2008 年第 2 期。

⑤ 钟睿、张立：《移业就民：人口高流出地区的城镇化策略选择》，《上海城市规划》2014 年第 3 期。

⑥ 范建双、虞晓芬、张利华：《中国区域城镇化综合效率测度及其动力因子分析》，《地理科学》2015 年第 8 期。

⑦ 滕玉成、张新路、李学勇：《新型城镇化动力机制及其优化策略——以山东省为例》，《山东科技大学学报》2015 年第 4 期。

（三）城镇化的模式

城镇化模式是一个国家或地区社会经济水平、结构转换，社会文化发育水平提高过程中城镇发展方式的集中体现。国内学者对城镇化的模式进行了众多研究，主要有以下几种观点。吴林海、刘韶龄认为，从城市化与工业化的发展关系来看，城市化的模式有同步城市化、过度城市化和滞后城市化模式；从城市化的空间布局和规模结构来看，城市化的模式有城镇主导型城市化、都市主导型城市化和"双高型"城市化模式；从城市化的发展动力来看，城市化的模式有原始自发型城市化和政府主导型城市化模式。① 李强等认为，中国城镇化的推进模式有建立开发区、建设新区新城、城市扩展、旧城改造、建设 CBD、乡镇产业化、村庄产业化。② 李圣军根据区域城镇化路径的不同，对区域城镇化模式进行了总结，他认为成都模式和重庆模式总体上坚持了扩充城市和农村城镇化两种路径，但是以扩充城市为主；温州模式、天津模式、苏南模式、广东模式城镇化的主导路径是农村城镇化。③

（四）城镇化的速度

对于我国城镇化发展的速度，不同的学者提出了两种截然相反的观点。一种认为城镇化的速度过快，另一种认为城镇化发展缓慢，应加快城镇化进程。认为中国城市化速度过快，应该加以控制的观点：周一星认为，城市化水平一年提高 0.6—0.8 个百分点比较正常，超过 0.8 个百分点就是高速城市化，个别年份达到 1 个百分点是有可能的；但是连续多年超过 1 个百分点是有风险的，连续多年的 1.44 个百分点是虚假的。④ 陆大道等认为，目前中国城镇化进程正处于一个"大跃进"和空间扩展失控状态：城镇化速度虚高，特别是"土地城镇化"速度太快；经济发展、

① 吴林海、刘韶龄：《论城市化的形成机制、发展模式与我国城市化的道路选择》，《兰州学刊》2001 年第 5 期。

② 李强、陈宇琳、刘精明：《中国城镇化"推进模式"研究》，《中国社会科学》2012 年第 7 期。

③ 李圣军：《城镇化模式的国际比较及其对应发展阶段》，《改革》2013 年第 3 期。

④ 周一星：《城镇化速度不是越快越好》，《科学决策》2005 年第 8 期。

产业结构水平及就业岗位增加不能适应如此冒进式的城镇化；对资源、环境带来了巨大的压力乃至破坏。从国内外经验来看，从 20% 到 40% 的城镇化率，英国经历的时间为 120 年、法国为 100 年、德国为 80 年、美国为 40 年、苏联为 30 年、日本为 30 年，而我国为 22 年。[①] 认为中国城镇化发展速度发展较慢，应该加快速度的代表性观点如下：蔡昉认为，加快城市化步伐是扩大需求的长期战略，而利用政策手段对户籍制度做出一定的调整，使目前的部分流动人口市民化，也能够取得刺激需求的近期效果。加快城市化、市民化可以解决现有产品结构与消费结构不相匹配的矛盾；城市化还可以使居民的消费模式发生转变，从而增加个体消费水平。[②] 杜鹰认为，新世纪初的我国正处在现代化建设的关键时期，实施城镇化战略是稳定农业基础和增加农民收入的迫切需要，加快城镇化进程是对国民经济结构进行战略性调整的内在需求。[③] 李杨、燕志华认为，当前的金融危机使钢材和建筑装潢材料价格走低，"意外"地降低了城市化的成本，因此是一个加快推进城市化的绝佳时期，此时如果能够启动农民的需求市场，城市化将步入快速发展的轨道。[④]

三 国内外城镇化研究述评

国内外对城镇化的研究已有众多成果，这些研究对中国新型城镇化发展提供了重要的理论指导和经验借鉴。

国外对城镇化的研究主要是结合产业结构、历史发展、经济发展等各个方面综合研究，这些研究揭示了城镇化的内涵、动力、目标等内容，同时也对新型城镇化的问题进行了深入分析，为我国的新型城镇化发展提供

① 陆大道、宋林飞、任平：《中国城镇化发展模式：如何走科学发展之路》，《江苏大学学报》2007 年第 3 期。

② 蔡昉：《城市化过快导致诸多问题》，《上海证券报》2007 年 1 月 16 日（A05）。

③ 杜鹰：《我国城镇化战略及相关政策研究》，《领导决策信息》2000 年第 43 期。

④ 李杨、燕志华：《金融危机下推进城市化"物美价廉"》，《新华日报》2008 年 12 月 3 日。

了宝贵的经验。国内当前对新型城镇化的研究主要集中在新型城镇化的内涵、动力机制、发展模式、水平评价、制度创新等方面，同时也对当前中国的城镇化问题进行了分析。纵观已有研究，这些研究成果随着城镇化的发展越来越全面、越来越深刻。新型城镇化是一个复杂的系统演变过程，它涉及生态、环境、经济、社会、文化、传统、空间等各个方面的变化。因此，西北民族地区在新型城镇化过程中，要从西北民族地区实际出发，以城镇承载力为基础，促进城乡一体化，通过生态补偿，促进生态环境发展，实现西北民族地区新型城镇化的健康、可持续发展。

第二章

西北民族地区新型城镇化概述

第一节 西北民族地区新型城镇化

新型城镇化是衡量一个国家或地区社会、经济、文化、科技等发展水平的重要标志，也是促进区域社会经济全面发展的重要途径。新型城镇化是一个综合的、系统的演进过程，主要表现为：经济结构的转变，即由农业经济转变为工业经济和服务业经济；社会形态的转变，即由乡村社会转变为城镇社会；空间结构的转变，即由乡村分散格局向城镇相对集中转变；文明形态的转变，即由乡村文明向城镇文明转变。西北民族地区新型城镇化的核心是从城乡分离到城乡融合，城乡关系新格局逐步形成，城乡之间的协调度不断提高；社会生产力从低级向高级的转变过程，新型城镇化的发展加速社会分工的发展，社会分工的发展同时促进生产力水平的提高；人口向城镇的集聚过程，新型城镇化的发展必然促进人口向城镇的集聚，促进城镇的形成和发展，同时使人们的生活方式发生改变，城镇文化逐步取代乡村文化；资源配置空间格局改变，新型城镇化使资源配置由原来的城乡分割配置逐步向城乡之间不断优化等。

新型城镇化是社会经济发展到一定历史阶段的产物，是促进社会经济协调发展的重要途径。当前及未来较长的一段时期内，农业现代化、工业化和新型城镇化是我国建设富强民主文明和谐社会主义强国的必然选择，而新型城镇化又起着举足轻重的作用。新型城镇化是关系我国转变发展方式、扩大国内市场、实现区域协调发展的重要途径，因此新型城镇化是我国当前社会经济发展的必然选择。但是，中国由于区域差异较大，由此决定了各地的新型城镇化既有共性又有自身的特点。例如，东部地区总体经济发展状况较好，人口密度大，生态环境较好，因此这些地区新型城镇化的基础就较好，发展起来也相对容易。而西北民族地区则不然，社会经济总体状况不太好，生态环境恶劣，人口密度较小，缺乏产业支撑等，这些因素决定了西北民族地区新型城镇化发展应该采取适宜的发展方式，促进新型城镇化的稳步推进。西北民族地区作为我国的一个重要组成部分，其新型城镇化的发展对全国的发展影响更为重大，因为西北民族地区具有其自身的特殊性。西北民族地区大多处于边疆地区，同时又是贫困落后地区和各项社会事业发展滞后的地区，西北民族地区的新型城镇化不仅是要促进城镇经济的发展，更重要的是其生态的发展、社会事业的发展等。因此，西北民族地区的新型城镇化具有自身的特殊性。

一 西北民族地区新型城镇化的基础

新型城镇化是在一定的发展基础上进行的，西北民族地区的新型城镇化发展应该全面分析其发展基础，制定相应的发展战略。

（一）经济发展水平较低

经济发展是新型城镇化发展的重要基础，也是新型城镇化发展的重要内容。新型城镇化的发展需要一定的经济发展为基础，只有具备一定的经济发展条件，城镇才能吸纳资本、劳动力、技术等各种要素的集聚，从而促进新型城镇化的发展。西北民族地区虽然经过多年的发展，社会经济发展水平逐步提高，并取得了一定的成就，但是经济发展水平总体较低（见表2—1）。

表2—1 西北民族地区经济发展状况

地区	人均可支配收入（元）	相当于全国平均水平（%）	人均地区生产总值（元）	相当于全国平均水平（%）
全国	20167.1	100.00	46629	100.00
甘肃	12184.7	60.42	26433	56.69
青海	14374.0	71.27	39671	85.08
宁夏	15906.8	78.87	41834	89.72
新疆	15096.6	74.86	40648	87.17

资料来源：《中国统计年鉴2015》。

从表 2—1 可以看出，西北民族地区经济发展水平较低，城镇居民人均可支配收入均低于全国平均水平，最高的宁夏也只有全国平均水平的 78.87%，青海、甘肃和新疆三省（区）的城镇居民可支配收入也远远低于全国平均水平，特别是甘肃省的城镇居民人均可支配收入只有全国平均水平的 60.42%。这种低水平的城镇居民可支配收入说明西北民族地区经济发展相对落后，对劳动力的吸引能力较弱。从人均地区生产总值来看，西北民族地区的发展水平也相对较低，甘肃省的人均地区生产总值只有全国平均水平的 56.69%，青海、宁夏和新疆三省（区）的人均地区生产总值同样低于全国平均水平。由此可见，西北民族地区经济发展水平较低，新型城镇化发展过程中经济基础较差，这在一定程度上制约着新型城镇化的发展。

（二）城镇化水平较低

新型城镇化是以人为核心的新型城镇化，不仅仅是人口向城镇的集聚，同时要促进就业、社会保障、生态环境等各个方面的发展。但是，西北民族地区虽然经过多年的发展城镇化水平有了一定的提高，但是总体来看，城镇化水平仍然较低（见表 2—2）。

表 2—2　　　　　　西北民族地区城镇化发展水平统计　　　　单位：%

年份	2005	2006	2007	2008	2009	2010	2011	2012	2013	2014
全国	42.99	44.34	45.89	46.99	48.34	49.95	51.27	52.57	53.73	54.77
甘肃	30.02	31.09	32.25	33.56	34.89	36.12	37.15	38.75	40.13	41.68
青海	39.25	39.26	40.07	40.68	41.90	44.72	46.22	47.44	48.51	49.78
宁夏	42.28	43.00	44.02	44.98	46.10	47.90	49.82	50.67	52.01	53.61
新疆	37.15	37.94	39.15	39.64	39.85	43.01	43.54	46.98	44.47	46.07

资料来源：《中国统计年鉴 2014—2015》。

由表 2—2 可以看出，2005—2014 年，西北民族地区城镇化水平均低于全国平均水平。城镇化水平最高的宁夏在 2014 年的城镇化水平为 53.61%，比全国平均水平 54.77% 低 1.16 个百分点；城镇化水平最低的甘肃省 2014 年的城镇化水平为 41.68%，低于全国平均水平 13.09 个百分点；青海和新疆 2014 年的城镇化水平分别低于全国平均水平 4.99 个和 8.7 个百分点。在这样低水平的城镇化基础上进行新型城镇化，发展基础较差。

表2—3 2005—2014年全国及西北地区三次产业结构构成

单位:%

地区	2014年			2013年			2012年			2011年			2010年		
	第一产业	第二产业	第三产业	第一产业	第二产业	第三产业	第一产业	第二产业	第三产业	第一产业	第二产业	第三产业	第一产业	第二产业	第三产业
全国	9.2	42.7	48.1	9.4	43.7	46.9	9.5	45.0	45.5	9.5	46.1	44.3	9.6	46.2	44.2
甘肃	13.2	42.8	44	14.0	45.0	41.0	13.8	46.0	40.2	13.5	47.4	39.1	14.5	48.2	37.3
青海	9.4	53.6	37	9.9	57.3	32.8	9.3	57.7	33.0	9.3	58.4	32.3	10.0	55.1	34.9
宁夏	7.9	48.7	43.4	8.7	49.3	42.0	8.5	49.5	42.0	8.8	50.2	41.0	9.4	49.0	41.6
新疆	16.6	42.6	40.8	17.6	45.0	37.4	17.6	46.4	36.0	17.2	48.8	34.0	19.8	47.7	32.5

地区	2009年			2008年			2007年			2006年			2005年		
	第一产业	第二产业	第三产业	第一产业	第二产业	第三产业	第一产业	第二产业	第三产业	第一产业	第二产业	第三产业	第一产业	第二产业	第三产业
全国	9.9	45.7	44.4	10.3	46.8	42.9	10.4	46.7	42.9	10.7	47.4	41.9	11.7	46.9	41.9
甘肃	14.7	45.1	40.2	14.6	46.3	39.1	14.3	47.3	38.4	14.7	45.8	39.5	15.9	43.4	40.7
青海	9.9	53.2	36.9	11.0	55.1	34	10.6	53.3	36.0	10.9	51.6	37.5	12.0	48.7	39.3
宁夏	9.4	48.9	41.7	10.9	52.9	36.2	11.0	50.8	38.2	11.2	49.2	39.6	11.9	46.4	41.7
新疆	17.8	45.1	37.1	16.4	49.6	33.9	17.8	46.8	35.4	17.3	48.0	34.7	19.6	44.7	35.7

（三）产业结构不合理

产业结构是指国民经济中各产业的构成及其比例关系。产业结构通常被认为是一个地区经济发展水平的重要标志。产业结构一般由第一产业为主向第二、三产业为主转变，最终形成第三产业比重最大、第二产业其次、第一产业最低这样的一种产业结构比例。西北民族地区由于经济发展落后，产业结构优化较慢，产业结构不合理。

由表2—3可以看出，西北民族地区2005—2014年一直呈现的特点是第一产业比重偏高，第二、三产业比重偏低，这种不合理的产业结构不仅制约了西北民族地区产业结构的优化，同时也制约了其新型城镇化的发展。新型城镇化要求有一定的产业支撑，随着劳动力向城镇的转移，城镇必须能够解决相应的就业，这主要依靠第二、三产业，但是较低的第二、三产业比例无法满足这一要求，制约了西北民族地区新型城镇化的发展。

二 西北民族地区新型城镇化的意义

由于地理、历史和自然环境等原因，西北民族地区新型城镇化发展总体水平较低，城乡之间发展差距较大。因此，西北民族地区的新型城镇化对西北民族地区的社会经济发展具有更为重要的意义。

1. 新型城镇化是西北民族地区发展现代农牧业的必然要求

现代农牧业是相对于传统农牧业而言的，从传统农牧业到现代农牧业是一个动态的、渐进的过程。现代农牧业的发展是通过应用现代科学技术，提高农牧业生产过程中的技术水平、管理水平和专业化水平，实现农牧业生产的可持续发展。在西北民族地区发展现代农牧业是通过采用现代科学技术、现代管理技术和现代物质技术装备农牧业，调整和优化农牧业生产结构，实现农牧业生产的集约化经营，加强基础设施和服务体系建设，促进农牧业生产的全面发展。

西北民族地区农牧业发展过程中的特点有：第一，农牧业生产力水平较低。农牧业生产力水平较低是大多数西北民族地区农牧业发展的问题，在农业生产过程中，以家庭为主的分散经营和以传统经营方式为主的农业生产方式，造成了农业生产的土地产出率低、劳动产出率低等问题；在牧业生产过程中，以传统的放养方式为主，这种生产方式在造成生态环境退化的同时，牧产品的市场化水平较低，难以适应市场经济发展的要求。第二，农牧业生产设施落后。农牧业生产的生产设施是衡量农牧业发展水平的一项重要指标，决定着农牧业生产的水平和发展速度。据估计，农业机械总动力、机耕地面积、有效灌溉面积、化肥施用量四项指标对农业生产的影响占60%—70%，而西北民族地区这些指标均落后于全国平均水平，大多数地区仍然是依靠广种薄收的生产方式，很少采用现代农业技术装备和生产手段，牧业生产也基本相同，没有采用现代化的生产方式。第三，农牧业生产发展速度慢。西北民族地区农牧业生产的发展速度普遍较慢，不仅低于全国农牧业生产发展速度，同时低于区域内其他产业的发展速度，这制约了西北民族地区整体的发展。

新型城镇化的发展可以促进西北民族地区农牧业生产的现代化。首先，新型城镇化可以改善西北民族地区基础设施。交通、通信等基础设施的落后，严重制约了西北民族地区农牧业生产的发展，而新型城镇化的发展可以改善西北民族地区的基础设施，加强与外部的交流，提高农牧业产品的市场化水平，进而促进农牧业生产的发展。其次，新型城镇化的发展可以提高西北民族地区的农牧业产品市场化水平。西北民族地区是特色农牧业产品富集区，同时也是贫困落后地区，丰富的特色农牧业产品没有有效地转化成经济资源，新型城镇化的发展将完善城镇的交通运输、供水供电、信息服务、邮电通信等基础设施，这将加速资金的引入、降低开发成本、加速市场开拓等，将西北民族地区的特色农牧业产品有效地转化为经济资源。再次，新型城镇化的发展可以提高西北民族地区农牧业生产的现代化水平。新型城镇化的发展将促进中心镇的全面发展，那么这些中心镇必将成为西北民族地区政治中心、经济中心、技术中心、信息中心，成为联结西北民族地区和其他地区的核心，将其他地区的市场信息、生产技术等引入到西北民族地区，促进西北民族地区农牧业生产的市场化水平和生产技术水平的提高，实现农牧业生产的现代化。

2. 新型城镇化可以促进西北民族地区工业化的发展

《新帕尔格雷夫经济学词典》（1987年版）将工业化表述为：工业化是一个过程，这个过程的基本特征是，第一，来自制造业的活动和第二产业的国民收入份额上升……；第二，从事制造业和第二产业的劳动人口一般表现为上升的趋势。张培刚认为："工业化是一个动态的和发展的过程，它以技术变革为基础和前提，首先表现为一系列基础的生产函数不再处于停止状态，而是发生着连续变化，并进而导致生产过程、经济组织、社会结构，乃至人们的生活方式、消费方式、行为方式和思维方式，都发生一系列相应的变化。"① 西北民族地区工业化发展的滞后，不仅制约了西北民族地区经济的发展，同时也制约了西北民族地区的生态、社会等的全面发展。西北民族地区工业化发展滞后主要表现为：第一，工业化水平低。西北民族地区工业化发展起步晚、基础差、发展缓慢。不管是从增长速度来看，还是从总体规模来看，都落后于全国平均水平和中东部地区。西北民族地区为数不多的工业大多数是新中国成立初期建立的一些企业，这些企业在改革开放后发展缓慢，同时对当地的带动性较弱。第二，工业结构不合理。西北民族地区的工业体系是在新中国成立初期国家重视重工业发展的背景下形成的，虽然有一些大型企业，但是这些大型企业发展缓慢，中小型企业发展滞后，造成工业结构不合理，少数的中小型企业分散分布，专业化协作水平较低，没有形成极化效应，对地区发展的带动作用不强。第三，工业技术水平落后。西北民族地区工业发展的技术水平落后，特别是中小型工业企业大多数都是简单加工，对先进技术的引进、吸收、转化能力较差；工业企业从业人员的技术水平较低，创新性技术不足。在这样的一种工业发展现状下，工业的发展主要是依靠外延扩大再生产，经济效益、社会效益和生态效益都较差。

　　新型城镇化的发展，可以促进西北民族地区工业化的发展。第一，新型城镇化的发展有利于培育发展极，形成集聚效应。新型城镇化的发展使一些城镇成为发展极，将促进要素的集聚，并带动并促进相邻地区的发展。新型城镇化能整合西北民族地区的各类资源要素，有效地克服工业化发展过程中的各种不利因素和障碍，从而实现工业化的快速发展。总的看来，西北民族地区工业化的发展应该以新型城镇化为依托，新型城镇化的发展本身是对工业化发展的一种促进。第二，新型城镇化的发展为工业化的发展奠定基础。当前西北民族地区工业化发展的滞后，很重要的一个方面是因为基础设施、交通通信、信息传播等的落后。新型城镇化的发展将促进城镇功能的完善，基础设施将随着新型城镇化的发展而不断发展，为工业化的发展提供良好的基础，同时为新型城镇化发展服务的相关产业如

---

① 　张培刚：《农业与工业化》，华中工学院出版社 1984 年版，第 18—19 页。

电子、信息、通信等也必然快速发展，这为西北民族地区工业化的发展提供了条件，促进工业化的快速发展。第三，新型城镇化的发展加速对外开放，促进工业化的发展。西北民族地区工业化技术水平落后、设备落后的一个重要原因就是因为开放程度低，与其他地区的交流与合作较少，新型城镇化的发展将促进横向经济联系的发展，引进资金、技术、人才、项目等，进而促进西北民族地区工业化的发展。

3. 新型城镇化可以改变民族地区生活方式和思想观念，推动西北民族地区社会进步

民族地区农牧民的生活方式和思想观念是在数千年的社会生产生活中形成的，这种生活方式和思想观念适合当地发展的实际，对当地的发展起到过积极的促进作用。但是，随着社会经济的快速发展，有些生活方式和思想观念已不再适应当前的发展需要，并且制约了西北民族地区的发展。主要表现为：第一，安土重迁的乡土观念。长期的农牧业生产方式使农牧民形成了安土重迁的思想观念，这一方面是因为农牧业生产方式决定了农牧民需要相对稳定的生产地区，长期的生产实践活动使农牧民对当地的土地、草原等较为熟悉，掌握了这些土地和草原等的生产习性，因此不愿迁徙；另一方面，农牧民在生产生活过程中形成了相对密切的联系，这种联系已经是一种文化，无论是有血缘关系还是没有血缘关系，他们之间的关系非常密切，这些关系在一定程度上固化了他们的乡土观念。第二，重农务本的职业观。西北民族地区经过几千年的发展，虽然经济社会都取得了一定的进步，但是重农务本的职业观还未根本改变。西北民族地区的农牧民在生产过程中形成了以农牧业生产为根本的职业观念，在农牧业生产过程中，仍然是以传统生产方式为主，这种生产方式难以适应当前市场经济发展的要求，在一定程度上制约了西北民族地区的发展。第三，小富即安的需求观。西北民族地区的农牧民在生产生活过程中形成了小富即安的需求观，这种需求观阻碍了农牧民在生产生活过程中的进一步发展。小富即安是一种自我保全的思想观念，在生产生活中维持现状，不愿改变，更不敢承担改变的风险，随着社会经济的快速发展，小富即安可能是不富也不安，这阻碍了西北民族地区的进一步发展。

新型城镇化的发展可以改变西北民族地区的上述思想观念，促进西北民族地区社会进步。主要表现为：第一，新型城镇化的发展可以改变农牧

民的就业观念。新型城镇化的发展加速了西北民族地区农牧民与外界的交流，受城镇的生产生活方式的影响，他们的就业观念发生改变，同时新型城镇化也为他们的就业提供了条件。随着新型城镇化的发展，使城镇的第二、三产业也随之发展，这些产业的发展为西北民族地区的农牧民提供了新的就业机会，他们会改变固守在土地上的传统观念，转移到城镇中来，促进西北民族地区的发展。第二，消费观念更趋合理。西北民族地区广大农牧民在生产生活过程中形成了节衣缩食、崇尚节俭的观念，这种观念虽然在一定程度上适应了生产方式落后的条件下农牧民的生活，但是也制约了西北民族地区消费的增长。新型城镇化的发展，使西北民族地区的人口流动加速，伴随着人口的流动消费也会增长，这种消费的增长不仅是数量的增长，同时质量也会提高，从简单的满足日常消费的需要，发展到冰箱、彩电、汽车等提高生活质量的需要，使农牧民的消费更加合理。第三，知识观念增强。随着新型城镇化的发展，西北民族地区的农牧民会更加崇尚知识、重视教育，在我国义务教育发展的条件下，会提高农牧民子女的入学率和升学率，促进西北民族地区教育的发展。同时，转移到城镇的农牧民也会加强自身的教育，通过各种就业培训，提高自身的知识水平，进而促进民族地区的全面发展。

4. 新型城镇化可以促进西北民族地区生态环境的改善

新型城镇化不仅具有重要的经济意义和社会意义，同时具有重要的生态意义。西北民族地区大多是在生态脆弱区、自然条件恶劣区和贫困地区。西北民族地区处于我国的干旱半干旱地区，降水量少而蒸发多，风力作用较强，风成地貌广泛分布，人口主要分布在水资源条件较好的地方，其他地区人口稀少，许多地方无人居住。由于水资源和其他气候条件的限制，西北民族地区生物多样性差，生态系统呈现出不稳定性，许多地区的荒漠化、盐碱化和水土流失问题严重，生态退化仍在加剧。这种脆弱的生态环境是内因和外因共同作用的结果。内因是西北民族地区生态系统本身的脆弱性，这种脆弱性是自然演化的结果，生态环境十分脆弱，发展条件极差，在此基础上形成传统的农牧业生产方式，那么这总体上构成一个更为脆弱的生态系统。外因是人口增加，造成对生态环境的扰动过度。西北民族地区脆弱的生态环境，使其承载能力较差，有限的资源只能承载较少量的人口。生态环境脆弱、发展条件较为落后，但是随着人口的增加，加强了对生态环境的利用，掠夺式的经营方式加深了对生态环境的侵扰程度。

新型城镇化的发展可以使西北民族地区的生态环境得到改善。第一，新型城镇化的发展，可以降低对生态环境的过度利用。新型城镇化的发展使新型城镇化规模扩大，投资环境改善，从而拉动需求增长，进而促进就业的增长。新型城镇化的发展使城镇人口规模不断扩大，这使许多原有行业扩张的同时催生一些新的行业，促进就业的增长。同时，随着城镇人口的扩张，使巨大的潜在农村消费市场转变为现实的城镇消费市场，农牧民改变原来自给自足的生产生活方式，日用消费品通过市场来满足，这同时也使部分农牧民转移到日常消费服务的行业上来。新型城镇化的发展使第二产业加速发展，第二产业的发展会吸引部分农牧民的就业。随着人口向第二、三产业的转移，减轻了对资源环境的过度利用，有利于生态环境的恢复发展。第二，新型城镇化的发展，对环境的治理更加有效。随着新型城镇化的发展，一方面城镇财政资金会逐步增加，这样地方财政有能力治理当地的生态环境。当前西北民族地区生态环境退化的一个重要原因就是地方财政资金短缺，缺乏足够的生态环境治理资金，新型城镇化的发展可以有效地解决这一问题。另一方面，新型城镇化的发展可以提高人口的生态环境意识，促进生态环境的改善。西北民族地区广大农牧民在生产过程中主要追求家庭收入的增长，生态环境保护意识相对较差，而新型城镇化的发展可以增强农牧民的生态环境保护意识，促进生态环境的改善与发展。

5. 新型城镇化可以密切民族之间的联系与交往

西北民族地区的新型城镇化在促进社会经济发展的同时使各民族之间的联系和交往更加密切。当前西北民族地区的一个明显特点是各民族居住的相对分散性，在城市虽然呈现多民族杂居的特点，但是在农村和牧区呈现出强烈的民族色彩，即同一民族一般集中居住，各民族之间的联系与交往相对较少。新型城镇化的发展可以将各民族集中起来，各民族之间密切交往，有助于民族关系的和谐发展。这主要体现在以下几个方面：第一，新型城镇化是实现民族关系和谐发展的重要途径。民族关系和民族问题是复杂多样的，但是从根本上来看主要体现在民族群体在发展中的权益分配和文化发展方面。新型城镇化的发展使分散居住的少数民族向城镇集中，这使他们摆脱了封闭的生产生活环境，走向开放的市场经济大环境，不仅改变了他们的生产生活方式，同时也改变了他们的观念，特别是多民族集中的城镇，形成民族成分的多元结构，有利于各民族之间的相互了解和交流，对于构建和谐社会具有积极的促进作用。第二，新型城镇化的发展有利于民族间的相互理解。城镇的少数民族可以分为两部分，一部分是世居少数民族，指长期居住在城镇中的少数民族，这部分人口在城镇中已经形成城镇少数民族聚落或者组织，他们的聚落或者组织是建立在共同的宗教信仰、生活习惯等基础上的；另一部分是迁入少数民族，这部分人口是因为就业、同族带动等迁入城镇，这些人口仍然形成相对集中的聚落或者加入原有城镇聚落，这种民族分布格局制约了各民族的相互交流与了解。新型城镇化的发展在加速人口流动的同时，由于城镇建设、职业变动、就业范围扩大等因素，改变了各民族居住聚落，各民族趋向分散化居住，这有利于各民族之间的相互交流与了解。第三，新型城镇化的发展有利于各民族之间的合作。新型城镇化的发展使各民族在城镇中共同工作、生活，打破了民族间的封闭状态，促进各民族的经济文化交流、相互学习与了解，形成民族认同，避免了因为风俗习惯、宗教信仰等的不了解而引发的民族问题。同时，随着新型城镇化的发展，各民族在共同的单位就业，形成了共同利益体，这对加强民族团结，促进城镇社会经济发展具有重要的促进作用。

6. 新型城镇化可以促进民族文化的保护与发展

新型城镇化的发展为民族文化的保护和发展创造了条件，有利于促进民族文化的保护和发展。第一，新型城镇化的发展有利于民族文化的传承。随着新型城镇化的发展，聚集到城镇的人口越来越多，同一民族人口之间互相帮助、互相协作也在加强，本民族人口在工作、生活中合作的同时也进行民族文化、宗教等方面的交流，促进了民族文化的传承。第二，新型城镇化的发展有助于民族文化的发展。西北民族地区的新型城镇化具有自身的特殊性，在新型城镇化发展过程中，应该以科学发展观、区域经济理论、城市经济理论等为指导，以民族文化为支撑，以工业化、现代化为动力，形成区域协调、功能完善、生态优美的现代城镇。以民族文化为支撑就要求在西北民族地区新型城镇化过程中要重视民族文化的继承和发展，形成开放的现代民族城镇，特别是要体现出民族文化的独特性。民族地区各民族在长期的生产生活实践中形成了各自民族的特色，即使是同一民族由于受地理区位、历史人文、资源环境等因素的影响，在不同的地域也有各自的特点，这些民族文化是各民族共同的财富，在新型城镇化过程中要把这些特色都体现出来，促进民族文化的发展。同时，在新型城镇化过程中，各民族可以将具有民族特色的手工业产业化，使更多的人了解本民族的文化，进而促进民族文化的发展。第三，新型城镇化为民族文化的保护和发展创造有利的人文环境。新型城镇化的发展必然会促进民族教育的发展，利用城镇的各种优势资源提高各民族的文化素质，这有利于各民族对本民族文化和其他民族文化的科学认识，为民族文化的保护和发展创造良好的人文环境，促进民族文化的保护和发展。

第二节　西北民族地区新型城镇化的科学释义

改革开放以来，中国实现了大规模的新型城镇化。1978—2013 年，城镇常住人口从 1.7 亿人增加到 7.3 亿人，新型城镇化率从 17.9% 提升到 53.7%，年均提高 1.02 个百分点；城市数量从 193 个增加到 658 个，建制镇数量从 2173 个增加到 20113 个。在快速新型城镇化的同时，社会经济总量也在加速发展，在 2010 年中国经济总量名义 GDP 5.879 万亿美元，超过同年日本名义 GDP 5.474 万亿美元，成为仅次于美国的第二大经济体。但是，随着大规模的人口向城镇集中和经济总量的迅速增长（很大程度上依靠资源、劳动力投入的"世界工厂"发展模式），使中国的社会经济结构发生了根本的变化，同时也使经济、社会问题凸显，城镇交通拥堵、就业压力加大、环境污染严重、社会分层强化、能源短缺等"城市病"和农村经济发展放缓、空心化、基础设施和公共服务供给短缺等"农村病"并存。这表明传统的城镇化发展模式存在重大的缺陷，同时对当前新型城镇化的发展提出了新的要求。在党的十八大会议上提出了新型城镇化，并认为新型城镇化是全面建设小康社会的载体和实现经济发展方式转变的重点；特别是 2012 年中央经济工作会议提出："把生态文明理念和原则全面融入新型城镇化全过程，走集约、智能、绿色、低碳的新型城镇化道路"，并将其作为扩大内需和中国经济增长的新动力，至此新型城镇化受到政府和学界的广泛关注。

一 新型城镇化的科学释义

新型城镇化是以科学发展观为指导，城乡协调发展为基础，四化同步发展为主线，资源节约、环境友好、社会和谐、文化繁荣、制度优化、空间结构合理的健康、可持续发展的新型城镇化。新型城镇化与传统新型城镇化又有本质的区别，它强调城镇化质量的提高，即不再单纯追求城镇规模的扩张，而是经济、社会、文化、制度、空间结构等各个方面的协调发展，破解经济发展不可持续的困境，解决社会发展进程二元结构弊病。科学地诠释新型城镇化的内涵具有重要的理论意义。新型城镇化是一个复杂的系统演变过程，它涉及内容广泛，包括生态、经济、社会、环境、文化、制度、空间结构、管理、资源等各个方面，根据各因素对新型城镇化的影响程度、未来新型城镇化的目标、当前制约新型城镇化发展的因素以及新型城镇化过程中亟须解决的问题等，现将新型城镇化的内涵从五个层面来理解（见表2—4），并对其核心内容和关键词做简单阐述。

表2—4 　　　　　　　　　　　新型城镇化的内涵

	内涵层面	核心内容	关键词
新型城镇化内涵	经济	转变发展模式	集约发展、可持续发展、内涵发展
		城乡收入协调	农村居民收入、城市居民收入、城乡居民收入差距
		四化协调	新型城镇化、工业化、信息化、农业现代化
	社会	社会事业城乡一体化	破解"二元"结构、城乡一体化
		社会公共服务均等化	教育、医疗、卫生、就业、社会保障等
		城乡文明融合	城市文明向农村扩散、农村生活方式和价值观念等转变
	环境	资源节约型生产体系	低污染、低耗能、低排放、新能源、新材料
		环境友好型消费体系	绿色、低碳、环保
	制度	基本制度一体化	户籍、土地、财政、金融、地方政府的激励相关制度
	空间结构	政府与市场	厘清边界、功能差异
		城乡空间布局一体化	城乡规划、城乡差异发展
		城市群建设	功能定位、发展重点、未来选择
		大、中、小城市和小城镇协调发展	发展层次选择、空间集群、功能差异

（一）经济层面

新型城镇化与传统城镇化在经济层面的区别尤为突出。首先，转变发展模式。传统的城镇化依靠资源、资本、劳动力等要素的投入，在促进社会经济发展的同时导致了一系列的城市病，同时使大中小城镇之间的差距扩大。新型城镇化要彻底改变传统城镇化的发展模式，走可持续发展、集约发展和内涵发展之路。其次，城乡收入协调。城乡收入差距的不断扩大，已经成为制约社会经济发展的一个重要因素，新型城镇化要通过就业、劳动力转移、收入分配、社会保障等各种制度的协同，在城镇居民收入水平提高的同时，实现农民收入稳步提高，缩小城乡居民收入差距。再次，四化同步。新型工业化、信息化、新型城镇化和农业现代化同步发展，四者之间相互促进、相互协调，推进新型城镇化的全面发展。

（二）社会层面

城乡社会事业发展的"二元"结构已经成为当前的一个热点问题，也是城乡差距最重要、最复杂的差距。新型城镇化在社会层面具有以下内涵。首先，城乡社会事业一体化。城乡社会事业一体化就是要打破当前的城乡社会事业"二元"结构，立足城镇发展的同时加强农村社会事业建设，缩小城乡之间的差距。其次，城乡社会公共服务均等化。城乡各种公共服务之间的差距由来已久，而社会公共服务对新型城镇化建设影响极其重要。新型城镇化就是要努力缩小关系到居民基本的生活保障的各种社会公共服务，包括教育、医疗、卫生、就业、社会保障等。再次，城乡文明融合。新型城镇化是改变传统落后的乡村社会为现代城市社会的自然过程。城乡文明融合就是要促进城市文明向农村扩散，同时对农村的传统文化进行保护，实现文化传承，促进农村生活方式、价值观念等的转变。

（三）环境层面

中国特色新型城镇化道路其中之一就是生态文明，要将生态文明、绿色低碳的理念融入新型城镇化过程中。首先，建立资源节约型生产体系。在社会经济发展过程中，要着力推进绿色发展、循环发展和低碳发展，走"低污染、低耗能、低排放"的发展道路，同时积极采用"新能源和新材料"，节约资源投入，强化环境保护和生态修复。其次，建立环境友好型消费体系。在消费水平不断提高的同时要建立环境友好型的消费方式，通过转变不合理的消费观念，建立生态、适度、科学的消费理念，协调物质消费与精神消费，实现人与自然和谐发展。

（四）制度层面

制度建设是新型城镇化的重要内容。首先，实现基本制度城乡一体化。当前城乡之间的差异很大程度上是因为城乡之间"二元"的基本制度结构造成的，这已成为各界的共识。城乡在户籍、土地、财政、金融、地方政府激励等制度是造成城乡差异的根本制度因素，这些制度差异不只是表面的差异，其背后暗含的利益关系是制度差异的本质。新型城镇化就要打破城乡"二元"制度差异，建立合理的城乡制度结构，消除因制度差异造成的各种利益差异。其次，正确处理政府与市场的关系。新型城镇化建设就是要正确处理政府与市场的关系，厘清政府与市场的边界。按照建立社会主义市场经济的基本要求，使市场在资源配置中起决定性作用，同时加强政府的规划、引导，实现新型城镇化的政府引导、市场主导的科学发展过程。

（五）空间结构层面

新型城镇化以城镇承载力为基础，合理布局城镇的空间结构。首先，城乡空间布局一体化。在城乡规划时，按照城乡的功能差异、发展定位、空间距离等因素合理布局，形成城乡布局合理、相互促进的科学合理的空间结构。其次，加强城市群发展。新型城镇化的发展就是要通过要素的积聚，形成发展极进而带动周边地区的发展，因此城市群的发展是新型城镇化的重要组成部分。在提升东部已经形成的城市群发展的同时，加强西北民族地区城市群的培育，根据各城市群的优势与特色，促进各种具有特色的城市群的建设。再次，大中小城市和小城镇的协调发展。在新型城镇化过程中，各地要根据现有发展基础、大中小城市和小城镇的空间结构、各城镇的积聚能力、未来发展重点等合理布局大中小城市和小城镇。

二 西北民族地区新型城镇化需要解决的关键问题

西北民族地区新型城镇化是中国新型城镇化战略的重要组成部分，因此西北民族地区在新型城镇化过程中，要按照全国新型城镇化战略规划实施；同时，西北民族地区的新型城镇化又具有自身的特点，因此还需要因地制宜，制定新型城镇化发展战略。西北民族地区制定新型城镇化发展战略，需要考虑以下关键问题。

（一）中国新型城镇化规划与西北民族地区新型城镇化战略选择

2014 年 3 月 16 日，中央颁布了《国家新型城镇化规划 2014—2020 年》（以下简称《规划》）。《规划》是指导全国新型城镇化发展的宏观性、战略性、基础性的规划，其在全面分析当前新型城镇化中存在的问题和发展的机遇与挑战的基础上，提出了新型城镇化发展的相关战略。这些战略对新型城镇化的发展具有重要的指导意义。截至 2013 年，中国的新型城镇化率达到了 53.7%，但具有明显的区域差异，东部地区人口新型城镇化率达到 62.2%，而西北民族地区的新型城镇化发展水平普遍较低，远远低于全国平均水平。因此，西北民族地区的新型城镇化战略必须因地制宜，在《规划》的指导下，形成适合西北民族地区的具有区域特色的新型城镇化战略，特别是将生态环境保护、社会事业发展、经济结构调整、城镇空间结构等相结合，形成具有西北民族地区特色的新型城镇化发展战略。

（二）新型城镇化规律是否适合西北民族地区

美国城市地理学家 Ray. M. Northam 在 1979 年提出了城镇化发展的一般规律，即一个国家或地区的城镇化的轨迹应为一条拉平的"S"型曲线（即诺瑟姆曲线）。在对美、英等一些发达国家城镇化发展经验总结的基础上，将"S"型曲线划分为三个阶段，即：起步阶段（城镇化率低于 30%）、加速阶段（城镇化率在 30%—70%）和成熟阶段（城镇化率在 70% 以上）。这些理论在国内的研究中常被引用，特别是在 2011 年中国的城镇化率达到 51.27%，更引起了广泛的关注。然而该理论是在对一些西方发达国家城镇化发展总结的基础上形成的，这些发达国家的新型城镇化主要是在以产业发展为支撑、市场化充分发展、大中小城市协调发展、产业结构逐步调整优化的自然过程。西北民族地区的新型城镇化面临的主要问题是：首先，生态环境约束。西北民族地区大多是生态环境脆弱区、重要的生态功能区，以往粗放的发展方式造成生态环境的恶化。因此，西北民族地区新型城镇化过程中生态环境的保护是一项重要的任务。其次，社会经济发展滞后。西北民族地区社会经济发展总体滞后，特别是第二产业主要是依靠资源开发等为基础的，呈现明显的高耗能、高污染、高排放、低效益的特征。再次，地理区位因素的制约。西北民族地区大多数处于边缘区域，自身社会经济发展水平较低，难以融入中东部发展，使得发展过程中边缘化趋势明显。此外，内源发展动力不足、资金投入不足等因素也是当前西北民族地区新型城镇化的典型特点。因此，新型城镇化发展规律能否适应西北民族地区的新型城镇化也是需要认真思考的问题。

（三）新型城镇化的集约功能与西北民族地区城镇空间结构的碎片化

新型城镇化的重要功能就是将人力资本、经济要素、技术资源等向城镇集中，形成各类资源的集群效应；同时在大中小城市和小城镇间合理配置，降低交易费用，促进社会经济的发展。这种功能的实现是建立在新型城镇化的自然演变过程基础上的，即在政府和市场的双重推动下，城镇中各种要素不断地重组与嬗变，推动新型城镇化演进的过程。这种演进过程需要各级城镇空间结构布局合理，城镇间相互促进、相互支撑。西北民族地区城镇空间结构呈现明显的碎片化，各城镇间相互作用较小，合理的城镇体系尚未形成。由表2—5可以看出，西北民族地区城镇密度明显偏小，地级区域的密度是每万平方公里0.14个，全国平均水平为每万平方公里0.35个，西部地区平均水平为每万平方公里0.19个；县级区划密度西北民族地区为每万平方公里0.87个，全国平均水平为每万平方公里2.97个，西部地区为每平方公里1.57个；西北民族地区乡镇区划的密度为每平方公里10.38个，全国为每平方公里42.14个，西部为每平方公里23.19个。由此可见，西北民族地区城镇结构中缺乏大、中城市，小城镇高度分散。西北民族地区这种低密度的城镇布局，使城镇呈现明显的碎片结构，难以形成合理的城镇体系。在新型城镇化过程中，需要科学解决城镇集约功能与城镇空间结构碎片化的矛盾。

表2—5 2013年全国及各地区城镇分布情况

地区	地级区划			县级区划			乡镇级区划		
	数量（个）	比重（%）	密度（个/km²）	数量（个）	比重（%）	密度（个/km²）	数量（个）	比重（%）	密度（个/km²）
全国	333	100	0.35	2853	100	2.97	40497	100	42.14
东部	121	36.34	0.71	1062	37.22	6.23	14047	34.69	82.44
中部	82	24.62	0.80	708	24.82	6.89	10497	25.92	102.14
西部	130	39.04	0.19	1083	37.96	1.57	15953	39.39	23.19
西北民族地区	41	12.31	0.14	252	8.83	0.87	3014	7.44	10.38

资料来源：《中国统计年鉴2014》。

（四）经济发展与社会发展的断裂

新型城镇化的一个重要目标就是新型城镇化水平和质量稳步提高。经济发展是新型城镇化水平和质量提高的基础，社会发展是新型城镇化的重要内容。西北民族地区是资源相对富集的地区，大多数地区的经济发展是建立在资源开发基础之上的，这种经济发展模式迅速地促进了资源地区经济的发展。但是，在经济发展的同时社会发展相对滞后，且与经济发展不协调，形成经济发展与社会发展的断裂。因此，西北民族地区在新型城镇化过程中，一方面要实现经济发展，另一方面要促进社会发展，关键是如何实现二者之间的协调。

此外，还要解决好政府悖论与市场失灵、中央政府和地方政府的博弈、城市病与农村病等一系列相关问题，在此基础上构建西北民族地区新型城镇化发展思路，实现西北民族地区新型城镇化的健康、可持续发展。

三 西北民族地区新型城镇化发展思路

新型城镇化在中国已经成为各界普遍关注的问题，特别是《国家新型城镇化规划2014—2020年》的颁布，为新型城镇化的发展路径指明了方向。西北民族地区新型城镇化具有自身的特殊性，因此以国家新型城镇化规划为指导的同时结合西部地区的实际，从经济、社会、环境、制度和空间结构五个方面促进西北民族地区新型城镇化发展。

西北民族地区新型城镇化战略是"十二五"和"十三五"期间城乡建设的战略体系，其内容可以简单概括为新型城镇化质量、新型城镇化体制机制、城镇环境和城镇空间结构4个方面12个目标和相应的实施措施（见表2—6）。

（一）新型城镇化质量

新型城镇化质量是新型城镇化的重要内容，包括农业转移人口市民化、城乡协调、生态经济社会协调发展。农业转移人口市民化主要是通过城乡产业发展将农民转变为产业工人；赋予转移农民市民权利，形成城乡居民同质均等的权利分配机制；培育人力资本，提高农业转移人口退出农村、融入城镇的能力；创新社区管理，随着城镇人口的集聚，社区人员构成多元化、结构形式多样化、人员需求层次化等，因此要形成以自我管理

表2—6　　　　　　　　　西北民族地区新型城镇化内容

	内容	目标	措施
西北民族地区新型城镇化	新型城镇化质量	农业转移人口市民化	产业发展、权力同质、培育人力资本、创新社区管理
		城乡协调	基本公共服务均等化、城乡改革联动、城乡规划协调、社会事业协调、构建生活共同体、重构社会信任体系
		社会、经济、生态协调	和谐社会、经济发展重构、生态生产力、综合生态系统
	新型城镇化体制机制	基本制度城乡一体化	户籍、医疗卫生、土地、住房、就业创业、收入分配
		政府与市场协调	厘清政府与市场边界、明确政府与市场职能、以社会治理创新城镇管理
		发展与改革统筹	基础发展、产城融合、四化协调
	城镇环境	生态环境发展	生态环境制度建设、城乡生态环境协同机制、建立环境保护新途径、普及环境意识
		城镇环境优化	低碳生态城镇建设、生态文明建设
		资源节约、环境友好	绿色发展、循环发展、低碳发展、节约集约
	城镇空间结构	城乡空间结构协调	空间整合、空间重构
		城镇间空间结构协调	职能定位、开放协调
		大中小城市和小城镇空间结构协调	职能定位、多层次协调、差异化发展

为主的新型社区管理模式。城乡协调主要是通过基本公共服务均等化、城乡改革联动、城乡规划协调、社会事业协调，构建城乡生活共同体、重构社会信任体系，实现城乡全面协调发展。社会、经济、生态的协调发展首先要实现和谐社会，即社会发展中要重视社会发展的总体利益，体现包容、公正、尊重；经济发展重构，从经济发展内涵、模式、途径等各个方面进行重构；强调生态生产力，关注生态对经济、社会发展的影响；构建社会、经济、生态协调发展综合生态系统。

（二）新型城镇化体制机制

西北民族地区新型城镇化的体制机制要进行创新，重点是实现城乡基本公共服务一体化，主要包括户籍制度、医疗卫生制度、土地制度、住房制度、就业创业机制、收入分配机制等涉及基础民生的制度、机制。实现政府与市场的协调，厘清政府与市场的边界，明确政府与市场的职能，避免政府越位和缺位，充分发挥市场调节功能；在城镇管理上，形成社会治理模式，多元主体参与管理，使城镇管理适合新型城镇化发展的需求。发展与改革统筹，在促进社会经济发展的同时进行相关改革，通过产城融合即以产业化发展促进新型城镇化发展，以新型城镇化发展加速产业化发展；信息化、工业化、农业现代化与新型城镇化同步发展、深度融合。

（三）城镇环境

新型城镇化对西北民族地区来说，一个非常重要的方面就是促进城镇环境的改善与发展。首先是生态环境的改善。新型城镇化不以牺牲生态和环境为代价，在新型城镇化过程中加强生态环境制度建设、建立城乡生态环境协同机制、建立环境保护新途径（谁保护、谁受益；谁受益、谁补偿等方式下对权力与义务的科学合理界定）、普及环境意识等，构建政府、市场、社会团体、居民等多方参与生态环境保护的体制机制。其次，实现城镇环境优化。主要通过低碳生态城镇建设、生态文明建设实现城镇环境优化。再次，建设资源节约、环境友好型社会。这主要通过绿色发展、循环发展、低碳发展、节约集约的社会经济发展模式实现。

（四）城镇空间结构

新型城镇化是建立在紧凑型的城镇空间结构基础上的，西北民族地区城镇呈现明显的碎片化，因此城镇空间结构优化是西北民族地区新型城镇化的一项重要内容。首先，城乡空间结构协调。通过城乡空间整合与空间重构，对城乡要素进行重新配置，实现城乡空间衔接，形成多层次、多网络的开放空间系统。其次，实现城镇间空间协调。西北民族地区城镇间功能趋同性严重，特别是独立空间系统明显。在新型城镇化过程中，根据各城镇的特点重新界定各城镇的职能，明确职能定位，在以自身优势为基础的同时与周边城镇协调发展，形成一个开放协调的城镇空间系统。再次，大中小城市和小城镇的空间协调。大中小城市和小城镇在新型城镇化的空间结构中角色不同，西北民族地区的突出特点是大城市不大、中等城市偏小，小城市和小城镇发展滞后。因此，应该根据各级城镇的职能定位，实现各级城镇差异化发展，形成多层次的新型城镇化的发展路径，实现大中小城市和小城镇的空间结构协调，形成科学合理的城镇空间结构体系。

新型城镇化是促进中国社会经济结构根本变迁的途径，也是实现社会经济全面协调发展的途径。当前中国的新型城镇化面临明显的区域多元性，西北民族地区的新型城镇化不是简单的人口向城镇集中，其社会经济发展的特殊性、空间结构的碎片化、经济发展与社会发展的断裂、城镇间的趋同与独立性等影响着新型城镇化的发展路径。西北民族地区的新型城镇化要强调城镇化质量，通过城镇体制机制的重构、城镇环境的优化、空间结构的协调等，促进西北民族地区新型城镇化的科学发展。

第三节　西北民族地区新型城镇化水平评价

新型城镇化水平是目前国际上通行的衡量一个国家或地区新型城镇化程度的重要指标。新型城镇化从本质上来看是城镇在国民经济、社会发展和社会文明中逐渐占据主导地位的过程。新型城镇化水平的评价，就是对城镇在国民经济、社会发展和社会文明中的主导作用程度的一个测算。

一　新型城镇化水平评价方法

新型城镇化是一个复杂的系统演变过程，在新型城镇化过程中，人口、产业结构、就业结构、空间结构、社会文明、生活方式等众多要素均会发展变化，因此准确衡量一个国家或地区的新型城镇化水平并非易事。近年来，不同的学者从自己的研究领域出发，提出了衡量新型城镇化水平的方法。这些方法可以分为单因素指标法（包括人口指标法、土地指标法等）和复合指标法。①

（一）单因素指标法

1. 人口指标法

人口指标法是用城镇人口占总人口的比重来表示城市化水平的一种城市化水平的评价方法。这种城市化水平评价方法数据容易获得，因此被政府部门和大多数研究者所采用。人口指标法所得出的城市化水平实质是人口城市化水平。人口指标法中常用的有城镇人口指标法和非农业人口指标法两种。

（1）城镇人口指标法

城镇人口指标法是指用某一个国家或地区的城镇人口占其总人口的比重来表示该国家或者地区的城市化水平。其用公式可以表示为：

$$C = \frac{P_c}{P_c + P_a} = \frac{P_c}{P} \qquad (2-1)$$

式中，C 表示城市化水平；P_c 表示城镇人口数量；P_a 表示农村人口数量；P 表示总人口。

由公式（2—1）可以看出，一是城镇人口指标法所表示的城镇化水平是以人口的居住地为标准的，那么城镇人口的统计口径对城市化水平评价结构的影响至关重要，这取决于对城镇人口的统计是否与实际新型城镇化的人口相符合；二是对城镇人口的定义。在全国第四次人口普查时，虽然强调了居住地类型，但是把设区的市所辖区的人口全部作为城市人口，这样统计口径明显偏大了，我国的城市都带有郊区，郊区人口的数量在整个城市中占有很大比例；在全国第五次人口普查时，对城镇人口的界定指标中增加了"人口密度"指标，这次普查时没有将市辖区的所有人口都作为城市人口，而是将人口密度在 1500 人/km² 以上的市辖区的人口才全部统计为城镇人口，但是这样的统计仍然口径偏大；在全国第六次人口普查时，我国进行了撤乡、并镇、合村等行政机构改革后的第一次大型普

---

① 王新娜：《城市化水平衡量方法的比较研究》，《开发研究》2010 年第 5 期；简新华、黄锟：《中国新型城镇化水平和速度的实证分析与前景预测》，《经济研究》2010 年第 3 期；薛俊菲：《中国市域综合城市化水平测度与空间格局研究》，《经济地理》2010 年第 12 期。

查，机构调整后，城镇人口和农村人口应该进行重新界定，特别是并镇后可能使统计口径扩大。由此可见，采用城镇人口指标法所评价城市化水平，城镇人口不同的界定方式得出的结论会存在差异，有时候可能会截然不同。因此，对城镇人口的合理界定是影响评价结果的重要因素。

（2）非农业人口指标法

非农业人口指标法是指用一个国家或地区的非农业人口占其总人口的比重来表示该国或地区城市化水平的一种城市化水平的评价方法。用公式表示为：

$$C = \frac{P_b}{P_b + P_d} = \frac{P_b}{P}$$ （2—2）

式中，C 表示城市化水平；P_b 表示非农业人口；P_d 表示农业人口；P 表示总人口。

由公式（2—2）可以看出，采用非农业人口指标法评价城市化水平的关键在于对非农业人口的界定。按照传统定义，农业人口是指从事农业生产以及以农业收入为主要收入来源的人口；非农业人口是非农业生产以及非农业收入为主要收入来源的人口。但是当前在中国很多人口难以从根本上区分是农业人口还是非农业人口，所以采用这种方法分析时一般是依照户籍统计的农业人口和非农业人口来区分。但是，当前中国流动人口规模较大，特别是农村人口在城市就业的人口较多，其中有些虽然是农业人口但是在城市中居住的时间较长，甚至已经在城市购房，这样导致分析结果与实际的城市化水平存在一定的差异。

2. 土地利用指标法

土地利用指标法是指用一个国家或地区的城市建成区土地利用面积与区域总面积之比来表示的城市化水平。用公式表示为：

$$C = \frac{S_c}{S_c + S_z} = \frac{S_c}{S}$$ （2—3）

式中，C 表示城市化水平；S_c 表示建成区土地利用面积；S_z 表示建成区以外的土地面积；S 表示区域总面积。

土地利用指标法测算城市化水平是从城市建设面积比例来测算城市化水平的，这种方法强调了城市建设面积与城市化水平的关系，但是这种方法对于人口密度不同的城市所反映的结果可能有差异，特别是近年来随着城市化的发展，各地扩张城市占地，这对城市化水平的评价结果也具有一定的影响。

（二）复合指标法

城市化的内涵丰富不仅体现在人口和土地上，还涉及经济、生活质量、生活环境等方面，所以对城市化水平的评价，不能单独通过人口或者土地来说明，应该通过一组综合指标体系来衡量。复合指标法就是全面评价城市化水平的一种方法。复合指标法是指用两个或者两个以上的指标来全面反映某一个国家或地区的城市化水平。都沁军、武强选取经济城市化水平、人口城市化水平、地域景观城市化水平、生活方式城市化水平以及环境状态城市化水平 5 大类 29 个指标。[1] 台冰、李怀祖把综合城市化水平复合指标分为三类：人口指标、经济指标和社会指标。同时，为了便于进行国家和地区间的横向和纵向比较，其单位均采用人均指标。[2] 王新娜通过人口城市化水平、地域景观城市化水平、经济城市化水平、生活方式城市化水平、社会文化城市化水平 5 个方面 19 个指标对中国城市化水平进行了评价。[3]

二　西北民族地区新型城镇化水平评价

1. 西北民族地区新型城镇化评价方法

新型城镇化水平的评价方法众多，这些方法对新型城镇化水平的评价取得了良好的效果，对社会经济的发展起到了积极的促进作用。本研究在借鉴已有研究成果的基础上，采用了模糊综合评价法，以期能对西北民族地区的新型城镇化做出科学的评价。

模糊综合评价是以模糊数学为基础，应用模糊关系合成原理，将一些边界不清、不宜定量的影响因素定量化，进行综合评价的一种评价方法。模糊数学是由美国控制论专家扎德（L. A. Zadeh）在 1965 年提出的，通过模糊数学解决社会经济或者管理中的一些评价问题。在社会经济和管理

① 都沁军、武强：《基于指标体系的区域城市化水平研究》，《城市发展研究》2006 年第 5 期。

② 台冰、李怀祖：《综合城市化水平测度研究》，《学术界》2006 年第 5 期。

③ 王新娜：《城市化水平衡量方法的比较研究》，《开发研究》2010 年第 5 期。

中存在着大量的模糊信息，通过对这些信息进行评价，就是要使其能够定量化、精确化，以反映模糊信息中的规律性。在进行系统研究时，如果某个系统特性的精确而有意义的描述能力降低到最低阈值时，系统的精确性和有意义性就变成了两个相互排斥的特性。此时，处理经济数值的经典数学就显得无能为力，而模糊数学却得以运用。但是，在已有的评价方法中，要么是一个确定值、要么是一个区间，这样导致很多信息丢失。在对西北民族地区新型城镇化评价中，由于影响新型城镇化因素的复杂性、多维性以及各种特性之间关系的模糊性，涉及大量的复杂现象和多种因素的相互作用，因此在对新型城镇化水平评价时，通过基于直觉模糊集的综合评价的方法进行定量化处理，对西北民族地区新型城镇化水平进行客观评价。①

设 $\{x_i \mid i = 1, 2, 3, \cdots, m\}$ 是一个论域，即被评价的对象，x 上的一个直觉模糊集 A 具有形式：

$$A = \{ (x^j, \cdots, \mu^A (x_i), v^A (x_i)) \mid x_i \in X\} \qquad (2\text{—}4)$$

其中，隶属函数：

$\mu^A (x_i)$: $X \to [0, 1]$

非隶属函数：

$v^A (x_i)$: $X \to [0, 1]$

且满足条件：

$0 \leqslant \mu^A (x_i) + v^A (x_i) \leqslant 1$, $\forall x^i \in X$

令，$\eta A (x_i)$ 为 x 中元素 x_i 属于 A 的犹豫度，则：

$$\eta_A (x_i) = 1 - \mu_A (x_i) - v_A (x_i) \qquad (2\text{—}5)$$
$$A = (\mu_A (x_i), v_A (x_i))$$

在以上定义的基础上，借助直觉模糊集来对多属性评价问题进行评价。

对于给定的多属性评价问题，设：

$\{x_i \mid i = 1, 2, 3, \cdots, m\}$ 是评价对象集；

$\{A_j \mid j = 1, 2, 3, \cdots, n\}$ 是属性集；

---

① 张铁男：《对多级模糊综合评价方法的应用研究》，《哈尔滨工程大学学报》2002 年第 3 期。

评价对象 x_i 满足 A_j 的程度用：$[\mu_A(x_i), v_A(x_i)]$ 来刻画，其中 $\mu_A(x_i)$ 表示 A_j 满足 $v_A(x_i)$ 属性的程度，$v_A(x_i)$ 表示 x_i 不满足 A_j 属性的程度，且：

$\mu_{Aj}(x_i) \in [0, 1]$，$v_{Aj}(x_i) \in [0, 1]$，$\mu_{Aj}(x_i) + v_{Aj}(x_i) \leqslant 1$

用 $\eta_{Aj}(x_i) = 1 - \mu_{Aj}(x_i) - v_{Aj}(x_i)$ 表示 x_i 满足 A_j 属性的犹豫度。

在做实际评价时，一般所给出的评价指标矩阵大多数是实数矩阵，其格式为 $D = (d_j)_{mxn}$，$d_{ij} \geqslant 0$。在这样的一个矩阵指标下，我们要根据这些信息对评价对象进行评价。但是在 $D = (d_j)_{mxn}$ 中，d_{ij} 的量纲不同，因此为了消除不同量纲对评价结果的影响，要对 $D = (d_j)_{mxn}$ 中的元素进行标准化处理，处理的方法如下。

按照评价指标对评价结果的不同影响，将指标分为正向指标、逆向指标和适度指标三类，对于正向指标，按照公式：

$$r_{ij}\frac{d_j}{\max_i(d_{ij})}, \quad i = 1, 2, 3, \cdots, m \qquad (2\text{—}6)$$

将其转化为标准矩阵。

对于逆向指标，按照公式：

$$r_{ij} = \begin{cases} 1 - \dfrac{d_{ij}}{\max_i(d_{ij})} & \min_i(d_{ij}) = 0 \\[3mm] \dfrac{\min_i(d_{ij})}{d_{ij}} & \min_i(d_j) \neq 0 \end{cases} \qquad (i = 1, 2, 3, \cdots, m) \qquad (2\text{—}7)$$

将其转化为标准矩阵。

对于适度指标，按照左偏离和右偏离公式分别：

对于左向偏离指标：

$$r_{ij} = \begin{cases} 0 & d_{ij} \geqslant \phi_k \\[3mm] \dfrac{\phi_k - d_{ij}}{\max\limits_{1 \leqslant i \leqslant n}(\phi_k - d_{ij})} & d_{ij} < \phi_k \end{cases} \qquad (i = 1, 2, 3, \cdots, m) \qquad (2\text{—}8)$$

对于右向偏离指标：

$$r_{ij} = \begin{cases} 0 & d_{ij} \leqslant \phi_k \\[3mm] \dfrac{d_{ij} - \phi_k}{\max\limits_{1 \leqslant i \leqslant n}(d_{ij} - \phi_k)} & d_{ij} > \phi_k \end{cases} \qquad (i = 1, 2, 3, \cdots, m) \qquad (2\text{—}9)$$

将矩阵 $D = (d_{ij})_{mxn}$ 按照上面的方法进行规范化后，得到新的矩阵 $R =$

$(r_{ij})_{mxn}$。

评价指标的权重向量为 $w = (w, w_2, w_3, \cdots, w_n)^T$，且满足 $0 \leqslant w_i \leqslant 1$，$\sum_{i=1}^{n} w_i = 1$，将权重向量代入规范化后的矩阵 $R = (r_{ij})_{mxn}$ 中，即将矩阵 $R = (r_{ij})_{mxn}$ 进行加权处理，然后得到新的矩阵 $Y = (\omega_i r_{ij})_{mxn}$。

对于规范化后的评价矩阵 $R = (r_{ij})_{mxn}$，第 i 行元素 r_{ij}（$i = 1, 2, 3, \cdots, n$）表示第 i 个评价对象 x_i 关于各个属性的评价值，且 $r_{ij} \in [0, 1]$，当 r_{ij} 越大时，表示评价对象 x_i 的元素 r_{ij} 所包含的对 j 属性支持的信息量就越大；当 r_{ij} 越小时，表示评价对象 x_i 的元素 r_{ij} 所包含的对 j 属性支持的信息量就越小。为了客观评价 r_{ij} 所包含的支持或者反对信息量的大小，这里引入黄金分割点，分点 0.618 和 0.382 在 [0, 1] 区间范围内起到界定实数的大小的作用。即位于 [0, 0.382]、(0.382, 0.618)、[0.618, 1] 中的评价值分别属于较小、犹豫和较大的评价值。

设 x_i 的对某种属性的支持率为 μ_i，反对率为 v_i，那么 x_i 的直觉模糊评价信息为 s_i，且

$$s_i = (\mu_i, v_i) \quad (i = 1, 2, 3, \cdots, m) \tag{2—10}$$

并且要满足 $\mu_i + v_i \leqslant 1$（$i = 1, 2, 3, \cdots, m$）

因此可以用公式：

$$h_{ij} = \frac{r_{ij}}{\sum_{j=1}^{n} r_{ij}} \quad (i = 1, 2, 3, \cdots, m; j = 1, 2, 3, \cdots, n) \tag{2—11}$$

将规范化矩阵 $R = (r_{ij})_{mxn}$ 按行进行归一化处理，得到新的矩阵，将新矩阵记为：

$$H = (h_{ij})_{mxn}$$

且该矩阵满足：$0 \leqslant h_{ij} \leqslant 1$，$\sum_{j=1}^{n} h_{ij} = 1$。

为了得到各个评价对象的直觉模糊评价值 $s_i = (\mu_i, v_i)$（$i = 1, 2, 3, \cdots, m$），在规范化的矩阵 $R = (r_{ij})_{mxn}$ 和按行归一化的矩阵 $H = (h_{ij})_{mxn}$ 中，令矩阵 $R = (r_{ij})_{mxn}$ 和矩阵 $H = (h_{ij})_{mxn}$ 中第 i 行元素组成的集合分别为 $R = \{r_{i1}, r_{i2}, r_{i3}, \cdots, r_{in}\}$（$i = 1, 2, 3, \cdots, m$），$H_i = \{h_{i1}, h_{i2}, h_{i3}, \cdots, h_{im}\}$（$i = 1, 2, 3, \cdots, m$）

对于评价对象 x_1，称：

$$h_i^+ = \{ h_{ij} \mid r_{ij} \geq 0.618,\ r_{ij} \in R_i,\ h_{ij} \in H_i,\ j = 1,\ 2,\ 3,\ \cdots,\ n \},$$
$$i = 1,\ 2,\ 3,\ \cdots,\ m \qquad\qquad (2\text{—}12)$$

为 x_i 在 j 属性的支持集，称：

$$\mu_i = \sum_{\substack{j=1 \\ h_{ij} \in h_i^+}}^{n} h_{ij},\ i = 1,\ 2,\ 3,\ \cdots,\ m \qquad (2\text{—}13)$$

为 x_i 的支持度。

对于评价对象 x_i，称：

$$h_i^- = \{ h_{ij} \mid r_{ij} \leq 0.382,\ r_{ij} \in R_I,\ h_{ij} \in H_i,\ j = 1,\ 2,\ 3,\ \cdots,\ n \},$$
$$i = 1,\ 2,\ 3,\ \cdots,\ m \qquad\qquad (2\text{—}14)$$

为 x_i 在 j 属性的反对集，称：

$$v_i = \sum_{\substack{j=1}}^{\substack{h_{ij} \in h_i^- \\ n}} h_{ij},\ i = 1,\ 2,\ 3,\ \cdots,\ m \qquad (2\text{—}15)$$

为 x_i 的反对度。

为了确定 $s_i = (\mu_i,\ v_i)$ $(i = 1,\ 2,\ 3,\ \cdots,\ m)$ 的序，引入直觉模糊集数字特征。

设 $s_i = (\mu_i,\ v_i)$ 为直觉模糊集，则称：

$$\Delta s = \mu - v \qquad\qquad (2\text{—}16)$$

为 s 的得分，$\Delta s \in [-1,\ 1]$，Δ 为直觉模糊集的得分函数，称：

$$H\ (s)\ = \mu + v \qquad\qquad (2\text{—}17)$$

为 s 的精确度，$H\ (s)\ \in [0,\ 1]$，H 为直觉模糊集的精确函数。

由此可以得出两个直觉模糊集的序关系：

设 $s_1 = (\mu_1,\ v_1)$，$s_2 = (\mu_2 - v_2)$ 为两个直觉模糊集，如果：

$\Delta\ (s_1)\ < \Delta\ (s_2)$，则 $s_1 < s_2$；

$\Delta\ (s_1)\ = \Delta\ (s_2)$，则

1）如果 $H\ (s_1)\ = H\ (s_2)$，则 s_1 和 s_2 代表同样的信息，那么 $s_1 = s_2$；

2）如果 $H\ (s_1)\ < H\ (s_2)$，则 s_1 小于 s_2，那么 $s_1 < s_2$。

2. 西北民族地区新型城镇化水平评价步骤

通过以上的理论阐述，可以得出直觉模糊集的多属性评价方法，其具体步骤为：

第一，对于给定的决策矩阵 $D = (d_{ij})_{mxn}$，$d_{ij} \geq 0$，选择式（2—6）、

式（2—7）、式（2—8）、式（2—9）将其规范为，得到规范化的评价矩阵 $R = (r_{ij})_{mxn}$；

第二，按照 $H = (w_i r_{ij})_{mxn}$ 将规范化的矩阵 $R = (r_{ij})_{mxn}$ 进行赋权处理；

第三，将评价矩阵 $Y = (\omega_i r_{ij})_{mxn}$ 按行归一化处理，得到新的矩阵 $H = (h_{ij})_{mxn}$；

第四，按照式（2—12）、式（2—14）分别求出评价对象 x_i 的支持集 h_i^+ 和反对集 h_i^-，$i = 1, 2, 3, \cdots, m$；

第五，按照式（2—13）、式（2—15）分别求出评价对象 x_1 的支持度 μ_i 和反对度 v_i，进而得到 x_i 的直觉模糊评价值 $s_i = (\mu_i, v_i)$（$i = 1, 2, 3, \cdots, m$）；

第六，按照式（2—16）、式（2—17）分别计算出 $s_i = (\mu_i, v_i)$ 的得分 $\Delta (s_i)$ 和精确度 $H (s_i)$，$i = 1, 2, 3, \cdots, m$。

第七，计算评价对象的综合评价得分。

3. 指标体系的构建

第一，指标体系构建原则。

指标体系构建时坚持以下原则：①系统性。城市化水平是一个复杂的系统结构，在指标体系中综合考虑人口、经济、生活条件、生活环境等方面，各因素综合反映城市化水平。②科学性。指标体系的建立坚持科学性原则，各指标能够真实反映城市化水平，避免信息遗漏。③可比性。选定的指标体系必须能够在横向上、纵向上在各地区之间具有可比性，客观、真实反映城市化水平的差异。④数据可得性。在指标选择过程中，应该选择那些指标含义明确、能够量化或者可被其他指标很好地替代的指标，并且数据容易获得。

第二，指标体系构建。

为了客观、真实反映新型城镇化水平，结合以上指标体系的构建原则，从构建新型城镇化水平的评价体系，即人口新型城镇化、经济新型城镇化、空间新型城镇化、生活环境新型城镇化 4 个方面 12 个指标进行评价，见表 2—7。

表 2—7　　　　　　　西北民族地区新型城镇化水平评价指标体系

目标层	准则层（权重）	子准则层	权重
西北民族地区新型城镇化水平	人口新型城镇化 （0.2920）	城镇人口比重	0.1140
		城市人口密度	0.0782
		每十万人口高等学校在校人口数	0.0989
	经济新型城镇化 （0.2708）	人均 GDP	0.0740
		城镇第二、三产业产值比重	0.0951
		城乡居民收入比	0.1017
	空间新型城镇化 （0.2366）	建成区面积	0.0643
		人均道路铺张面积	0.0789
		万人拥有公交车辆数	0.0943
	生活环境新型城镇化 （0.2006）	建成区绿化覆盖率	0.0800
		一般工业废弃物综合利用率	0.0688
		人均公园绿地面积	0.0518

4. 指标权重的确定方法

新型城镇化水平评价中，首先确定各级指标权重。对于评价指标权重的确定采用直觉模糊层次分析法。从层次分析法到模糊层次分析法，在不确定信息评价与决策过程中起到了重要的作用。但是，直觉模糊集比单值模糊集更具有科学合理、实用性更强的特点，然而这种算法比较复杂，因此引入了直觉模糊集的模糊逼近理论，将直觉模糊互补判断矩阵转换为模糊逼近矩阵。

定义 1　设判断矩阵 $A = (a_{ij})_{mxn}$，若 $a_{ij} \in [0, 1]$ $(i, j \in N)$，$a_{ij} + a_{ji} = 1$，$a_{ii} = 0.5$，则称矩阵 A 是模糊互补判断矩阵。

定义 2　设矩阵 $A = (a_{ij})_{nxn}$ 为模糊互补判断矩阵，若对 $\forall_{i,j,k} \in N$，$a_{ij} = a_{ik} - a_{jk} + 0.5$，则称 A 是模糊一致性互补判断矩阵。

定义 3　设 X 是一个论域，X 的直觉模糊集 B 可以用支持度函数（真隶属度函数）和反对度函数（假隶属度函数）共同表示，设支持度函数为 t_B: $X \rightarrow [0, 1]$，反对度函数为 f_B: $X \rightarrow [0, 1]$，则 B 可以表示为 $B = \{t_B(x), f_B(x), \varphi_B(x) \mid x \in X\}$，其中 $0 < t_B(x) + f_B(x) \leq$

1，$0 < t_B (x) + f_B (x) \leqslant 1$，$\varphi_B (x) = 1 - t_B (x) - f_B (x)$，称 $(t_B (x)$，$f_B (x))$ 为 B 上的一个直接模糊值，X 上全体直觉模糊之所成集合为 $U (X)$。

如果直觉采用直觉模糊集计算，程序比较复杂，为了简化计算，利用投入模型解释直接模糊集的逼近问题。通过研究第 k 次投票结果对 $k+1$ 次投票结果的影响，可以得出无限次投票的极限结果。

定义 4　设 X 是一个论域，$B = \{ (t_B (x)$，$f_B (x)$，$\varphi_B (x)) \mid x \in U (X) \}$，$F_B (x) = \dfrac{t_B (x)}{1 - \varphi_B (x)}$，那么可以得到模糊集 $F_B = \{ (F_B (x)$，$1 - F_B (x)) \mid x \in X \}$，称 $F_B (x)$ 为直觉模糊值 $(t_B (x)$，$f_B (x))$ 的模糊逼近，F_B 是直觉模糊集 B 的模糊逼近。

定义 5　设 $D = (d_{ij})_{n \times n}$ 是直觉模糊判断矩阵，$d_{ij} = (t_{ij}, f_{ij})$ $(i, j \in N)$，且 $t_{ij} \in [0, 1]$，$f_{ij} \in [0, 1]$，$t_{ij} = f_{ji}$，$t_{ji} = f_{ij}$，$t_{ii} = f_{ii} = 0.5$，$t_{ij} + f_{ij} \leqslant 1$ $(i, j = 1, 2, 3, \cdots, n)$，则称矩阵 D 为直觉模糊互补判断矩阵。

定义 6　设直觉模糊互补判断矩阵 $D = (d_{ij})_{n \times n}$，其中 $d_{ij} = (t_{ij}, f_{ij})$，$h_{ij} = \dfrac{t_{ij}}{t_{ij} + f_{ij}}$ $(i, j = 1, 2, 3, \cdots, n)$，则称模糊矩阵 $H = (h_{ij})_{n \times n}$ 为矩阵 $D = (d_{ij})_{n \times n}$ 的模糊逼近的模糊互补判断矩阵。

定义 7　设直觉模糊互补判断矩阵 $D = (d_{ij})_{n \times n}$，$H = (h_{ij})_{n \times n}$ 为 D 的模糊逼近的模糊互补判断矩阵，若 H 是一致性模糊互补判断矩阵，则 D 也是一致的。

在直觉模糊互不判断矩阵中，涉及的一个关键问题就是一致性的检验与调试以及得分权重的计算，本课题采用下列方法对模糊互补判断矩阵的一致性检验与调整。

给定一致性指标临界值 ε，通常取 $\varepsilon = 0.2$，计算模糊互补判断矩阵 $H = (h_{ij})_{n \times n}$ 的一致性指标 ρ，如果 $\rho \leqslant \varepsilon$ 则进入下一步；如果 $\rho > \varepsilon$ 对其进行修正。其中：

$$\rho = \frac{2}{n (n-1) (n-2)} \times \sum_{\substack{i=1 \\ }}^{n} \sum_{\substack{j=1 \\ j \neq i}}^{n} \sum_{\substack{k=1 \\ k \neq i, j}}^{n}$$

修正过程如下：

令：$h'_{ij} = \dfrac{h_i - h_j}{\alpha} + 0.5$ $(\alpha \geqslant 2 (n-1)$，$h_i = \sum_{j=1}^{n} h_{ij}$，$i \in N)$

则矩阵 $H' = (h'_{ij})_{nxn}$ 是模糊一致性互补判断矩阵。

权重为：

$$w_i = \frac{2\sum_{j=1}^{n} h'_{ij} - 1}{n(n-1)} \quad i = 1, 2, \cdots, n$$

基于直觉模糊集的层次分析步骤：

步骤1　分析评价系统中的各因素的关系，建立评价系统的递阶层次结构。

步骤2　根据专家评价建立直觉比较判断矩阵 $D = (d_{ij})_{nxn}$，然后根据定义6得到模糊逼近的判断矩阵 B。

步骤3　对模糊互补判断矩阵进行一致性检验，如果不一致则按照上面公式对其修正。

步骤4　计算权重。

5. 西北民族地区新型城镇化水平评价

（1）指标权重的确定

第一，计算准则层权重。

步骤1　构建评估体系结构。根据研究目标，构建人口新型城镇化、经济新型城镇化、空间新型城镇化和生活环境新型城镇化四个准则层。

步骤2　通过专家对准则层各指标对于上级指标层的重要性进行两两比较建立直觉模糊判断矩阵 $A = (a_{ij})_{nxn}$，其中 $a_{ij} = (t_{ij}, f_{ij})$ $i, j = 1, 2, \cdots, n$，t_{ij}, f_{ij} 的值根据 $0.1 - 0.9$ 九标度给出的定量标准。

$$A = \begin{bmatrix} 0.5 & (0.5, 0.4) & (0.5, 0.3) & (0.4, 0.3) \\ (0.4, 0.5) & 0.5 & (0.5, 0.4) & (0.5, 0.3) \\ (0.3, 0.5) & (0.4, 0.5) & 0.5 & (0.3, 0.2) \\ (0.3, 0.4) & (0.3, 0.5) & (0.2, 0.3) & 0.5 \end{bmatrix}$$

步骤3　计算 $A = (a_{ij})_{nxn}$ 的模糊逼近的模糊互补判断矩阵 $H = (h_{ij})_{nxn}$。

$$A = \begin{bmatrix} 0.5 & 0.556 & 0.6250 & 0.5714 \\ 0.4444 & 0.5 & 0.5556 & 0.6250 \\ 0.3750 & 0.4444 & 0.5 & 0.6000 \\ 0.4286 & 0.3750 & 0.4000 & 0.5 \end{bmatrix}$$

步骤4 对模糊逼近判断矩阵 H 进行一致性检验。计算得矩阵 H 的一致性指标 $\rho = 0.1651 < \varepsilon = 0.2$，因此，该矩阵通过一致性检验，不需要进行修正。

步骤5 计算权重。

$$\omega = [\,0.2920 \quad 0.2708 \quad 0.2366 \quad 0.2006\,]$$

第二，计算子准则层权重。

①人口新型城镇化指标权重计算。

步骤1 构建评估体系结构。根据构建的指标体系，以人口新型城镇化的三个指标作为子准则层。

步骤2 通过专家对子准则层各指标对于上级指标层的重要性进行两两比较建立直觉模糊判断矩阵 $A_1 = (a_{ij})_{n \times n}$，其中 $a_{ij} = (t_{ij}, f_{ij})\ i, j = 1, 2, \cdots, n$，$t_{ij}$，$f_{ij}$ 的值根据 0.1—0.9 九标度给出的定量标准。

$$A_1 = \begin{bmatrix} 0.5 & (0.5, 0.3) & (0.5, 0.4) \\ (0.3, 0.5) & 0.5 & (0.3, 0.4) \\ (0.4, 0.5) & (0.4, 0.3) & 0.5 \end{bmatrix}$$

步骤3 计算 $A_1 = (a_{ij})_{n \times n}$ 的模糊逼近的模糊互补判断矩阵 $H_1 = (h_{ij})_{n \times n}$。

$$H_1 = \begin{bmatrix} 0.5 & 0.625 & 0.5556 \\ 0.375 & 0.5 & 0.4286 \\ 0.4444 & 0.5714 & 0.5 \end{bmatrix}$$

步骤4 对模糊逼近判断矩阵 H_1 进行一致性检验。计算得矩阵 H_1 的一致性指标，$\rho = 0.0443 < \varepsilon = 0.2$，因此，该矩阵通过一致性检验，不需要进行修正。

步骤5 计算权重。

$$\omega_1 = [\,0.3935 \quad 0.2679 \quad 0.3386\,]$$

步骤6 计算子准则层对目标层权重。

$$\omega_1' = [\,0.1140 \quad 0.0782 \quad 0.0989\,]$$

②经济新型城镇化指标权重计算。

步骤1 构建评价体系结构。根据构建的指标体系，以经济新型城镇化的三个指标作为子准则层。

步骤2 通过专家对子准则层各指标对于上级指标层的重要性进行两

两比较建立直觉模糊判断矩阵 $A_2 = (a_{ij})_{n \times n}$，其中 $a_{ij} = (t_{ij}, f_{ij})$ $i, j = 1,$ $2, \cdots, n$，t_{ij}, f_{ij} 的值根据 $0.1 - 0.9$ 九标度给出的定量标准。

$$A_2 = \begin{bmatrix} 0.5 & (0.3, 0.5) & (0.4, 0.5) \\ (0.5, 0.3) & 0.5 & (0.3, 0.4) \\ (0.5, 0.4) & (0.4, 0.3) & 0.5 \end{bmatrix}$$

步骤3　计算 $A_2 = (a_{ij})_{n \times n}$ 的模糊逼近的模糊互补判断矩阵 $H_2 = (h_{ij})_{n \times n}$。

$$H_2 = \begin{bmatrix} 0.5 & 0.375 & 0.4444 \\ 0.625 & 0.5 & 0.4286 \\ 0.5556 & 0.5714 & 0.5 \end{bmatrix}$$

步骤4　对模糊逼近判断矩阵 H_2 进行一致性检验。计算得矩阵 H_2 的一致性指标，$\rho = 0.275 > \varepsilon = 0.2$ 该矩阵未通过一致性检验，因此需要进行修正。

步骤5　根据公式对 H_2 进行修正，得到新的矩阵 H'_2。

$$H'_2 = \begin{bmatrix} 0.5 & 0.4415 & 0.4231 \\ 0.5585 & 0.5 & 0.4817 \\ 0.5769 & 0.5183 & 0.5 \end{bmatrix}$$

步骤6　计算权重。

$$\omega_2 = \begin{bmatrix} 0.2731 & 0.3512 & 0.3757 \end{bmatrix}$$

步骤7　计算子准则层对目标层权重。

$$\omega'_2 = \begin{bmatrix} 0.0740 & 0.0951 & 0.1017 \end{bmatrix}$$

③空间新型城镇化指标权重计算。

步骤1　构建评估体系结构。根据所构建的指标体系，以空间新型城镇化的三个指标作为子准则层。

步骤2　通过专家对子准则层各指标对于上级指标层的重要性进行两两比较建立直觉模糊判断矩阵 $A_3 = (a_{ij})_{n \times n}$，其中 $a_{ij} = (t_{ij}, f_{ij})$ $i, j = 1,$ $2, \cdots, n$，t_{ij}, f_{ij} 的值根据 $0.1 - 0.9$ 九标度给出的定量标准。

$$A_3 = \begin{bmatrix} 0.5 & (0.3, 0.4) & (0.3, 0.5) \\ (0.4, 0.3) & 0.5 & (0.3, 0.4) \\ (0.5, 0.4) & (0.4, 0.3) & 0.5 \end{bmatrix}$$

步骤3　计算 $A_3 = (a_{ij})_{n \times n}$ 的模糊逼近的模糊互补判断矩阵 $H_3 =$

$(h_{ij})_{n \times n}$。

$$H_3 = \begin{bmatrix} 0.5 & 0.4286 & 0.3750 \\ 0.5714 & 0.5 & 0.4286 \\ 0.6250 & 0.5714 & 0.5 \end{bmatrix}$$

步骤4 对模糊逼近判断矩阵 H_3 进行一致性检验。计算得矩阵 H_3 的一致性指标，$\rho = 0.0392 < \varepsilon = 0.2$，该矩阵通过一致性检验，因此不需要进行修正。

步骤5 计算权重。

$$\omega_3 = \begin{bmatrix} 0.2679 & 0.3333 & 0.3988 \end{bmatrix}$$

步骤6 计算子准则层对目标层权重。

$$\omega'_3 = \begin{bmatrix} 0.0634 & 0.0789 & 0.0943 \end{bmatrix}$$

④生活环境新型城镇化指标权重计算。

步骤1 构建评估体系结构。根据构建的指标体系，以生活环境新型城镇化的三个指标作为子准则层。

步骤2 通过专家对子准则层各指标对于上级指标层的重要性进行两两比较建立直觉模糊判断矩阵 $A_4 = (a_{ij})_{n \times n}$，其中 $a_{ij} = (t_{ij}, f_{ij})$ $i, j = 1, 2, \cdots, n$，t_{ij}, f_{ij} 的值根据 $0.1 - 0.9$ 九标度给出的定量标准。

$$A_4 = \begin{bmatrix} 0.5 & (0.4, 0.3) & (0.5, 0.3) \\ (0.3, 0.4) & 0.5 & (0.3, 0.2) \\ (0.3, 0.5) & (0.2, 0.3) & 0.5 \end{bmatrix}$$

步骤3 计算 $A_4 = (a_{ij})_{n \times n}$ 的模糊逼近的模糊互补判断矩阵 $H_4 = (h_{ij})_{n \times n}$。

$$H_4 = \begin{bmatrix} 0.5 & 0.5714 & 0.6250 \\ 0.4286 & 0.5 & 0.6000 \\ 0.3750 & 0.4000 & 0.5 \end{bmatrix}$$

步骤4 对模糊逼近判断矩阵 H_3 进行一致性检验。计算得矩阵 H_3 的一致性指标，$\rho = 0.1119 < \varepsilon = 0.2$，该矩阵通过一致性检验，因此不需要进行修正。

步骤5 计算权重。

$$\omega_4 = \begin{bmatrix} 0.3988 & 0.3429 & 0.2583 \end{bmatrix}$$

步骤6 计算子准则层对目标层权重。

$$\omega'_4 = \begin{bmatrix} 0.0800 & 0.0688 & 0.0518 \end{bmatrix}$$

（2）西北民族地区新型城镇化水平评价

第一，数据整理。根据表2—7所列的指标体系对全国及西部12省（区、市）的相关数据进行整理。（虽然主要研究西北民族地区的新型城镇化水平，但是为了进行比较，所以把全国和其他西部地区也作为研究对象。）结果见表2—8。

表2—8　　　　　　西部地区新型城镇化水平评价指标数据

地区	城镇人口比重	城市人口密度	每十万人口高等学校在校人口数	人均GDP	城镇第二、三产业产值比重	城乡居民收入比	建成区面积	人均道路铺张面积	万人拥有公交车辆数	建成区绿化覆盖率	一般工业废弃物综合利用率	人均公园绿地面积
全国	53.73	2362	2418	41908	90	3.03	47855.3	14.87	12.78	39.7	62.84	12.64
内蒙古	58.71	1059	2137	67498	90.5	2.97	1206.2	19.69	8.57	36.2	49.72	16.9
广西	44.81	1543	1939	30588	64	3.43	1153.6	15.53	9.42	37.7	70.68	11.48
重庆	58.34	1847	2894	42795	92	3.03	1114.9	11.23	11.57	41.7	85.25	18.04
四川	44.9	2900	2140	32454	87	2.83	2058.1	13.24	14.59	38.4	41.27	11.21
贵州	37.83	3406	1535	22922	87.1	3.80	695.4	9.58	9.6	34.5	50.77	11.41
云南	40.48	2415	1662	25083	83.8	3.78	935.8	12.29	11.61	37.8	52.46	10.56
西藏	23.71	1820	1528	26068	89.3	3.04	120.3	13.19	7.7	18.1	1.52	9.04
陕西	51.31	5541	3612	42692	90.5	3.52	915	14.74	16.27	40.2	63.52	11.77
甘肃	40.13	3916	2193	24296	86	3.71	726.7	14.02	10.36	32.1	55.86	11.76
青海	48.51	2924	1162	36510	90.1	3.15	157.4	10.9	14.47	31.2	54.92	9.66
宁夏	52.01	1253	2195	39420	91.3	3.15	420.7	18.81	13.19	38.5	73.18	17.51
新疆	44.47	4361	1681	37181	82.4	2.72	1064.9	15.69	14.35	36.4	51.86	10.08

资料来源：《中国统计年鉴2005—2014》和《中国区域区域经济统计年鉴2005—2014》。

第二，将表2—8的数据进行标准化。标准化后的数据见表2—9。

表2—9

西部地区新型城镇化水平评价指标数据标准化

地区	城镇人口比重	城市人口密度	每十万人口高等学校在校人口数	人均GDP	城镇第二、三产业产值比重	城乡居民收入比	建成区面积	人均道路铺装面积	万人拥有公交车辆数	建成区绿化覆盖率	一般工业废弃物综合利用率	人均公园绿地面积
全国	0.9152	0.4263	0.6694	0.6209	0.9783	0.8989	0.9520	0.7552	0.7855	0.9520	0.7371	0.7007
内蒙古	1.0000	0.1911	0.5916	1.0000	0.9837	0.9183	0.8681	1.0000	0.5267	0.8681	0.5832	0.9368
广西	0.7632	0.2785	0.5368	0.4532	0.6957	0.7937	0.9041	0.7887	0.5790	0.9041	0.8291	0.6364
重庆	0.9937	0.3333	0.8012	0.6340	1.0000	0.9000	1.0000	0.5703	0.7111	1.0000	1.0000	1.0000
四川	0.7648	0.5234	0.5925	0.4808	0.9457	0.9614	0.9209	0.6724	0.8967	0.9209	0.4841	0.6214
贵州	0.6444	0.6147	0.4250	0.3396	0.9467	0.7162	0.8273	0.4865	0.5900	0.8273	0.5955	0.6325
云南	0.6895	0.4358	0.4601	0.3716	0.9109	0.7199	0.9065	0.6242	0.7136	0.9065	0.6153	0.5854
西藏	0.4038	0.3285	0.4230	0.3862	0.9707	0.8948	0.4341	0.6699	0.4733	0.4341	0.0178	0.5011
陕西	0.8740	1.0000	1.0000	0.6325	0.9837	0.7748	0.9640	0.7486	1.0000	0.9640	0.7451	0.6524
甘肃	0.6835	0.7067	0.6071	0.3600	0.9348	0.7336	0.7698	0.7120	0.6368	0.7698	0.6553	0.6519
青海	0.8263	0.5277	0.3217	0.5409	0.9793	0.8656	0.7482	0.5536	0.8894	0.7482	0.6443	0.5355
宁夏	0.8859	0.2261	0.6077	0.5840	0.9924	0.8647	0.9233	0.9553	0.8107	0.9233	0.8584	0.9706
新疆	0.7575	0.7870	0.4654	0.5508	0.8957	1.0000	0.8729	0.7969	0.8820	0.8729	0.6084	0.5588

第三，赋权处理。按照表2—7给出的指标权重，对表2—9进行加权处理，得到表2—10。

表2—10

西部地区新型城镇化水平评价指标赋权值

地区	城镇人口比重	城市人口密度	每十万人口高等学校在校人口数	人均GDP	城镇第二、三产业值比重	城乡居民收入比	建成区面积	人均道路铺装面积	万人拥有公交车辆数	建成区绿化覆盖率	一般工业废弃物综合利用率	人均公园绿地面积
全国	0.1043	0.0333	0.0662	0.0459	0.0930	0.0914	0.0612	0.0596	0.0741	0.0762	0.0507	0.0363
内蒙古	0.1140	0.0149	0.0585	0.0740	0.0935	0.0934	0.0558	0.0789	0.0497	0.0694	0.0401	0.0485
广西	0.0870	0.0218	0.0531	0.0335	0.0662	0.0807	0.0581	0.0622	0.0546	0.0723	0.0570	0.0330
重庆	0.1133	0.0261	0.0792	0.0469	0.0951	0.0915	0.0643	0.0450	0.0671	0.0800	0.0688	0.0518
四川	0.0872	0.0409	0.0586	0.0356	0.0899	0.0978	0.0592	0.0531	0.0846	0.0737	0.0333	0.0322
贵州	0.0735	0.0481	0.0420	0.0251	0.0900	0.0728	0.0532	0.0384	0.0556	0.0662	0.0410	0.0328
云南	0.0786	0.0341	0.0455	0.0275	0.0866	0.0732	0.0583	0.0492	0.0673	0.0725	0.0423	0.0303
西藏	0.0460	0.0257	0.0418	0.0286	0.0923	0.0910	0.0279	0.0529	0.0446	0.0347	0.0012	0.0260
陕西	0.0996	0.0782	0.0989	0.0468	0.0935	0.0788	0.0620	0.0591	0.0943	0.0771	0.0513	0.0338
甘肃	0.0779	0.0553	0.0600	0.0266	0.0889	0.0746	0.0495	0.0562	0.0600	0.0616	0.0451	0.0338
青海	0.0942	0.0413	0.0318	0.0400	0.0931	0.0880	0.0481	0.0437	0.0839	0.0599	0.0443	0.0277
宁夏	0.1010	0.0177	0.0601	0.0432	0.0944	0.0879	0.0594	0.0754	0.0764	0.0739	0.0591	0.0503
新疆	0.0863	0.0615	0.0460	0.0408	0.0852	0.1017	0.0561	0.0629	0.0832	0.0698	0.0419	0.0289

第四,将表2—10按行归一化处理,得到表2—11。

表2—11　　　　　西部地区新型城镇化水平评价指标值按行归一化处理

地区	城镇人口比重	城市人口密度	每十万人口高等学校在校人口数	人均GDP	城镇第二三产业值比重	城乡居民收入比	建成区面积	人均道路铺张面积	万人拥有公交车辆数	建成区绿化覆盖率	一般工业废弃物综合利用率	人均公园绿地面积
全国	0.1317	0.0421	0.0836	0.0580	0.1174	0.1154	0.0773	0.0752	0.0935	0.0961	0.0640	0.0458
内蒙古	0.1441	0.0189	0.0740	0.0936	0.1183	0.1181	0.0706	0.0998	0.0628	0.0878	0.0507	0.0614
广西	0.1280	0.0320	0.0781	0.0493	0.0973	0.1188	0.0855	0.0916	0.0803	0.1064	0.0839	0.0485
重庆	0.1366	0.0314	0.0956	0.0566	0.1147	0.1104	0.0776	0.0543	0.0809	0.0965	0.0830	0.0625
四川	0.1169	0.0549	0.0785	0.0477	0.1206	0.1311	0.0794	0.0711	0.1134	0.0988	0.0446	0.0431
贵州	0.1150	0.0753	0.0658	0.0393	0.1410	0.1140	0.0833	0.0601	0.0871	0.1036	0.0641	0.0513
云南	0.1181	0.0512	0.0684	0.0413	0.1302	0.1100	0.0876	0.0740	0.1011	0.1090	0.0636	0.0456
西藏	0.0898	0.0501	0.0816	0.0557	0.1800	0.1775	0.0544	0.1031	0.0870	0.0677	0.0024	0.0506
陕西	0.1141	0.0895	0.1132	0.0536	0.1071	0.0902	0.0710	0.0676	0.1080	0.0883	0.0587	0.0387
甘肃	0.1130	0.0802	0.0871	0.0386	0.1289	0.1082	0.0718	0.0815	0.0871	0.0893	0.0654	0.0490
青海	0.1353	0.0593	0.0457	0.0575	0.1338	0.1265	0.0691	0.0628	0.1205	0.0860	0.0637	0.0399
宁夏	0.1264	0.0221	0.0752	0.0541	0.1182	0.1101	0.0743	0.0944	0.0957	0.0925	0.0739	0.0630
新疆	0.1130	0.0805	0.0602	0.0533	0.1114	0.1331	0.0734	0.0823	0.1088	0.0914	0.0548	0.0379

第五，计算直觉模糊信息集结。根据式（2—12）、式（2—13）、式（2—14）、式（2—15）计算每一个地区新型城镇化的直觉模糊信息集，得到表2—12。

表2—12　　　　　西部地区新型城镇化水平直觉模糊信息集

全国	内蒙古	广西	重庆
(0.958, 0.000)	(0.794, 0.019)	(0.676, 0.032)	(0.969, 0.031)
四川	贵州	云南	西藏
(0.748, 0.000)	(0.608, 0.040)	(0.730, 0.041)	(0.461, 0.053)
陕西	甘肃	青海	宁夏
(1.000, 0.000)	(0.724, 0.039)	(0.735, 0.046)	(0.849, 0.022)
新疆	—	—	—
(0.794, 0.000)			

　　第六，根据式（2—16）、式（2—17）计算每一个地区的得分和精确度，得到表2—13。

表2—13　　　　　西部地区新型城镇化水平的得分和精确度

全国	内蒙古	广西	重庆
(0.958, 0.958)	(0.775, 0.813)	(0.676, 0.032)	(0.937, 1.000)
四川	贵州	云南	西藏
(0.748, 0.748)	(0.568, 0.648)	(0.689, 0.771)	(0.408, 0.513)
陕西	甘肃	青海	宁夏
(1.000, 1.000)	(0.686, 0.763)	(0.689, 0.781)	(0.826, 0.871)
新疆	—	—	—
(0.794, 0.794)			

　　（3）其他年份新型城镇化水平评价

　　第一，按照以上计算方法，计算西部地区2004—2013年的直觉模糊信息集，结果见表2—14。

表2—14　西部地区2004—2013年新型城镇化水平直觉模糊信息集

地区	直觉模糊信息集				
	2009 年	2013 年	2012 年	2011 年	2010 年
全国	(0.958, 0.000)	(0.900, 0.000)	(0.961, 0.000)	(0.890, 0.000)	(0.961, 0.000)
内蒙古	(0.794, 0.019)	(0.827, 0.020)	(0.807, 0.014)	(0.904, 0.019)	(0.905, 0.018)
广西	(0.676, 0.032)	(0.787, 0.000)	(0.665, 0.032)	(0.754, 0.031)	(0.719, 0.030)
重庆	(0.969, 0.031)	(0.737, 0.033)	(0.741, 0.032)	(0.739, 0.035)	(0.749, 0.031)
四川	(0.748, 0.000)	(0.729, 0.000)	(0.729, 0.000)	(0.826, 0.000)	(0.828, 0.000)
贵州	(0.608, 0.040)	(0.595, 0.073)	(0.527, 0.186)	(0.487, 0.134)	(0.411, 0.191)
云南	(0.730, 0.041)	(0.649, 0.040)	(0.715, 0.038)	(0.801, 0.039)	(0.572, 0.040)
西藏	(0.461, 0.053)	(0.583, 0.106)	(0.483, 0.077)	(0.705, 0.081)	(0.526, 0.103)
陕西	(1.000, 0.000)	(0.912, 0.000)	(0.913, 0.000)	(0.910, 0.000)	(0.913, 0.000)
甘肃	(0.724, 0.039)	(0.792, 0.074)	(0.635, 0.077)	(0.729, 0.039)	(0.660, 0.040)
青海	(0.735, 0.046)	(0.789, 0.054)	(0.796, 0.054)	(0.718, 0.061)	(0.741, 0.062)
宁夏	(0.849, 0.022)	(0.821, 0.042)	(0.826, 0.040)	(0.831, 0.038)	(0.759, 0.036)
新疆	(0.794, 0.000)	(0.813, 0.031)	(0.805, 0.000)	(0.747, 0.000)	(0.743, 0.000)
地区	2008 年	2007 年	2006 年	2005 年	2004 年
全国	(0.963, 0.037)	(0.895, 0.000)	(0.905, 0.035)	(0.925, 0.015)	(0.913, 0.012)
内蒙古	(0.912, 0.012)	(0.866, 0.062)	(0.813, 0.054)	(0.817, 0.052)	(8.802, 0.031)
广西	(0.725, 0.031)	(0.724, 0.030)	(0.723, 0.031)	(0.734, 0.015)	(0.726, 0.012)
重庆	(0.801, 0.030)	(0.782, 0.029)	(0.803, 0.026)	(0.818, 0.021)	(0.803, 0.019)
四川	(0.829, 0.000)	(0.676, 0.000)	(0.700, 0.000)	(0.806, 0.005)	(0.796, 0.021)
贵州	(0.404, 0.134)	(0.448, 0.177)	(0.427, 0.255)	(0.494, 0.169)	(0.427, 0.089)
云南	(0.775, 0.042)	(0.563, 0.000)	(0.550, 0.000)	(0.600, 0.051)	(0.596, 0.029)
西藏	(0.667, 0.053)	(0.719, 0.040)	(0.644, 0.078)	(0.559, 0.076)	(0.527, 0.022)
陕西	(0.909, 0.000)	(0.786, 0.000)	(0.733, 0.000)	(0.688, 0.033)	(0.673, 0.025)
甘肃	(0.700, 0.043)	(0.632, 0.000)	(0.644, 0.078)	(0.735, 0.088)	(0.716, 0.053)
青海	(0.833, 0.100)	(0.648, 0.098)	(0.718, 0.105)	(0.788, 0.080)	(0.726, 0.043)
宁夏	(0.757, 0.038)	(0.761, 0.037)	(0.794, 0.063)	(0.849, 0.063)	(0.809, 0.028)
新疆	(0.832, 0.000)	(0.832, 0.000)	(0.783, 0.000)	(0.879, 0.004)	(0.857, 0.011)

　　第二，计算西部地区2004—2013年新型城镇化水平的得分和精确度，结果见表2—15。

表 2—15 西部地区 2004—2013 年新型城镇化水平得分和精确度

地区	得分和精确度				
	2013 年	2012 年	2011 年	2010 年	2009 年
全国	(0.958, 0.958)	(0.900, 0.900)	(0.961, 0.961)	(0.890, 0.890)	(0.961, 0.961)
内蒙古	(0.775, 0.813)	(0.807, 0.847)	(0.793, 0.821)	(0.885, 0.923)	(0.887, 0.922)
广西	(0.644, 0.708)	(0.787, 0.787)	(0.633, 0.697)	(0.723, 0.785)	(0.689, 0.748)
重庆	(0.937, 1.000)	(0.704, 0.770)	(0.709, 0.772)	(0.704, 0.774)	(0.718, 0.780)
四川	(0.748, 0.748)	(0.729, 0.729)	(0.729, 0.729)	(0.826, 0.826)	(0.828, 0.828)
贵州	(0.568, 0.648)	(0.522, 0.668)	(0.341, 0.712)	(0.353, 0.621)	(0.220, 0.602)
云南	(0.689, 0.771)	(0.609, 0.689)	(0.677, 0.753)	(0.763, 0.840)	(0.532, 0.612)
西藏	(0.408, 0.513)	(0.477, 0.689)	(0.405, 0.560)	(0.624, 0.787)	(0.422, 0.629)
陕西	(1.000, 1.000)	(0.912, 0.912)	(0.913, 0.913)	(0.910, 0.910)	(0.913, 0.913)
甘肃	(0.686, 0.763)	(0.718, 0.866)	(0.558, 0.711)	(0.690, 0.768)	(0.621, 0.700)
青海	(0.689, 0.781)	(0.735, 0.843)	(0.742, 0.851)	(0.657, 0.779)	(0.679, 0.803)
宁夏	(0.826, 0.871)	(0.778, 0.863)	(0.786, 0.865)	(0.793, 0.869)	(0.723, 0.795)
新疆	(0.794, 0.794)	(0.782, 0.844)	(0.805, 0.805)	(0.747, 0.747)	(0.743, 0.743)
地区	2008 年	2007 年	2006 年	2005 年	2004 年
全国	(0.962, 1.000)	(0.895, 0.895)	(0.869, 0.940)	(0.910, 0.910)	(0.901, 0.925)
内蒙古	(0.900, 0.925)	(0.805, 0.928)	(0.759, 0.867)	(0.765, 0.869)	(0.771, 0.833)
广西	(0.693, 0.756)	(0.694, 0.753)	(0.693, 0.754)	(0.719, 0.749)	(0.714, 0.738)
重庆	(0.771, 0.831)	(0.754, 0.811)	(0.777, 0.829)	(0.796, 0.840)	(0.784, 0.822)
四川	(0.829, 0.829)	(0.676, 0.676)	(0.700, 0.700)	(0.801, 0.811)	(0.775, 0.817)
贵州	(0.270, 0.538)	(0.271, 0.626)	(0.171, 0.862)	(0.325, 0.663)	(0.338, 0.516)
云南	(0.733, 0.817)	(0.563, 0.563)	(0.550, 0.550)	(0.549, 0.651)	(0.567, 0.625)
西藏	(0.614, 0.720)	(0.679, 0.758)	(0.566, 0.722)	(0.483, 0.635)	(0.505, 0.549)
陕西	(0.909, 0.909)	(0.786, 0.786)	(0.733, 0.733)	(0.655, 0.721)	(0.648, 0.698)
甘肃	(0.657, 0.742)	(0.632, 0.632)	(0.551, 0.736)	(0.647, 0.823)	(0.663, 0.769)
青海	(0.733, 0.932)	(0.550, 0.745)	(0.614, 0.823)	(0.708, 0.868)	(0.683, 0.769)
宁夏	(0.720, 0.795)	(0.725, 0.798)	(0.794, 0.794)	(0.786, 0.912)	(0.781, 0.837)
新疆	(0.832, 0.832)	(0.832, 0.832)	(0.783, 0.783)	(0.875, 0.883)	(0.846, 0.868)

由表 2—15 可以看出，西北民族地区新型城镇化水平呈现如下特征：

第一，西北民族地区新型城镇化水平总体较低。2004—2013 年，西北民族地区新型城镇化水平相对得分均低于全国相对水平，与西部其他省区相比，同样处于相对较低水平。

第二，西北民族地区新型城镇化水平差异较大。新疆、宁夏的新型城镇化水平相对较高，这些省（区、市）具有较为优越的地理位置，或者具有丰富的自然资源等；甘肃和青海省在自然环境、资源基础、地理位置等发展条件都相对较差。由此可见，西北民族地区新型城镇化发展仍然是一种外延式发展模式，主要依靠省（区、市）天然优势为基础。

第三，西北民族地区新型城镇化水平变化较小。2004—2013 年，西北民族地区的新型城镇化相对水平变化较小。西北民族地区在新型城镇化发展过程中，与其他地区的相对水平差距变化较小，说明西北民族地区在城镇化发展过程中，城镇化质量提升较小。因此，在今后的新型城镇化过程中，应该提高城镇化的质量，进而提高新型城镇化水平。

第 三 章

西北民族地区新型
城镇化与城镇承载力

第一节 承载力理论概述

一 承载力理论的演变

承载力起源于力学，发展于生态学，广泛应用于各个领域的概念。其生态含义是指某一环境条件下，某种生物个体可存活的最大数量。即理想状态下，种群增长呈现 J 形增长，不可能实现无限制增长，因为种群增长会受到环境阻力的制约。种群增长呈 S 形，在开始时缓慢增长，尔后增长速度加快，增长到一定程度后增长速度放缓，然后达到平衡并维持下去。承载力的早期研究是应用于生态领域，但是自 20 世纪 40 年代后，随着土地退化、环境污染和人口膨胀等问题的出现，引起了人类学家、生物学家、经济学家等各个领域的广泛关注和深入思考。在各个领域应用过程中，在研究方法、研究内容等方面都得到了发展、深化，在各自的领域形成了独特的研究方法，并且经历了从单因素承载力到复合承载力的发展过程。

单因素承载力研究的典型是马尔萨斯（T. Malthus）就人口与粮食问题进行的分析，就自然因素对人口的限制作用提出了警示。随后单因素承载力被应用于人类面临的土地资源、水资源、矿产资源、环境资源、旅游资源等各个问题，试图对这些关键资源的承载力以及对敏感因素的纳污能力进行研究，以确定各种资源对人类活动的承载能力，以及对人类活动的方式和强度进行改进，实现人类社会的可持续发展。单因素承载力是研究某一个因素的承载力与人类活动关系问题的，但是随着社会经济的发展，人类所面临的各种问题交织在一起，如草原退化、水土流失、荒漠化、沙尘暴等各种环境问题。这些问题的出现说明是整个生态系统的结构和功能遭到了破坏，单因素研究难以解决人类所面临的各种问题，必须突破单因素承载力的研究局限，从复合承载力角度去研究人类所面临的各种问题，因此承载力理论也相应地由单因素承载力发展到复合承载力。在复合承载力理论中，最早研究的就是生态承载力。生态承载力是资源、环境等各种因素承载力的一个综合。复合承载力所研究的范围更加全面、广泛，使承载力理论得到了进一步发展，避免了单因素承载力理论的局限。承载力理论演化与发展表 3 - 1。

表 3—1 承载力理论演化与发展

承载力理论		发展背景	内容意义
单因素承载力	种群承载力	生态学科发展	生态系统中种群的可持续数量
	土地承载力	人口膨胀	一定条件下某土地资源科承载的人口数量
	水资源承载力	水资源污染、短缺	某一区域水资源可支撑的人口数量和社会生产活动
	矿产资源承载力	矿产资源制约经济发展	矿产资源在一定的条件下对经济发展的支撑能力
	环境承载力	环境污染	某一区域环境对污染物的容纳能力及对人类开发活动的支撑能力
复合承载力	生态承载力	生态环境破坏	在确保生态资源可持续利用的前提下，某一地区的发展与生态环境的协调

（一）种群承载力

种群承载力是指在某一环境条件下（主要指生存空间、营养物质、阳光等生态因子的配合），某种生物个体可存活的最大数量。在物种生产过程中，如果环境无限制，即物种生长所需的空间、食物和其他有机体等都可无限满足，那么该物种的增长率为最大，此时唯一的限制因子是物种自身的繁殖率和生长率，因此种群呈 J 形增长。但是在现实条件下，种群的生长、繁育必然受到环境的制约，因此种群的增长不可能按照 J 形曲线无限发展，而是在最初阶段种群数量增长缓慢，然后加快，这种快速增长必然受到环境等限制因素的影响，增长速度会放缓，然后达到某一平衡的恒定 K 值，最终呈现 S 形。在种群到达快速增长时期，如果环境条件较好，那么种群的增长速度就会太快，当种群的增长数量超过 K 值后，种群就会大量死亡，种群个体数目下降，种群数量回到 K 值以内。K 值就是资源环境对种群增长的限制，也就是资源环境对种群承载能力的体现。

（二）土地承载力

在各种资源承载力的研究中，土地资源的承载力是最早进行的，也是最为成熟的。土地资源承载力是对土地资源评价的一个重要指标体系，但是对于土地资源承载力还没有形成广泛接受的概念。1948 年，威廉·神格特通过量化的方式给出了土地资源承载力的概念，其表达式为 $C = B/E$。式中 C 为土地资源承载力，指土地向人和动物提供食物和居住的能力；B 指生态潜力，即土地所能够提供衣着和粮食的能力；E 为环境阻力，即环境对生物潜力的限制。1949 年，艾伦将土地资源承载力定义为在维持一定水平并不引起土地退化的前提下，一个区域能永久供养的人口数量及人类活动水平。中国土地资源生产能力及人口承载量研究课题组将土地资源承载力定义为：在一定生活条件下，土地资源的生产能力及在一定生活水平下承载的人口数量。徐永胜将土地资源承载力定义为："一个国家和地区，在满足人民基本生活需要和人口正常繁衍的前提下，在其所占有的土地上能够负担的最大人口数。"[①] 周锁铨将土地资源承载力定义为："以一定的自然条件为基础，以特定的技术、经济和社会发展水平及与此相适应的生活水准为依据，在保护生态系统和功能合理状态下，某个地区利用自身的土地资源所能持续、稳定供养的人口数量。"[②] 由此可见，土地资源承载力的概念众多，侧重点也各不相同，但是主要是集中在以下

---

① 徐永胜：《土地人口承载力问题初探》，《人口研究》1994 年第 3 期。

② 周锁铨：《土地生产潜力和人口承载力方法的研究：以陕西宝鸡地区为例》，《自然资源》1992 年第 6 期。

几个方面：即适度人口承载力、生理性土地承载力、给予现实条件的土地承载力、极限人口承载力等，围绕土地、食物、人口等相互关系展开的一系列的研究，主要是提出一个特定区域内，土地资源可容纳的人口数量及人类活动的边界。

（三）水资源承载力

水资源承载力是在各种资源承载力研究中较多的，在已有的水资源承载力研究中，主要是将水资源与可持续发展、环境改善等内容结合起来进行的。许有鹏认为："水资源承载力一般是指在一定的技术经济水平和社会生产条件下，水资源最大供给工农业生产、人民生活和生态环境保护等用水的能力，也即水资源最大开发容量。在这个容量下水资源可以自然循环和更新，并不断地被人们利用，造福于人类，同时不会造成环境恶化。"[1] 惠泱河认为："水资源承载力是某一地区的水资源在某一具体历史发展阶段下，以可预见的技术、经济和社会发展水平为依据，以可持续发展为原则，以维护生态环境良性发展为条件，经过合理优化配置，对该地区社会经济发展的最大支撑能力。"[2] 王浩将水资源承载力定义为："在某一具体的发展阶段下，以可预见的技术、经济和社会发展水平为依据，以可持续发展为原则，以维护生态环境良性发展为前提，在水资源合理配置和高效利用的条件下，区域社会经济发展的最大人口容量。"[3] 夏军、朱一中认为："水资源承载力是在一定的水资源开发利用阶段，经过合理优化配置，对该地区社会经济发展的最大支撑能力。"[4]

对水资源承载力的研究，主要是在特定区域和特定的发展模式下，水资源的可持续利用，以此实现水资源、社会经济、生态环境等的协调发

---

[1] 许有鹏：《干旱区水资源承载能力综合评价研究》，《自然资源学报》1993 年第 3 期。

[2] 惠泱河：《水资源承载力评价指标体系研究》，《水土保持通报》2001 年第 1 期。

[3] 王浩、陈敏建、秦大庸：《西北地区水资源合理配置和承载能力研究》，黄河水利出版社 2003 年版，第 47 页。

[4] 夏军、朱一中：《水资源安全的度量：水资源承载力的研究与挑战》，《自然资源学报》2002 年第 3 期。

展。由此可见，对水资源承载力的研究，应该对特定的区域进行研究，不同的区域水资源差异很大，因此其承载能力也千差万别；在不同的社会发展时期，对水资源的利用强度和利用方式也各不相同，因此对水资源承载力的研究只能是对特定时期特定生产生活方式下的研究；水资源承载力的研究还与其他发展要素密切相关，如生态环境、社会经济发展水平、生产技术水平等，因此对水资源承载力的研究是在一个综合系统下进行的，这样才具有全面性和科学性。

（四）矿产资源承载力

矿产资源是当今国民经济和社会发展的重要物质基础，同时也是关系未来经济发展趋势与走向的重要资源，但是矿产资源具有不可再生性的特征，所以对矿产资源承载力的研究具有自身的特点。徐强认为："矿产资源承载能力是指在可以预见的时期内，保障正常社会文化准则的物质条件下，矿产资源以直接或间接方式持续供养的人口数量。"[①] 孟旭光认为："矿产资源承载力是指在一个可预见的时期内，在当时的科学技术和自然环境允许的条件下，矿产资源的经济可采储量对社会经济发展的支持能力。它即可以表现为对社会经济发展所需求的矿产资源的供给能力，也可以表现为矿产资源所间接同样的人口数量。"[②] 王玉平、卜善祥认为："矿产资源承载力是指在一个可预见的时期内，在当时的科学技术、自然环境和社会经济条件下，矿产资源可支持的经济总量。"[③]

矿产资源承载力具有开发周期长、受资源储量约束、不可再生性等特点的制约，因此对矿产资源承载力的研究重点在资源的利用效率、资源的开发时间、矿产资源开发的种类选择等几个方面，以促进矿产资源的可持续开发利用，实现矿产资源开发与社会经济的协调发展。

（五）环境承载力

环境系统是一个复杂系统，其组成物质在数量和质量上是存在一定的

---

① 徐强：《区域矿产资源承载力分析几个问题的探讨》，《自然资源学报》1996年第 11 期。

② 孟旭光：《国土资源与环境承载力评价》，中国大地出版社 2010 年版，第 29 页。

③ 王玉平、卜善祥：《中国矿产资源经济承载力研究》，《煤炭经济研究》1998年第 12 期。

比例关系的，随着社会经济的发展，环境问题日益严重，所以环境对人类和人类的社会活动的支撑能力的研究被提上日程。1991 年，IUCN/UNEP/WWF 在 Caring for the Earth 中指出：地球或任何一个生态系统所能承受的最大限度的影响就是其承载力。人类对这种承载力可以借助于技术而增大，但往往是以减少生物多样性或生态功能为代价的，然而在任何情况下，也不可能将其无限地增大。这一极限取决于系统自身的更新或废弃物的安全吸收。叶文虎等将环境承载力定义为："在某一时期，某种环境状态下，某一区域环境所能承受的人类社会经济活动的阈值。"[①] 彭再德等认为："区域环境承载力是指在一定的时期和一定区域范围内，在维持区域环境系统结构不发生质的改变，区域环境功能不朝恶性方向转变的条件下，区域环境系统所能承受的人类各种社会经济活动的能力，即区域环境系统结构域社会经济活动的适宜程度。"[②]《中国大百科全书·环境科学》中将环境承载力定义为："在维持环境系统功能与结构不发生变化的前提下，整个地球生物圈或某一区域所能承受的人类作用在规模、强度和速度的上限值。"周伟等认为："在一定时期、一定状态或条件下，一定环境系统所能承受的生物和人文系统正常运行的能力。"[③]

环境承载力的研究较以前的研究内容更为复杂，主要是对环境系统和社会经济系统之间协调关系的研究。环境系统本身是一个复杂系统，其运行规律更为复杂，加上社会经济系统的发展性，对环境承载力的研究就难以把握。当前的研究重点在环境容量、最大负荷量与人类社会经济活动等关系的研究。

（六）生态承载力

随着社会经济的发展，不仅是单种资源对社会经济发展制约，还出现了草原退化、水土流失、荒漠化、植被减少等一系列的生态问题。这些问

---

① 叶文虎、梅凤乔、关伯仁：《环境承载力理论及其科学意义》，《环境科学研究》1992 年增刊。

② 彭再德、杨凯、王云：《区域环境承载力研究方法初探》，《中国环境科学》1996 年第 1 期。

③ 周伟、钟详浩、刘淑珍：《西藏高原生态承载力研究：以山南地区为例》，科学出版社 2008 年版，第 3 页。

题的出现，不是某一种资源遭到破坏的结果，而是整个生态系统的发展受到影响，因此对生态承载力的研究逐步展开。Holling 认为生态系统存在多重稳定状态，在每个稳定状态系统都表现出一定的稳定性和抗干扰能力。因此，他提出了多重稳定状态模型，根据此模型，干扰对生态系统的影响并不是简单导致生态系统的完全崩溃，而是使系统由一种稳定状态变化到另外一种替代状态。根据这一观点将生态承载力定义为：生态承载力是指生态系统地域外部干扰，维持原有生态系统和生态功能以及相对稳定性的能力。王家骥等认为："生态承载力是自然体系调节能力的客观反映，地球上不同等级自然体系均具有自我维持生态平衡的功能。"[①] 高吉喜认为："生态承载力是指生态系统的自我维持、自我调节能力，资源与环境子系统的供给能力，资源与环境子系统的供容能力及其可维育的社会经济活动强度和具有一定生活水平的人口数量"。他指出"资源承载力是生态承载力的基础条件，环境承载力是生态承载力的约束条件，生态弹性力是生态承载力的支持条件。"[②] 程国栋认为："生态承载力是指生态系统所提供的资源和环境对人类社会系统良性发展的一种支持能力，由于人类社会系统和生态系统都是一种自组织的结构，二者之间存在紧密的相互联系、相互影响和相互作用，因此，生态承载力研究的对象是生态经济系统，研究其中所有组份的和谐共存关系。"[③] 王开运认为："生态成立是指不同尺度区域在一定时期内，在确保资源合理开发利用和生态环境良性循环，以及区域间保持一定物质交流规模的条件下，区域生态系统能够承载的人口社会规模及其相应的经济方式和总量的能力。"[④]

　　生态承载力是在各种资源承载力和环境承载力的基础上发展起来的，

---

　　① 王家骥、姚小红、李京荣、常虹、王渊高：《黑河流流域生态承载力估测》，《环境科学研究》2000 年第 2 期。

　　② 高吉喜：《可持续发展理论探索——生态承载力理论、方法与应用》，中国环境科学出版社 2001 年版，第 15 页。

　　③ 程国栋：《承载力概念的演变及西北水资源承载力的应用框架》，《冰川冻土》2002 年第 3 期。

　　④ 王开运：《生态承载力复合模型系统与应用》，科学出版社 2007 年版，第 6 页。

它是对资源承载力、环境承载力等单因素承载力理论的完善和发展。从以上的概念中可以看出，生态承载力包括承载主体、承载客体、承载主体与承载客体之间的关系三个方面的内容。生态承载力的研究是为了实现承载主体和承载客体之间的协调，这种协调的主要体现就是二者之间的一个适中度。虽然生态承载力有一个上限，但是在社会经济发展过程中对生态系统的干扰不能达到其上限，否则生态系统就难以自我恢复。对生态承载力的研究，使承载力理论由单因素元研究发展到了多因素研究，研究的理论对实际的社会经济活动更具有指导意义。

二　承载力理论的困境与挑战

承载力理论从马尔萨斯的人口理论到现在已经经历了 200 多年的发展历程，经历了从单因素到多因素、从简单评价到复杂模型、从单向影响到双向关系等的发展，这些研究对人类社会经济活动具有重要指导意义，特别是使人类认识到了社会生产活动与资源环境之间的关系，对保护环境、可持续发展等给予了重要的理论支持。但是，承载力理论在发展过程中也遇到了诸多的问题，很多专家对这些问题提出质疑与批评，甚至对某些问题进行了否定，这些争论一方面促进了承载力理论的发展，另一方面也体现出承载力理论研究的困境与缺陷。对这些争论的反思，可以进一步促进承载力理论的发展，促进整个人类社会的健康、可持续发展。

（一）承载力理论的困境

承载力理论经过不断地完善和发展日渐成熟，众多学科领域都参与到承载力的研究中来，如生态学、经济学、社会学等。但是在研究的过程中，有两个至关重要的问题一直困扰着研究者，也是至今没有根本解决的问题，这两个问题成为承载力理论研究的困境。

1. 承载力极限是否存在

马尔萨斯提出的人口增长应该与粮食生产协调，过多的人口增长会受到粮食增长的限制。但是，从 1934 年以来，世界人口出现了大幅度增长，远远超过了马尔萨斯的预测；1953 年，奥德姆将 Logistic 曲线最大值 K 应用到承载力理论中来，确定了承载力的阈值 K；1972 年罗马俱乐部的《增长的极限》问世，该书综合考虑了人口、自然资源、农业生产、工业生产和环境污染等多种因素，构建了一个世界经济增长预测模型，通过该模型的预测，如果人类社会不改变社会经济的发展方式，那么在 100 年后世界经济就会崩溃。这些理论的提出都认为承载力是有极限的，人类社会的各种经济活动不能超过承载力的极限，否则整个社会经济就会陷入混乱，甚至发生崩溃。但是，从世界经济发展的实践来看，这些理论并未经得起检验。马尔萨斯的人口理论对人口增长提出了警示，但是随后的人口增长证明，粮食供给没有成为制约人口增长的因素，随着技术进步和粮食生产方式的改进，粮食供给大幅度增加，基本满足了迅速增长的人口对粮食的需求。对于承载力阈值 K 的检验，虽然法国、比利时等国在一定的发展时期内得到了验证，但是后来美国、澳大利亚等国的发展对 K 值的存在提出了挑战。因此，对承载力是否存在极限也展开了激烈的争论。有些经济学家认为，承载力是人为的产物，自然环境对经济增长的影响是没有上限的，技术进步具有无限性，自然环境对经济增长的制约都是暂时性的，随着知识的积累和技术的进步，这些制约必然会找到解决的途径，因此自然环境不会制约人类社会的发展。埃里克·诺依迈耶认为：马尔萨斯没有考虑到技术进步的力量，他不明白土地的可得性更多的是一种相对稀缺而不是绝对稀缺的问题，即土地是一种混合的资源，人们有可能在较差的土地上通过增加投入来获得同以前数量相等的食物。罗马俱乐部在《增长的极限》中把过去的趋向加以外推而不考虑技术进步和相对价格的变化如何克服明显的稀缺约束时，似乎有点无知。[①] 西蒙在《没有增长的极限》中也认为，自然资源不会制约人类社会的发展，当资源出现短缺时，通过科技进步能够找到替代资源或人造资源。西蒙还认为，人口增长不一定会加大资源环境的压力，因为科学发明和技术进步是由人进行的，人口的增加为科学发明提供了可能，科学发明的增多为突破自然资源的限制提供了条件，人类社会福利就会增加，所以人口的增加会更可能超越自然资源的限制。总之，对于承载力极限的存在理论，经济学家从市场、技术进步、科学发明、人口增加等不同的角度说明可以突破，自然资源不会成为社会经济发展的制约因素，人类社会经济的发展是可以持续进行的。

　　生态学家对承载力极限的问题也存在着自己的观点。生态学家主要是

---

① ［英］诺依迈耶：《强与弱两种对立的可持续性范式》，王寅通译，上海译文出版社 2006 年版，第 48—50 页。

从生态系统的自组织性等方面来进行分析的，认为地球的承载力极限是确实存在的，人类的社会经济活动对生态环境造成了极大的破坏，植被退化、环境污染、自然灾害频发等问题说明了人类的活动已经或者正在超过地球的承载力，因为地球的生产能力、纳污能力是有限的。虽然技术进步可以缓解人类所造成的各种环境污染和生态破坏，技术进步、科学发明也可以减少人类在生产生活过程中资源的消耗与污染物的排放，但是这不能从根本上解决资源的限制问题，只是降低了人均资源消耗量与污染物排放量，而随着科学发明和技术的进步，消费品种类增加，人均消费的资源种类和数量在增加，这样人类社会的发展必然会受到地球资源有限性的制约。K. E. 博尔丁（K. E. Boulding, 1966）在《即将到来的宇宙飞船世界的经济学》中指出，如果把地球经济系统比喻为一艘宇宙飞船，地球这艘飞船上的资源是有限的，人口和经济的增长最终使封闭飞船内的有限资源耗尽。里斯（Rees, 1996）认为，技术进步提高了短期的能量流和物质流，在增加系统产出的同时加速了存量的损耗，并增加了物质消耗总量，实际上剥削了资源基底，从而间接降低了长期的生态承载能力。可见，生态学家从生态系统角度出发，认为承载力是存在极限的，不管技术进步、科学发展怎么变化，所能改变的只是暂时的或者片面的承载力，从总体和长远的观点来看，人类的社会生产活动必然会逼近地球的承载力。因此，应该加强生态环境保护，通过各种努力降低人类社会生产活动对地球资源的使用。

由此可见，对于承载力是否存在极限问题有着不同的观点，这些观点有一致也有分歧。总的来看，主要是对承载力极限是否存在问题，这一问题的解决还有待于对承载力概念的科学鉴定以及对承载力的合理评价，只有从根本上解决了这些问题才能正确认识承载力极限的存在性。

2. 承载力如何测算

承载力的测算也是在学术界争论较大的问题。从 Logistic 曲线方程至今，不管是对单因素承载力还是对综合承载力，专家学者们进行了大量的尝试，也得出了一些相应的结论，这些结论对人类社会经济的发展提供了重要的指导。但是，承载力究竟是动态变化的还是一个固定值？承载力该如何测量？这些问题仍然没有从根本上解决。

对于承载力是否是一个确定的值这一问题有不同的看法。很多专家学者认为，承载力不是固定的，它是随着各种影响因素的变化而变化的。因为承载力的影响因素很多，不是单纯的自然生态环境所决定的，自然生态环境只是奠定了承载力的自然基础，而技术进步、科学发展、人类发展观念等社会人文因素对承载力的影响也非常重要。社会人文因素对承载力的影响更为复杂，相互的作用机制也更多样，因此承载力具有很大的不确定性。例如阿罗等（Arrow et al.）认为：承载力在本质上不是固定的、静态的或者简单的关系。它们会随着技术、偏好和生产与消费结构的变化而发生变化，同样也会受自然系统和生态系统之间不断变化的相互作用状态的影响而变化。由于人类创新和生物进化本身是未知的，因此承载能力的一个简单数字毫无意义。①

　　虽然有人认为承载力不是固定的值，是动态变化的，并且随着社会文化的发展而发生重大改变，但是也有的观点认为，承载力从长期来看是动态变化的，是无法测量的，但是从短期来看，承载力是相对稳定的，这样它也是可以测量的。最早测量承载力的应该是 Logistic 曲线方程的应用，但是该方程有一个明显的缺陷就是没有考虑社会人文因素，因此它没有成为承载力评价的核心模型。在随后的研究中，根据不同的研究对象提出了不同的承载力评价方法。在土地资源承载力评价方面，主要有生态生产潜力法、ECCO 法、统计推断法等。生态生产潜力法又有光合生产潜力、土壤修正因子、水分修正因子、温度修正因子等；ECCO 法是综合资源、环境、人口、社会、经济等众多因子，对区域人口容量进行动态测算；统计推断法主要有基于作物指数的遥感生产潜力法和基于气候因子的生产潜力法。在水资源承载力评价方面，主要有多指标评价法、多目标分析模型、系统动力学等方法。在矿产资源承载力方面，主要有对矿产资源的数量测度模型和对矿产资源的平衡测度模型；在森林资源方面，主要有综合指数法、系统仿真法、能值分析法等；在环境承载力方面，主要有动态仿真法、多指标综合评价法、多目标分析法等；在生态承载力方面，主要有生态足迹法、能值分析法、自然植被净第一性生产力估测法等。这众多的测

　　① Arrow, K., B., Costanza, R., Dasgupta, P., Folke, C., Holling, C.S., Jansson, B.O., Levin, S., Maeler, K.G., Perring, C., & Eimentel, D., "Economic Growth, Carrying Capacity, and the Environment", *Science*, 1995：520 – 521.

算方法，对不同要素的承载力进行了数量化的测量，在一定程度上说明了要素承载力与人类社会发展的关系，但是从测量的结果来看，采用不同的测量方法对同一区域或者同一资源的测量结果都存在较大差异，这也说明承载力是难以精确衡量的，它的动态变化性和影响因素的复杂性决定了它难以精确测量。虽然承载力无法精确测量，但是其测量结果对人类社会的发展具有重要的指导意义。

（二）承载力理论的挑战

承载力理论经过 200 多年的发展，从承载力的概念、研究对象、测算方法等各个方面逐步走向成熟与完善；但是从当前的研究结果来看，还面临一定的挑战，这些挑战对承载力理论的发展具有重要的促进作用。这些挑战主要体现在以下几个方面。

1. 对复杂系统承载力如何研究

承载力理论经历了从单因素到多因素的发展历程，这些研究也表明承载力理论的研究对象应该是一个复杂系统而不是某一个因素。单因素承载力的研究在研究对象和研究方法上对承载力理论的发展起到了重大的促进作用，但是人类社会所生存的环境是众多要素的综合体，是一个复杂系统。因此，对承载力的研究应该是对整个复杂系统的研究，不是简单地对某一个要素或者某些自然要素的综合。在承载力理论研究中，不仅有自然要素，更重要的还有社会人文要素，只有这些要素的综合才能全面反映承载力水平。面对这样的一个复杂系统，承载力究竟该如何进行研究，已有的研究方法、研究手段是否适应复杂系统的研究，这是承载力理论要解决的问题。

2. 社会人文因素对承载力的影响如何研究

在整个地球生态系统中，社会人文因素其实是影响承载力的重要因素，人类的生产活动对地球生态系统利用程度是最高的，但是人类也是整个地球生态系统中社会人文因素最发达的，这有别于其他生物对地球生态系统的影响。各种要素或者地球生态系统对人口的承载力的影响因素除了自然环境之外，更重要的还有社会人文因素。随着科技进步、生活方式改变、价值观念发展、管理水平的提高等社会人文因素的改变，承载力也会相应地发生改变。这种改变也分两方面：一方面是随着社会人文因素的改变，承载力水平会提高。随着知识的积累、技术的进步，生产单位产品所需要的原料会下降，一定的资源所供养的人口数量增加，承载力水平提高；随着技术的进步，替代材料不断出现，特别是对不可再生资源的替代，提高了承载力水平；随着人类价值观的改变和管理水平的提高，人们对资源、环境的保护意识提高，生产生活方式进行改变，同样可以提高承载力水平。另一方面，随着社会人文因素的改变，使承载力水平下降。随着社会人文因素的改变，人们消费的产品种类和数量增加，这样必然加速对资源环境的消耗，降低承载力水平。那么对人文因素如何影响承载力就应该进行合理的评价，采用什么方法才能更客观地说明这些因素对承载力的影响，这也是承载力理论需要解决的问题。

3. 在承载力水平测度的方法上，单项研究与综合研究如何结合

当前有关承载力水平的测度，方法种类繁多，但是这些方法从本质上来看仍然是继承了生物种群承载能力研究的方法，只是在指标选择、模型构建方面做了调整。从研究对象上来看，当前对承载力的研究主要集中在土地资源承载力、水资源承载力、环境承载力、矿产资源承载力等，这些都是对资源性要素承载力的研究，这种从单一资源要素出发的承载力研究，虽然在一定程度上揭示了这种资源对人类社会生产活动的承载能力，或者对人口数量的承载能力，但是资源、人口、社会、经济等是一个密切相关的大系统，所以这种研究缺乏系统性，单项研究的结果不一定能真实评价承载力水平，承载力水平应该进行综合研究，才能客观真实反映承载力水平。

第二节 城镇承载力的系统结构

当前对承载力的研究已经从单因素研究发展到了多因素研究，这是承载力理论的重大发展，对于城镇化过程中的城镇承载力的研究同已有的研究存在一定的差异。在已有的研究成果中，多因素研究是一种综合研究方法，典型的就是生态承载力。在生态承载力研究中，认为生态系统是一个复杂系统，由人口、资源、环境、经济等多个因素构成，但最终的结果是测算某一个生态系统对人口的承载数量，这种广义的生态系统研究难以适

应城镇化发展的要求。因此，在研究城镇承载力时，我们采用狭义的生态系统概念，将城镇承载力系统分为资源承载力、环境承载力、经济承载力和社会承载力四个子系统，并复合而成综合承载力，在此基础上对西北民族地区城镇承载力进行分析。

一 系统论概述

系统论是一种具有普遍指导意义的理论体系，经过 100 多年的发展，已经形成了完整的理论体系与特有的研究方法。系统论以系统为研究对象，考察系统的内部结构，揭示构成系统要素之间的相互关系，探究系统发展的内在规律。系统思想源远流长，"系统"一词在古希腊时代就存在，它表示组合、整体、有序的意思对于它的完整描述是在 1937 年，贝塔朗菲发表代表作《关于一般系统论》提出了一般系统原理，直到 1968年他的新作《一般系统理论——基础、发展和应用》确立了系统论的学术地位。贝塔朗菲将系统定义为："存在适合于综合系统或者子系统的模式、原则和规律，而不论其具体种类、组成部分的性质和他们之间的关系或力的情况如何。"[1] 钱学森认为：系统是"一个复杂的、又相互作用和相互依赖的若干组成部分结合成为具有特定功能的有机整体，而且这个系统，本身又从属于一个更大系统的组成部分"。[2] 此外，还有人认为系统是"有机联系的物质和过程的集合"；系统是"有组织的和被组织化的全体"等。

（一）系统论的研究对象

系统是由若干要素组成的具有一定结构和功能的有机整体，因此一个系统应该由要素、结构、功能和系统四个方面构成，这四个方面也是系统的研究对象。

1. 要素

系统是由一定的要素构成的，系统和要素又是相对的概念，要素是高层次系统的组成要素，而对于自身或者更低层次的要素来看，其本身又是

---

① 路甬祥：《中国可持续发展总纲（第二卷）》，科学出版社 2007 年版，第102—110 页。

② 钱学森：《创建系统学》，山西科学技术出版社 2001 年版，第 2—10 页。

一个系统。所以，任何事物都可以看作是一个系统，是由若干要素组成的复合整体。系统和要素本质上是整体和部分的关系，没有离开整体的部分，也没有离开部分的整体。系统是一个有机整体，但是这种整体观与机械整体观不同，系统论的整体不是要素的简单加总，而是系统要素的有机结合。各要素之间也不是孤立的，每个要素之间一定的协作机制，构成了有机联系的整体。系统的要素对系统的功能和结构具有重要的影响，如果构成要素不同，那么系统的结构和功能也就不同，因此分析系统时要科学分析其构成要素。

在城镇承载力系统中，构成要素众多，在这些众多的要素中，根据其在城镇化中的作用和功能，可将这些要素分为四类：即资源要素、环境要素、经济要素和社会要素。这四种要素又分别自成系统，是由各系统内部的子系统（要素）所组成的，具有各自的功能和结构。但是，这四类要素在城镇化过程中的作用又是不同的，资源要素是新型城镇化的资源基础，它的发展决定着一个地区新型城镇化的规模、结构和产业选择；环境要素是新型城镇化发展的重要条件，新型城镇化的发展要促进环境的改善，为城乡居民提供良好的生产生活环境；经济要素是城镇化的支撑，新型城镇化不仅是人口向城镇的集中，更重要的是集中在城镇的人口要能够实现就业、收入增长，进而实现个人发展。因此，经济要素决定了新型城镇化发展的人口规模、速度等，合理的新型城镇化要依据其经济环境来推进；社会要素是新型城镇化的影响，新型城镇化应该是全面的城镇化，不仅是人口城镇化、经济城镇化，更重要的是社会城镇化。社会城镇化就要求城镇的各种公共服务、社会保障等能够容纳未来进入城镇的人口。这四类要素之间又是密切相关、相互作用的，城镇化是在资源、环境、经济、社会这四类要素共同支撑下的城镇化。

2. 结构

系统的结构是指系统内部各组成要素之间的相互联系、相互作用的方式或秩序，即各要素在时间或空间上的排列和组合的具体形式。任何系统都具有一定的结构，系统结构是保持系统整体性的前提，也是一切系统功能发挥的基础。系统是多种要素组成的有机整体，但是这些要素并不是通过简单叠加构成整体，而是通过一定的结构组合成整体。所谓一定结构，就是构成系统的诸多要素的结合方式、组织秩序所体现出来的形式。系统结构是系统功能的基础，相同的要素如果其结构不同，那么其功能也就不同。同一结构的系统往往不是只有一种功能，而是具有多种功能。

城镇承载力系统结构是由资源承载力、环境承载力、经济承载力和社会承载力四种要素所组成的有机结构。资源要素、环境要素、经济要素和社会要素这四种要素是构成城镇承载力系统的不同要素，它们又各成系统，具有自己的运行、发展规律，共同支撑城镇化的发展。同时，这四种要素又不是截然不同的，城镇承载力的功能和作用是四种要素共同作用的结果，那么四种要素构成城镇承载力也不是简单的相加，而是四种要素有机组合的结果。资源要素为城镇化的发展提供资源基础，而资源要素的这种功能不是只依靠资源要素自身能够完成的，这种功能离不开经济要素和社会要素；环境要素对新型城镇化具有重要的影响，新型城镇化的发展离不开一定的环境基础；经济要素的发展，为资源、环境要素的高效利用提供了条件，因为快速发展的经济为生态环境的保护和建设提供了条件，大量的经济投入保证了资源环境的保护与发展，只有这两个要素也不一定能够保证良好的资源环境基础，良好的资源环境基础同时离不开社会要素的影响，社会要素为居民的生态保护创造了条件，随着社会要素的发展，改变经济增长方式和资源、环境利用方式，促进各个要素的发展。由此可见，任何一个要素都不是单独发挥其功能的，而是通过一定的机制相互协作、共同作用的结果。

3. 功能

根据贝塔朗菲的观点，系统的功能是系统对外界作用过程的秩序。也就是说，系统的功能是系统与外部环境相互作用过程中所体现的行为秩序，它反映了系统对外部环境的作用和能力。系统的功能作用的发挥同样不是单个要素独自起作用的，而是各个要素密切联系、共同作用的结果。系统的功能远远超过各要素功能之和。

城镇承载力系统的功能就是支撑新型城镇化的发展，这种功能体现为城镇承载力与城镇化过程中各种行为的关系，也就是城镇承载力系统对新型城镇化过程中各种活动的支撑、制约、促进等作用的体现。城镇承载力是新型城镇化的基础，它为新型城镇化的发展提供各种服务，使新型城镇化能够按照其应用的路径发展；同时也对新型城镇化形成制约，如果新型城镇化的发展不能按照其应用的规律进行，或者新型城镇化的发展速度超过了城镇的承载能力，那么新型城镇化就会出现各种各样的问题。这就是城镇承载力系统对新型城镇化发展的功能体现。城镇承载力系统虽然是由资源系统、环境系统、经济系统和社会系统所组成的，其功能的发挥也是各个系统功能的体现，但是城镇承载力系统的功能并不是这四个系统的简单相加，而是远远超过了这四个系统各自功能之和，这才能保证城镇承载力系统支撑城镇的发展。

4. 系统

系统是一种客观存在，不论是自然界还是人类社会甚至是人的思维领域都是一定的系统体现，系统是一种普遍现象。系统是各构成要素的有机统一，同时也是要素与整体的有机统一，系统整体功能的发挥是各要素按照一定的结构和方式有机组合作用的结果，系统这些功能的发挥依靠一定的结构，不同的系统结构决定了系统的不同功能，因此结构是系统的重要组成要素。

城镇承载力系统是资源要素、环境要素、经济要素和社会要素共同组成的，这些要素在城镇承载力功能发挥中起着不同的作用，其组成的承载力系统在城镇化中的作用更加突出。但是，这四种要素在城镇化过程中的组合机制不同，即形成的系统不同，那么它们的功能就不同。以西北民族地区新型城镇化为例，资源系统和社会系统在城镇化中的地位和作用与其他地区是不同的，这样就体现了西北民族地区城镇化城镇承载力系统的特殊性。总之，系统也是系统论的重要研究对象，系统结构是系统的功能和作用发挥的重要影响因素。

(二) 系统论的基本原理

系统论作为一种分析问题的理论具有其自身的一些基本原理，在这些原理的指导下分析研究对象。这些原理主要有整体性原理、层次性原理、开放性原理等。

1. 整体性原理

整体性原理是系统论的一个基本原理。整体性原理指系统是由若干要素组成的超过各要素功能之和的新功能的有机整体。系统是由各要素有机结合而成的一个整体，作为整体具有了新的特性和功能，这些特性和功能是各要素单独所不具备的，所以系统反映了客观事物的整体性，系统不是要素的简单叠加，任何一个要素离开了系统就不再具有其在系统中所发挥的功能。

2. 层次性原理

层次性原理指系统是一个结构有序的、多层次的等级结构组织。在一个系统中，它的结构和功能呈现等级性，处于不同层次的等级系统，具有不同的结构和功能。这种层次结构的形成源于组成各层次系统的结合方式、功能、结构等的不同，不同的层次结构的组成要素在系统中的功能和作用是不同的，这样就形成了系统的等级差异性。

3. 开放性原理

系统的开放性原理是指系统结构是与周围环境进行物质、能量、信息等交换的系统，它必须与外界进行这些交换才能维持系统的功能。依据开放性原理，系统与周围环境的物质、信息和能量的交流是系统演化的前提，也是系统稳定的条件。

二 西北民族地区城镇承载力系统结构

对承载力的研究经历了从单因素承载力到多因素承载力的转变，这些研究为人类社会经济的发展提供了重要的理论指导。但是，在已有的研究成果中，对城镇承载力系统的研究还较少，仅有的文献也只是对城镇的土地、水、资源等单因素承载力进行研究或者只是对城镇的生态承载力进行研究。这些研究中，单因素承载力的研究缺乏系统性，难以客观、真实地反映一个城镇的承载力水平；多因素或者复合承载力的研究，即生态承载力的研究，大多数是利用已有的研究方法，突出的仍然是城镇的人口承载数量的研究，这些研究没有突出新型城镇化与城镇承载力的关系，不能科学合理地指导新型城镇化。新型城镇化不仅是人口由农村转移到城镇，更重要的是城镇对转移来的人口的吸纳能力，同时要促进这些人口的全面发展。这就要求不仅要有人口从农村进入城市，同时进入城市的人口要有收入来源，即在城镇要有稳定的就业；进入城市的人口要融入城市的生活中来，包括社会观念、生活方式、价值观等，也就是进入城市的人口要在生产生活方式上实现城镇化。这就要求不仅要考虑一个城镇的承载人口数量的能力，同时要考虑提高进入城镇人口生活质量的能力，这就要综合考虑城镇的承载能力。因此，对城镇承载力的研究除生态承载力之外，还要研究经济承载力和社会承载力，在此基础上研究其综合承载力，以此为基础促进新型城镇化的发展，这是当前新型城镇化对承载力理论提出的新要求。

（一）城镇承载力的系统结构

城镇承载力是一个完整的系统结构，只有用系统论的方法来研究城镇承载力，才能客观真实地反映出一个城镇的承载力水平。根据城镇化的影响因素和在城镇化中的作用，以及西北民族地区城镇化发展的特殊性，将城镇承载力系统分为资源承载力、环境承载力、经济承载力和社会承载力四个子系统，由这四个子系统构成城镇综合承载力系统。这四个子系统具有完整的系统结构，它们之间相互联系、相互作用，相互之间进行物质、信息和能量的交流与传递。它们之间的相互作用具体体现为：一是相互限制，限制意味着四个子系统的自由度降低，这正是城镇承载力出现的条件；二是筛选，即限制不是对一切进行限制，而是有选择地限制，保留系统所需要的一切内容；三是协同，即系统内部各要素协调和同步，从而使系统能够形成新的功能。城镇承载力系统是一个复杂的巨系统，具有自己特殊的结构和功能。根据西北民族地区城镇化发展中的关键问题，可以将城镇承载力系统简单概括为 REES 系统，其结构如图 3—1 所示。

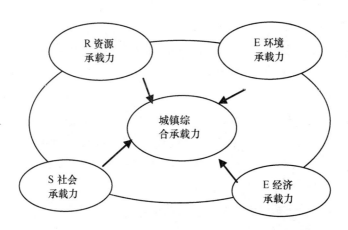

图 3—1　西北民族地区城镇承载力的 REES 系统结构

1. 组成要素

城镇承载力系统是由资源（resource）、环境（environment）、经济

（economy）和社会（society）四个子系统组成的。资源承载力指资源系统，它是城镇化的基础；环境系统是新型城镇化发展的重要条件；经济系统是指城镇的经济发展水平与未来发展能力，它是新型城镇化的前提；社会系统是指城镇社会公共事业对城镇人口的支撑能力。

2. 资源承载力

城镇的资源承载力是指在一定的时期和一定的城镇范围内，在维持城镇资源结构符合新型城镇化发展要求的条件下，城镇资源所能承受的人类各种社会经济活动对资源利用的能力。资源承载力主要是指各种自然资源的承载能力，这些自然资源主要包括土地资源、水资源、矿产资源、生物资源等。城镇资源承载力既是一个静态的概念，它受一定时期内特定的资源拥有量的影响，一般来说，资源数量越多、质量越高，则资源承载力越高；反之，资源数量越少、质量越低，资源承载力就越低。同时城镇资源承载力又是一个动态的概念，随着技术的进步、经济发展等，资源承载力也会相应地改变。因为随着技术的进步，对资源的利用能力提高，单位资源的承载能力就提高，同时随着技术进步、经济发展，对资源的利用能力提高，可以提高过去技术水平下较低的资源承载力。

3. 环境承载力

城镇的环境承载力是指在一定时期和一定城镇范围内，在维持环境符合新型城镇化发展要求的条件下，城镇环境所能承受的人类各种社会经济活动对环境的压力的能力。环境承载力主要是各种环境要素的承载力，包括水环境、大气环境、土壤环境等。环境承载力既受自然环境特征的影响，同时也受人类社会的影响。自然环境本身的质量决定环境对人类各种经济社会活动对环境形成的压力的承受能力，同时人类社会技术进步、生产方式发展、环境观念的转变等也会影响环境承载力，技术进步、生产方式发展等会提高经济社会发展水平，如在经济社会活动中所排放的污染物降低，进而提高环境承载力；同时环境观念的转变，提高人们环境保护意识，在经济社会活动中减少各种污染物的排放，提高环境承载力。

4. 经济承载力

城镇的经济承载力是指在一定的技术水平和生产条件下，城镇的经济资源对该空间内经济发展的支撑能力。城镇经济承载力是以现在的经济发展水平为基础的，现在的经济发展水平决定了城镇将来发展的方向及路径；同时经济承载力还会受到未来各经济要素变化的影响，如技术水平的提高、新企业的进入、劳动力结构的改变等。

5. 社会承载力

城镇的社会承载力是指在一定的社会发展条件下，城镇的社会资源对该城镇人口的支撑能力，如基础设施、教育、医疗、社会保障等。社会承载力主要包括人口数量的支撑能力和人口质量的提高能力两部分。人口数量的支撑能力是指城镇社会资源对该城镇现有人口和未来进入人口所能支撑的能力；人口质量的提高能力是指城镇社会资源支撑一定人口数量的基础上能进一步促进人口质量提高的能力。

6. 城镇综合承载力

城镇的综合承载力是一个复杂的混沌系统，由城镇资源承载力、环境承载力、经济承载力和社会承载力耦合而成，这些承载力之间又是相互联系、相互制约的。城镇的综合承载力与要素承载力不同，要素承载力是某一个方面的承载力，每一种要素虽然也是一个子系统，但是构成这个子系统的各要素相似性较大，因此它们的关系较为简单。综合承载力是由各子系统构成的一个复合系统，各子系统之间的区别较大，同时各子系统的关系也较为复杂，这就导致城镇综合承载力不是各子系统的简单叠加，而是一种有机组合，形成一个混沌系统。

（二）城镇 REES 系统特征

城镇承载力系统是一个复杂的巨系统，它具有系统一般的特征，同时也具有自己特有的特征。

1. 整体性

城镇承载力系统是一个复杂联系的整体系统，系统内部的各要素不是杂乱堆积的，而是按照一定的规律或者机制有机组合的，各要素之间通过物质流、能量流、信息流、价值流等有机结合在一起。各要素的这种有机结合就形成了一个整体，即巨系统。因此，在研究系统时，不仅要考虑单个要素的承载力，更要研究各承载力之间的相互关系。也就是说，不仅要考虑系统内部关系，更要考虑系统之间的关系，城镇承载力系统正是全面研究城镇承载力各要素以及各要素之间关系的方法之一。

2. 层次性

任何一个系统都是有序的、多层次结构的统一体。任何系统在向宏观方向上可以被综合，在向微观方向上可以被分解。也就是说，任何一个系统在向更高一级系统来看，它是一个子系统或者要素；在向微观方向来看，它就是一个系统，由下一级的子子系统或者要素所组成。因此，系统的层次不是一个绝对的层次级，而是一个相对的层次级。所以，对于城镇承载力系统来说，资源承载力、环境承载力、经济承载力和社会承载力可以看作四个完整的系统，同时它们具有自己的子系统，但是对于整个城镇承载力系统来说，它们又是四个子系统或者要素。

3. 动态性

城镇承载力系统是一个动态发展的系统。其构成要素是不断发展变化的，即生态系统、经济系统和社会系统都是发展变化的，各个子系统通过与外界的物质、信息、能量等的交流，促进自身的发展或者倒退。特别是在当今社会发展条件下，经济系统、社会系统发展十分迅速，随着这两个子系统的发展，生态系统的变化速度也相对加快，因此整个城镇承载力系统呈现出明显的动态性特征。

4. 耗散结构

城镇承载力系统同其他一样呈现平衡性与非平衡性，而非平衡性是平衡性的根源，非平衡的开放系统通过与外界的物质、信息、能量等的交换，就可以从原来的非平衡性转变为在时空或功能结构上的平衡性。城镇承载力系统的这种结构具有耗散结构的基本特征，即非线性、突变性等。

5. 自反馈性

任何系统都是一个熵增趋势系统，最终将趋于衰退。但是，系统通过外界的相互作用，形成某种子反馈特征。通过子反馈对物质、能量流动实现自我调控。通过负反馈化解正反馈带来的不稳定因素，使正反馈将系统中涨落因素放大得到控制，给系统带来前进的动力，系统得到发展。

三 新型城镇化与城镇承载力的逻辑关系

（一）城镇承载力各要素在新型城镇化中的作用

1. 资源承载力是新型城镇化的基础

资源是人类社会生存和发展的物质基础，城镇的发展离不开资源，特别是经济社会的进步更离不开资源的支撑。正是资源系统不断为人类的经济、社会发展提供必要的资源要素，才实现了经济的快速发展与社会的不断进步。但是，不合理的发展模式或价值观念导致了资源的不合理利用，制约了新型城镇化的发展。

2. 环境承载力是新型城镇化的条件

环境是人类经济社会发展的重要条件，新型城镇化的发展很重要的一个方面就是环境的改善和环境质量的提高，因此环境承载力是新型城镇化建设的重要条件。环境对人类经济社会活动排放的各种污染物的自净能力，随着技术的发展，可以人为提高这种能力。环境承载力的提高为新型城镇化的发展提供了人口集聚、经济发展、社会发展的条件，从而保障新型城镇化目标的实现。

3. 经济承载力是新型城镇化的核心

经济承载力在新型城镇化过程中的作用和地位十分重要，它是城镇化的核心。新型城镇化的发展重要的是经济的发展，经济发展为新型城镇化发展提供重要的核心动力，但是城镇经济的发展是建立在经济承载力基础之上的，离开经济承载力的经济发展是不可持续的。经济承载力不仅影响城镇化的水平和速度，同时影响着城镇化的发展路径。

4. 社会承载力是新型城镇化的保障

社会承载力在城镇化过程中的作用也十分重要，特别对西北民族地区来说，社会发育程度与社会的容纳能力对城镇化的影响更为重要。社会事业的发展是新型城镇化的一个重要目标，只有各种公共服务和社会保障等的全面发展，才能实现新型城镇化的目标。

(二) 新型城镇化与城镇承载力的关系

1. 新型城镇化应以城镇承载力为基础

新型城镇化是使农村从传统农业社会向现代工业社会、信息社会演进的过程，也是城市文明向农村传播的过程，这是任何一个传统社会向现代社会转变的必然选择。但是，新型城镇化是一个渐进的过程，不能一蹴而就，在过去的城镇化过程中，各地单纯追求城镇化的数量而忽视城镇化的质量，使城镇化速度超过了城镇承载力水平，造成一系列城镇问题的出现。新型城镇化必须与城镇承载力相适应，新型城镇化的速度应该在城镇承载力范围内。城镇承载力有三种状态：第一，超载状态，新型城镇化速度过快，导致城镇的承载体不能满足被承载对象的需求，各承载体处于过度使用的状态；第二，平衡状态，城镇承载体正好能满足被承载体的需求，处于健康、持续发展状态；第三，低载状态，承载体在满足被承载体的需求之外还有一定的剩余，承载体存在浪费。新型城镇化应该以城镇承载力为基础，新型城镇化的速度适应城镇承载力，使城镇承载力达到平衡状态。过快的城镇化必然造成承载力的超载，这样会出现城镇化问题，而太慢的城镇化会使承载力资源浪费。

2. 城镇承载力建设应以提高新型城镇化水平为目标

城镇承载力是由众多要素共同作用的结果，这些要素必须协调发展才能提高城镇总体承载力，进而促进新型城镇化的发展。第一，提高城镇承载力不能单纯追求转移剩余劳动力。虽然城镇化与工业化是密切相关的，城镇吸纳农村剩余劳动力也是新型城镇化的一个重要目标，但是不能单纯为了吸纳农村剩余劳动力而进行城镇建设，要将吸纳农村剩余劳动力和其他方面的发展相协调，进而实现城镇化总体水平的提高。第二，城镇承载力的建设要促进城乡协调发展。新型城镇化是城乡协调的必经之路，而城乡协调发展不是乡村人口简单地向城镇集中，而是通过城镇和乡村实现生产要素的双向流动，缩小二者之间的差距，进而实现二者的协调发展。第三，要提高城镇综合承载力。新型城镇化不是单纯追求经济增长，要将经济增长和社会发展相协调。因此，在提高城镇经济承载力的同时要发展城镇各项社会事业，如住房、医疗、社会保障等，进而提高城镇综合承载力。以此来促进新型城镇化的发展，进而提高城镇化水平与质量。

3. 新型城镇化要与城镇承载力的提高协同发展

新型城镇化与城镇承载力是密切相关的，二者之间是相互制约、相互促进的。一方面，在推进新型城镇化的同时要提高城镇承载力。新型城镇化是农村人口向城镇聚集、城镇数量和规模扩张的过程，但是更为重要的是要实现城镇结构和功能的优化，使城镇的承载力逐步提高，实现人口聚集、产业集中、社会发展、生态文明的和谐城镇化。另一方面，提高城镇承载力的同时要促进新型城镇化发展。提高城镇承载力就是要通过改善城镇的基础设施、产业结构、就业结构、各种制度（就业、医疗、上学、社会保障等），使城镇发挥其聚集效应和带动作用，进而促进城镇化的健康、可持续发展。

第三节　西北民族地区城镇承载力评价

一　承载力评价方法

随着社会经济的高速发展，给生态环境带来的压力越来越大，人与环境之间的不和谐日益尖锐，主要表现为资源短缺凸显、环境污染严重、生态破坏加速，这些问题随着社会经济的发展而日益严重。由此引发了人们对"自然—经济—社会"复合系统承载能力的思考。人类社会经济活动必须建立在"自然—经济—社会"可承载能力的基础之上，生态承载力作为度量一个地区发展能力的重要方法，应得到不断发展。承载力主要有资源承载力、环境承载力、生态承载力。资源承载力和环境承载力是基础，生态承载力是综合。在此研究基础上，国内很多人借鉴已有的方法，对某些专项资源进行研究，如流域生态承载力、生态脆弱区生态承载力、城市生态承载力、农业生态承载力、生态旅游承载力等，这些研究在一定程度上揭示了某地区某些资源对社会经济发展的支撑能力，同时也充分分析了这些地区社会经济发展过程中与相关资源的协调程度，并为这些地区未来发展提供了一定的建议。社会经济发展与"自然—经济—社会"相协调，这就要科学评价"自然—经济—社会"的承载能力。纵观已有的研究成果，承载力的评价方法主要有传统方法，如自然植被净第一性生产力测算法、生态足迹法、供需平衡法、模型预估法、状态空间法等，这些方法对生态承载力的评价逐步细化、科学，但是也存在一定的问题。因此，相对资源承载力评价方法的逐步发展，并应用于实践，使得资源承载力评价方法进一步发展。

（一）绝对承载力评价方法

1. 自然植被净第一性生产力测算法

自然植被净第一性生产力（Net Primary Productivity，NPP）是评价生物圈功能的重要指标，它是指单位时间内单位面积上的植物生产的有机质数量除去植物呼吸损耗外的剩余量，也就是在一定时间、一定空间上所积累的净光合作用产量。自然植被净第一性生产力已得到广泛应用，主要有以下几种测量方法。

（1）Miami 模型

H. Lieth 在 1972 年利用全球五大洲 50 多个样本观测点数据，建立了第一个测量 NPP 的数学模型。该模型中采用了两个气候指标：年平均气温（T）和年平均降水量（r），根据最小二乘法建立了相应模型：

$$NPP_T = \frac{3000}{1 + e^{1.315 - 0.119T}}$$

$$NPP_r = \frac{3000}{1 - e^{-0.000664r}}$$

然后根据 Liebig 最小因子定律，选择由温度和降水所计算出的自然植被 NPP 中的较低者就是该地区自然植被净第一性生产力。

（2）Thornthwaite Memorial 模型

Thornthwaite 提出了可能蒸发量模型，Lieth 在该模型的基础上利用全国五大洲 50 多个样本观测点的数据，提出了 Thornthwaite Memorial 模型。该模型的表达式如下：

$$NPP_E = 3000 \ (1 - e^{-0.0009695v})$$

$$v = \frac{1.05R}{\sqrt{1 + (1 + \frac{1.05R}{L})^2}} - 20$$

式中，L 为某地区年蒸散量，$L = 3000 + 14t + 0.05t^3$；V 为某地年实际蒸散量；R 为年降水量；t 为年平均气温。

（3）Chikugo 模型

Chikugo 模型是基于繁茂的植被 CO_2 通量方程与水汽通量方程之比确定植被水分利用效率（WUE），利用 682 组森林植被资料及相应的气候因素，通过统计分析而建立的：

$$NPP = 0.29e^{-0.216 \times RDI^2 \times R_n}$$

$$RDI = \frac{R_n}{L \times r}$$

式中，RDI 为辐射干燥度；R_n 为净辐射量；L 为蒸发潜热；r 为年降水量。

（4）北京模型

由于 Chikugo 模型是利用土壤水分供给充分，且植物生长茂盛条件下的蒸发量来计算的，因此该模型不适合对草原和荒漠地区的 NPP 计算。为了弥补 Chikugo 模型的不足，朱志辉改进了 Chikugo 模型，建立了北京模型。该模型的表达式如下[①]：

$$NPP = 6.93e^{0--0.224 \times RDI^{182}}R_n \quad (RDI \leqslant 2.1)$$

$$NPP = 8.26e^{-0.498 \times RDI}R_n \quad (RDI > 2.1)$$

式中，R_n 为陆地表明所获得的净辐射量；RDI 为辐射干燥度。

（5）综合模型

周广胜和张新时根据植物的生理生态学特点及联系能量平衡方程和水量平衡方程的区域蒸散模式建立了联系植物生理生态学特点和水热平衡关系的植物的净第一性生产力模型[②]：

$$NPP = RDI \times \frac{rR_n \ (r^2 + R_n^2 + rR_n)}{(r + R_n) \ (r^2 + R_n^2)} \cdot Exp \ (-\sqrt{9.87 + 6.25 \times RDI})$$

$$RDI = \frac{R_n}{L \times r}$$

（6）分类指数模型

林慧龙利用 $\Sigma\theta$ 和 K，在 Holdridge life zone system、Chikugo 模型和综合模型的基础上，建立了基于草原综合顺序分类系统的草地 NPP 分类指数模型[③]：

$$NPP = L^2 \ (K) \ \frac{0.1 \cdot \sum\theta \cdot \ [K^6 + L \ (K) \ K^3 + L^2 \ (K)]}{[K^6 + L \ (K)] \ \cdot \ [K^5 + L \ (K) \ K^2]} \cdot e^{-\sqrt{13.55 + 3.17K^{-1} - 0.16K^{-2} + 0.0032K^{-3}}}$$

式中，$L \ (K) = 0.58802K^3 + 0.50698K^2 - 0.0257081K + 0.0005163874$。

以上模型是植被净第一性生产力测度的主要模型。可以看出，这些模型从 Miami 模型开始，根据研究对象和技术进步不断改进，这些模型对研究 NPP 起到了积极的促进作用。但是，这些模型仍然不尽完善，存在以

①　朱志辉：《自然植被净初级生产力估计模型》，《科学通报》1993 年第 15 期。

②　周广胜、张新时：《自然植被净第一性生产力模型初探》，《植物生态学报》1995 年第 3 期；周广胜、张新时：《全球气候变化的中国自然植被的净第一性生产力研究》，《植物生态学报》1996 年第 1 期。

③　Lin H，L.，A new model of grassland net primary productivity （NPP） based on the integrated orderly classification system of grassland ［C］. The Sixth International Conference on Fuzzy Systems and Knowledge Discovery，2009，52 – 56.

下几个方面的问题：首先，这些模型选取指标越来越复杂，但是其结果是否更加精确难以确定。其次，这些模型主要是对承载力数量的研究，缺少对承载力质量的研究。决定承载力水平的除了数量因素外，质量因素也是非常重要的。再次，这些模型大都是静态研究，缺少动态研究。承载力应该是随着气候、环境、技术等的变化而变化发展的，应该从动态的角度进行研究。最后，缺少系统性研究。这些模型大多数是选择一个或者几个指标进行研究，缺少从生态系统整体进行的研究，生态系统的承载力是系统承载力，因此应该从系统的角度进行研究。

2. 生态足迹

生态足迹（Ecological Footprint，EF）模型认为一定区域内维持人类生存和发展所需要消耗的自然资源量需要一定的生物生产性土地面积，同时环境吸纳人类所产生的废弃物也需要一定的生物生产性土地面积；将二者之和与该区域的生态承载力（Ecologica Carrying，EC）进行比较，以此来评价一定区域内人类活动对该区域的生态系统的影响，进而测度该区域的可持续发展状况。由此可见，生态足迹模型应该包括三个部分，一是生态足迹（EF）的计算，即一定区域内人类生存和发展所需要消耗的生物生产性土地面积和环境吸纳人类所产生的废弃物所需要的生物生产性土地面积；二是生态承载力的计算（EC）；三是比较生态足迹与生态承载力，如果 $EF > EC$，则表明该区域人类对生态资源的消耗超过了生态承载能力，是不可持续的发展；如果 $EF < EC$，则表明该区域人类对生态资源的利用在生态资源的承载能力范围之内，自然资源的更新速率超过了人类对资源的利用速率，是一种可持续的发展模式；如果 $EF = EC$，则表明自然资源的更新速率与人类对自然资源的消耗速率是相等的。

生态足迹模型中指标是基于生物生产性土地的，该模型将地球表面的生物生产性土地分为六大类，即耕地、牧草地、林地、海洋、建成地和化石能源地。由于各类生产性土地的生产力不一致，因此不能进行直接求和，这就需要通过一个均衡因子（equivalence factor）进行均衡化处理后再进行加总。均衡因子为：

$$r_i = \frac{A}{B}$$

式中，r_i 为某类生产性土地的均衡因子；A 为该类生产性土地的全球平均生产力；B 为六类生产性土地的全球平均生物生产力。

人均生态足迹需求量：

$$ef_i = \sum r_j \times A_i = \sum r_j \left(P_i + I_i - E_i \right) / Y_i \quad (j = 1, 2, 3, 4, 5, 6)$$

式中，ef_i 是消费项目 i 的人均生态足迹需求量；A_i 是消费项目 i 计算的生物生产性土地面积；P_i 是 i 的年生产量；I_i 是 i 的年进口量；E_i 是 i 的年出口量；Y_i 是 i 的年平均产量。

区域总人口的生态足迹需求量为：

$$EF = N \times ef_i$$

生态承载力的计算：

生态承载力即生态足迹的供给，是一定区域所能提供的资源和能源的生物生产性面积之和。但是，由于不同区域的生物生产性面积的生产能力相差较大，同时不同类型的生物生产性面积的差异也较大。为了将不同类型区域和不同类型生物生产性土地面积进行加总和对比，需要引入产量因子（field factor）。产量因子是区域内某类生物生产性土地的平均生产力与世界平均生产力的比值，即：

$$y_i = \frac{C}{D}$$

式中，y_i 是产量因子；C 是特定区域某类生物生产性土地的平均生产力；D 是该类生物生产性土地的世界平均生产力。

人均生态足迹供给量为：

$$ec_i = a_j \times r_j \times y_j \quad (j = 1, 2, 3, 4, 5, 6)$$

区域生态足迹供给为：

$$EC_i = N \times \left(ec_i \right)$$

然后将 EF 与 EC 进行比较，确定生态足迹状况。

3. 供需平衡法

供需平衡法是基于一定时期、一定区域内人类生存、发展所需求资源数量与该时期、该区域生态系统所能提供的资源数量进行对比，以此确定生态系统对人类社会的满足程度。也就是生态系统提供资源量与人类消耗资源量进行对比分析。例如，对水资源的供需平衡分析，首先计算一定时期、一定区域内可利用水资源总量 W_s，其次计算该时期、该区域人类生存发展所需要的水资源量 W_d，最后进行二者之间的比较，得出水资源的供需状况。

4. 综合指标评价法

综合评价指标法认为区域生态承载力是众多因素综合作用的结果，包括资源环境、社会、经济等各个子系统的综合作用。因此，为了全面评价区域生态承载力，建立递阶层次结构模型，根据评价目标层需要构建准则层、指标层等，综合考虑各指标的相互关系以及对准则层的重要性，通过客观权重或者主观权重法对各指标赋予权重，计算各指标层对准则层的得分，然后赋予准则层对目标层的权重，再计算各准则层对目标层的得分，最后得到目标层参数反映生态承载力状况。

以上对承载力的估算方法可以称作是绝对承载力估算法，这些方法都是根据某一区域的自然资源或生态环境的绝对量来进行评价。这些方法在一定程度上揭示了某一区域的承载力，但是这些方法估算通常会出现与现实不符。

（二）相对资源承载力评价法

相对资源承载力评价法是根据绝对资源承载力评价法提出的，由于绝对资源承载力存在一定的不足，黄宁生、匡耀求（2000）：提出了"相对资源承载力"理论。该理论首先选择一个或者几个参照区，参照区要比研究区更大，然后用参照区人口数量和资源总量计算该资源的人均拥有量，或者用参照区的人口数量和消耗资源总量计算该资源的人均消费量，最后根据参照区的人均资源拥有量或者消费量和研究区的资源总量或资源消费量计算参照区的相对人口承载能力。相对资源承载力主要是通过计算相对土地资源承载力和经济资源承载力，然后对二者进行加权求和得出相对资源综合承载力。其计算方法如下：

1. 计算相对自然资源承载力

对于相对自然资源承载力的计算通常是利用土地资源来代表，计算公式如下：

$$C_{r1} = I_1 \times Q_1$$

$$I_1 = \frac{Q_{p0}}{Q_{10}}$$

式中，C_{r1} 为相对土地资源承载力；I_1 为土地资源承载指数；Q_1 为研究区土地面积；Q_{10} 为参照区土地面积；Q_{p0} 为参照区人口数。

2. 计算相对经济资源承载力

相对经济资源承载力的计算通常是利用国内生产总值来代表，计算公式如下：

$$C_{re} = I_e \times Q_e$$

$$I_e = \frac{Q_{p0}}{Q_{e0}}$$

式中，C_{re} 为相对经济资源承载力；I_e 为经济资源承载指数；Q_e 为研究区国内生产总值；Q_{e0} 为参照区国内生产总值。

3. 计算综合资源承载力

$$C_s = w_i C_{ri} + W_e C_{re}$$

式中，C_s 为相对资源综合承载力；W_I 为自然资源相对承载力权重；W_e 为经济资源相对承载力权重。通常 W_I、W_e 都取 0.5。因此，综合承载力即为：

$$C_s = （C_{ri} + C_{re}）/2$$

4. 判断研究区承载状态

（1）$P > C_s$，即研究区实际人口数超过了可承载人口数，出现超载。

（2）$P = C_s$，即研究区实际人口数等于可承载人口数，达到临界人口数。

（3）$P < C_s$，即研究区实际人口数小于可承载人口数，处于盈余状态。

黄宁生、匡耀求应用上述方法对广东相对资源承载力进行了研究，对 1978—1995 年广东省的资源承载力进行了计算。认为 1989 年以后，广东省资源综合承载力出现了盈余，即在 1989 年后，广东省的人口数小于资源综合承载人口数；但是其中相对土地资源承载力与相对经济资源承载力发展不协调，制约了广东省综合承载力的提高。[①]

相对资源承载力评价法对绝对资源承载力评价法进行了改进，在绝对资源承载力测算法中，将研究区看作一个封闭系统。但是，任何一个区域都是一个开放区域，作为开放区域需要与外界进行物质、能量、信息等的交流，这会改变资源承载力。因此，相对资源承载力将研究区看作一个开

---

① 黄宁生、匡耀求：《广东相对资源承载力与可持续发展问题》，《经济地理》2000 年第 2 期。

放区域，使其研究具有一定的改进。但其缺陷也是明显的，即认为研究区和参照区对资源的使用效率是相同的，这一假设明显与现实不符。由于各区域发展水平不同、发展环境差异等，由此导致各区域对资源的使用效率不同，因此该方法所测算的资源承载力与实际的资源承载力具有一定的差异。

（三）改进的相对资源承载力评价

从以上的分析可以看出，资源承载力评价方法由简单到复杂，逐步成熟、完善，对地区资源承载力的评价由简单因素到多因素转变，使评价结果更加科学、合理。但是，不管是绝对资源承载力评价方法还是相对资源承载力评价方法，仍然存在一定的缺陷。在已有研究的基础上，对相对资源承载力评价方法进行改进，并对西北民族地区城镇承载力进行评价。

新型城镇化的发展是以人为核心的城镇化，不仅是人口向城镇的集聚，更为重要的是要实现城镇的和谐发展。这就要求在城镇化过程中，城镇不仅要解决人口的集聚问题，同时要能够促进转移到城镇的人口在就业、生活、价值观等各个方面融入城镇，实现从农民到市民的转变。但是，当前的新型城镇化过程中出现了一系列城市病，如交通拥堵、环境恶化、就业困难等，这些问题的出现表明，新型城镇化的发展与城镇化的目标出现了差距，究其原因主要是新型城镇化发展超出了城镇承载力。因此对西北民族地区城镇承载力进行全面评价，为西北民族地区新型城镇化发展提供一定的借鉴。

1. 改进的相对资源承载力评价方法

相对资源承载力评价方法对区域资源承载力评价提供了一套科学的方法，但是也在一定的缺陷，主要应对其进行以下几个方面的改进。

一是评价对象的改进。现有的相对资源承载力评价主要是以土地资源和经济资源为基础进行的评价。新型城镇化发展不仅是依靠资源和经济的发展，社会发展也是其重要的内容，即新型城镇化下的城镇承载力应该是"资源—环境—经济—社会"四个子系统复合而成的综合生态系统的承载力，因此，对研究区资源、环境、经济、社会四个子系统的承载力进行评价，然后复合成城镇综合承载力。这使承载力的内涵更加丰富，同时也较为全面地评价城镇承载力。

二是对各子系统承载力进行修正。已有的相对资源承载力评价中将各种资源承载力的计算结果直接作为研究区的承载力，没有考虑各区域的资源使用效率，这与现实不符。各区域由于条件差异、发展基础不同等，对资源的使用效率不同，相同量的资源在不同的区域其承载能力也是不同的。因此，对各子系统的承载力评价结果通过一个修正系数进行修正，该修正系数选择的是能够反映各子系统资源使用效率的指标。经过修正后的承载力更加符合现实，同时也能够较为客观地反映研究区的相对承载力。

2. 模型的构建

根据前文构建的城镇承载力系统，主要从相对自然资源承载力、相对环境资源承载力、相对经济资源承载力和相对社会资源承载力四个方面对西部城镇承载力进行评价，然后将四个子系统复合成城镇相对资源综合承载力。

第一，相对自然资源承载力：

$$C_{r1} = I_1 \times Q_1 \times R_1$$

$$I_1 = \frac{Q_{p0}}{Q_{10}}$$

式中，C_{r1} 为相对土地资源承载力；I_1 为土地资源承载指数；Q_1 为研究区土地面积；R_1 为研究区土地资源承载力修正系数；Q_{10} 为参照区土地面积；Q_{p0} 为参照区人口数。

第二，相对环境资源承载力：

$$C_{rc} = I_c \times Q_c \times R_c$$

$$I_c = \frac{Q_{p0}}{Q_{c0}}$$

式中，C_{rc} 为相对环境资源承载力；I_c 为环境承载指数；Q_c 为研究区污水排放量；R_c 为研究区环境载力修正系数；Q_{c0} 为参照区污水排放量；Q_{p0} 为参照区人口数。

第三，相对经济资源承载力：

$$C_{re} = I_e \times Q_e \times R_e$$

$$I_e = \frac{Q_{p0}}{Q_{e0}}$$

式中，C_{re} 为相对经济资源承载力；I_e 为经济资源承载指数；Q_e 为研究区国内生产总值；R_e 为研究区相对经济资源承载力修正系数；Q_{e0} 为参照区国内生产总值。

第四，相对社会资源承载力：

$$C_{rs} = I_s \times Q_s \times R_s$$

$$I_s = \frac{Q_{p0}}{Q_{s0}}$$

式中，C_{rs} 为相对社会资源承载力；I_s 是社会资源承载指数；Q_s 为研究区城镇就业人员工资；R_s 为研究区相对社会资源承载力修正系数；Q_{s0} 为参照区人均收入水平。

第五，综合承载力：

$$C_s = \sqrt[3]{C_{rl} \times C_{re} \times C_{rc}}$$

第六，进行城镇承载状况的判断：

（1）$P > C_s$，即研究区处于人口超载状态。

（2）$P = C_s$，即研究区城镇承载力达到临界人口数。

（3）$P < C_s$，即研究区城镇承载力处于盈余状态。

3. 指标选取与数据来源

一个地区承载力的基础是土地资源，首先是土地资源的数量或者大小，在此基础上要考虑土地资源的利用效率。由于是评价西北民族地区城镇承载力，因此土地资源承载力指标选取建成区面积，修正系数用人口城镇化比率指标；环境承载力指标选取污水处理率，这能够在一定程度上体现一个地区环境保护的基本能力和水平，其修正系数采用人口城镇化率；经济承载力指标选取国内生产总值，因为国内生产总值在总体上可以反映一个地区对本地区资源的利用能力，其修正系数用第二、三产业产值比，研究区第二、三产业产值与参照区第二、三产业产值比，可以表明研究区和参照区的产业结构之比，同时也表明了经济发展水平；社会承载力指标选取城镇教育、科技、医疗卫生和社会保障支出，这些指标可以反映一个地区社会公共服务发展的水平，用人口城镇化比率做修正系数，将全国平均水平作为参照区。

原始资料来源于《中国城市统计年鉴 2005—2014》、《中国区域经济统计年鉴 2005—2014》和《中国统计年鉴 2005—2014》，不能直接得到的指标数据根据指标定义进行计算。

4. 西北民族地区城镇承载力评价

按照前文构建的城镇相对资源承载力评价模型，对西北民族地区城镇承载力进行评价，同时为了进行比较，将全国平均水平和西部其他省（区、市）也作为研究对象，通过对比更好地分析西北民族地区城镇承载力水平。（由于西藏相关指标数据缺失，所以不作为研究范围。）评价结果见表3—2。

5. 评价结果分析

由表3—2可以看出，改进后的城镇承载力评价方式更加合理，西北民族地区城镇承载力呈现如下特点。

第一，改进后的城镇承载力评价方式更加合理。

城镇承载力不仅取决于资源绝对量的多少，同时受资源使用效率的影响。改进后的城镇承载力评价在以相对资源拥有量为基础的同时充分考虑各地区对资源的使用效率，使评价结果更加合理。采用传统的承载力评价方法只考虑了各种资源数量相对于参照区所能够承载的人口数量，而没有考虑各研究区各种资源的使用效率，如果研究区对资源的使用效率高于参照区，那么其承载力要高于传统承载力评价方法下的水平；如果研究区对资源的使用效率低于参照区，那么其承载力要低于传统承载力评价方法下的水平。从表3—2可以看出，西北民族地区改进后的综合承载力水平大多数低于改进前，这说明西北民族地区对资源的使用效率相对低于全国平均水平。特别是对于一些城镇人口数量接近城镇承载力水平的省（区、市），改进后的承载力状态与改进前出现相反的结果，如青海、宁夏、新疆个别年份的城镇综合承载力在传统承载力评价方法下得出其处于富余状态，而改进后却是超载状态。

第二，西北民族地区城镇承载力相对较低。

城镇承载力是新型城镇化的基础，新型城镇化的发展必须适合城镇承载力水平，城镇人口超过城镇承载力水平就会引发一系列城市问题，不仅不能促进新型城镇化的发展，反而会制约城镇化水平的提高。从表3—2可以看出，西北民族地区城镇综合承载力水平相对较低，都处于超载状态，这就需要根据各省区超载状况，制定适合本省（区、市）城镇承载力状况的新

表3—2　　西北民族地区城镇相对承载力评价结果

地区	年份	实际人口数	改进前相对承载力						改进后相对承载力					
			资源	环境	经济	社会	综合	承载状态	资源	环境	经济	社会	综合	承载状态
内蒙古	2013	691.40	1119.44	556.84	974.22	1011.02	885.19	富余	1223.20	201.91	979.63	1104.72	719.02	富余
	2012	672.30	992.30	588.84	971.42	1048.87	878.40	富余	1089.89	223.16	982.22	1152.02	724.30	富余
	2011	660.50	845.33	729.96	925.11	1127.85	895.76	富余	933.54	269.42	924.08	1245.54	733.51	富余
	2010	654.22	945.77	570.02	904.50	1096.15	855.05	富余	1105.09	205.18	911.55	1280.80	717.30	富余
	2009	642.27	972.15	435.13	913.07	1062.35	800.35	富余	1114.61	151.34	921.68	1218.03	659.68	富余
	2008	645.39	935.30	412.27	864.52	949.69	750.11	富余	1058.77	136.35	806.23	1075.05	594.76	超载
	2007	638.00	953.57	326.58	831.02	898.37	694.39	富余	1064.12	123.60	747.22	1002.52	560.26	超载
	2006	621.67	872.05	399.22	726.78	761.41	662.51	富余	966.21	127.27	711.14	843.62	521.16	超载
	2005	613.71	860.94	382.15	757.40	717.77	650.32	富余	974.08	156.43	766.90	812.10	555.03	超载
	2004	610.12	786.79	377.90	553.89	456.64	523.67	超载	864.22	160.17	517.61	501.58	435.40	超载
广西	2013	1415.40	1191.04	1812.85	834.16	1139.15	1196.82	超载	993.31	2462.90	593.18	950.04	1083.59	超载
	2012	1397.70	1112.23	2131.82	800.26	1132.89	1210.85	超载	920.97	3379.44	741.51	938.07	1213.00	超载
	2011	1384.40	985.68	1688.41	790.58	1153.08	1109.83	超载	803.62	2776.38	724.70	940.10	1110.36	超载
	2010	1373.73	1052.22	2415.22	746.98	1117.01	1206.72	超载	886.08	6208.01	685.49	940.64	1372.34	超载
	2009	1343.67	1011.39	2155.78	719.85	1054.12	1134.13	超载	851.17	6612.21	651.96	887.13	1343.21	超载
	2008	1323.98	968.57	2893.75	776.81	953.86	1200.46	超载	809.12	5736.06	653.99	796.83	1247.07	超载
	2007	1297.70	1000.71	2806.15	783.33	957.93	1204.83	超载	806.98	5535.12	637.26	772.48	1217.73	超载
	2006	1274.61	931.03	2227.04	727.47	998.76	1107.88	超载	734.64	4414.37	647.56	788.09	1134.23	超载
	2005	1254.24	1002.95	2123.30	698.60	944.34	1088.71	超载	808.14	3068.01	527.69	760.92	998.89	超载
	2004	1149.81	902.53	1916.75	577.04	589.30	875.78	超载	690.30	2268.34	501.43	450.72	771.29	超载

续表

地区	年份	实际人口数	改进前相对承载力						改进后相对承载力					
			资源	环境	经济	社会	综合	承载状态	资源	环境	经济	社会	综合	承载状态
重庆	2013	1787.00	1267.18	677.46	1097.16	1099.26	1008.73	超载	1375.91	363.74	1121.54	1193.58	904.71	超载
	2012	1779.10	1190.30	589.65	1078.82	1039.52	941.91	超载	1290.16	318.25	1101.62	1126.73	844.92	超载
	2011	1770.60	1108.89	609.54	1052.89	983.50	914.66	超载	1190.00	312.04	1071.61	1055.44	805.02	超载
	2010	1542.77	1064.45	778.90	946.39	855.02	905.03	超载	1187.67	344.20	962.18	953.99	782.66	超载
	2009	1542.77	896.20	1141.34	915.08	859.22	946.99	超载	992.41	540.43	925.75	951.45	829.04	超载
	2008	1534.50	905.87	1091.54	838.21	787.94	898.95	超载	991.34	551.21	785.19	862.28	779.91	超载
	2007	1526.02	898.35	1034.87	814.36	829.16	890.12	超载	966.32	545.31	739.02	891.89	767.69	超载
	2006	1510.99	886.09	1385.51	778.17	984.34	984.75	超载	942.61	708.20	773.76	1047.12	857.58	超载
	2005	1029.77	727.80	1352.08	679.51	930.34	888.10	超载	790.61	886.07	618.15	1010.63	813.35	超载
	2004	1017.57	631.48	1371.26	521.66	1016.60	823.20	超载	651.44	362.54	502.47	1048.73	593.95	超载
四川	2013	2538.30	1905.89	1255.55	1519.93	2138.68	1670.03	超载	1592.68	1179.32	1469.27	1787.21	1490.25	超载
	2012	2504.20	1766.22	1264.06	1471.46	2092.57	1619.24	超载	1462.50	1153.59	1410.90	1732.73	1425.09	超载
	2011	2459.60	1540.66	1243.10	1390.99	2082.18	1534.67	超载	1256.99	1132.56	1326.08	1698.81	1338.22	超载
	2010	2397.35	1624.82	1529.91	1345.63	1959.10	1599.98	超载	1374.22	1322.03	1281.27	1656.95	1401.40	超载
	2009	2391.48	1554.43	1649.07	1266.08	1918.98	1579.74	超载	1291.35	1478.60	1189.05	1594.21	1379.30	超载
	2008	2368.10	1461.17	1714.44	1384.48	1982.49	1619.31	超载	1196.32	1544.12	1185.36	1623.14	1373.04	超载
	2007	2341.65	1505.78	1696.19	1325.68	1899.32	1592.46	超载	1192.83	1358.23	1098.93	1504.58	1279.34	超载
	2006	2315.98	1512.40	1658.37	1291.41	1690.24	1529.64	超载	1181.67	1262.79	1191.96	1320.62	1237.99	超载
	2005	2287.91	1615.36	1881.62	1321.39	1598.08	1591.69	超载	1288.83	1652.89	1223.32	1275.05	1350.13	超载
	2004	2220.94	1561.85	1863.30	1142.87	1296.07	1440.91	超载	1322.12	1587.36	1033.83	1097.13	1242.12	超载

续表

地区	年份	实际人口数	改进前相对承载力						改进后相对承载力					
			资源	环境	经济	社会	综合	承载状态	资源	环境	经济	社会	综合	承载状态
贵州	2013	652.70	281.85	363.02	323.48	971.69	423.48	超载	198.44	144.76	313.06	684.15	280.07	超载
	2012	647.40	520.48	351.00	291.81	936.83	472.74	超载	360.48	99.17	282.40	648.85	284.49	超载
	2011	645.40	394.27	274.61	267.60	912.53	403.24	超载	268.85	78.58	259.57	622.24	241.69	超载
	2010	444.31	342.58	158.85	222.11	836.11	317.06	超载	243.80	44.86	213.46	595.01	193.06	超载
	2009	441.74	424.05	155.19	223.31	870.33	336.29	超载	272.00	31.39	213.96	558.25	178.70	超载
	2008	435.35	409.43	125.79	247.85	838.37	321.63	超载	260.92	21.12	218.70	534.26	159.29	超载
	2007	429.50	412.14	132.28	252.81	727.61	316.45	超载	258.98	20.43	217.53	457.23	151.46	超载
	2006	418.94	369.32	162.40	242.51	396.72	275.62	超载	231.02	16.71	227.41	248.15	121.48	超载
	2005	412.34	383.13	171.47	263.19	400.82	288.53	超载	244.73	22.95	241.73	256.03	136.55	超载
	2004	408.04	373.61	189.48	231.11	265.39	256.70	超载	235.12	18.29	209.86	167.01	110.80	超载
云南	2013	645.30	714.85	632.10	497.33	1410.08	750.28	超载	538.57	312.51	463.07	1062.35	536.42	超载
	2012	634.30	605.34	616.96	471.23	1370.56	700.81	超载	452.65	320.84	440.31	1024.85	505.96	超载
	2011	646.00	541.05	517.93	436.45	1350.87	637.55	超载	388.35	279.14	407.84	969.61	455.02	超载
	2010	630.15	573.83	308.79	429.68	1281.50	558.89	超载	419.22	161.83	404.82	936.23	400.44	超载
	2009	600.29	589.87	315.62	600.92	1300.08	617.56	超载	430.43	118.37	554.30	948.68	404.58	超载
	2008	586.64	548.90	293.23	460.80	1182.19	544.16	超载	396.53	100.73	399.44	854.03	341.65	超载
	2007	575.49	537.40	27.83	491.13	1066.71	297.50	超载	377.87	10.98	415.61	750.07	189.65	超载
	2006	568.60	520.98	358.57	475.17	730.68	504.66	超载	361.96	204.41	437.50	507.65	358.04	超载
	2005	561.52	599.10	333.88	515.60	685.55	515.66	超载	425.05	225.28	474.51	486.38	385.56	超载
	2004	556.04	455.66	353.98	452.23	406.92	415.07	超载	306.61	239.17	413.77	273.81	301.91	超载

续表

地区	年份	实际人口数	改进前相对承载力						改进后相对承载力					
			资源	环境	经济	社会	综合	承载状态	资源	环境	经济	社会	综合	承载状态
陕西	2013	1308.70	1055.80	711.15	840.56	1368.70	964.06	超载	1008.24	376.41	845.23	1307.05	804.68	超载
	2012	1296.20	956.09	699.49	807.96	1340.27	922.50	超载	909.71	359.80	813.35	1275.26	763.33	超载
	2011	1289.10	835.68	741.72	783.54	1335.14	897.36	超载	770.97	367.26	785.28	1231.76	723.42	超载
	2010	1278.30	958.01	811.73	762.55	1268.03	931.20	超载	922.84	393.27	765.10	1221.48	763.14	超载
	2009	1271.01	910.13	834.32	737.61	1237.24	912.38	超载	849.63	364.70	742.91	1155.01	718.08	超载
	2008	1256.71	862.37	743.59	757.59	1216.46	876.78	超载	794.79	324.13	711.98	1121.12	673.40	超载
	2007	1193.04	814.85	715.97	580.37	1099.69	812.82	超载	736.52	223.32	623.43	993.98	565.02	超载
	2006	1168.51	886.09	656.81	718.34	760.53	750.91	超载	789.61	296.61	725.66	677.72	582.57	超载
	2005	1151.77	800.29	679.41	780.81	701.86	738.83	超载	728.24	179.52	746.97	638.68	499.74	超载
	2004	1129.95	748.69	607.62	512.15	365.83	564.96	超载	652.78	104.55	607.22	318.96	339.07	超载
甘肃	2013	858.30	752.36	492.01	394.57	776.22	580.26	超载	561.92	173.30	377.03	579.75	381.96	超载
	2012	820.90	692.46	442.16	398.72	801.58	559.30	超载	510.42	159.26	382.31	590.86	368.12	超载
	2011	823.10	620.33	328.21	373.57	857.02	505.29	超载	449.49	104.62	359.05	620.99	320.00	超载
	2010	818.21	681.50	236.65	360.58	803.44	464.93	超载	518.41	59.33	342.93	611.17	283.35	超载
	2009	811.60	696.20	250.81	368.16	838.41	481.83	超载	521.11	73.39	350.28	627.55	302.80	超载
	2008	801.03	708.83	240.69	333.56	811.80	463.62	超载	498.88	101.51	300.88	571.35	305.46	超载
	2007	791.95	717.87	220.22	438.43	765.44	479.93	超载	504.62	83.08	386.24	538.06	305.52	超载
	2006	781.38	723.20	246.53	423.02	640.35	468.79	超载	512.17	87.38	408.65	453.49	301.78	超载
	2005	775.80	693.78	247.00	450.41	571.98	458.38	超载	501.73	69.87	450.89	413.65	284.36	超载
	2004	771.12	1270.29	273.64	360.33	412.41	476.73	超载	870.28	81.53	339.20	282.54	287.17	超载

地区	年份	实际人口数	改进前相对承载力						改进后相对承载力					
			资源	环境	经济	社会	综合	承载状态	资源	环境	经济	社会	综合	承载状态
青海	2013	153.20	138.65	88.65	86.21	409.47	144.33	超载	125.18	6.41	86.31	369.69	71.14	超载
	2012	91.80	84.86	61.35	73.02	405.58	111.43	富余	76.58	4.46	73.67	366.00	55.08	超载
	2011	121.20	80.35	56.44	72.37	410.54	107.74	超载	72.44	4.22	72.93	370.10	53.60	超载
	2010	101.37	81.98	69.86	71.24	456.31	116.81	富余	77.25	3.20	71.32	429.99	52.48	超载
	2009	114.13	54.43	76.23	66.40	321.00	96.97	超载	49.08	3.45	66.73	289.45	42.53	超载
	2008	112.21	84.45	67.40	66.70	287.06	102.17	超载	75.54	3.33	62.70	256.77	44.86	超载
	2007	107.17	87.55	67.07	63.78	230.18	96.35	超载	78.06	2.72	58.57	205.24	39.95	超载
	2006	105.13	89.87	67.86	59.04	56.08	67.03	超载	80.37	2.92	59.57	50.16	28.93	超载
	2005	103.14	94.67	69.18	64.28	62.67	71.67	超载	86.46	2.28	64.45	57.23	29.21	超载
	2004	100.99	90.84	32.68	42.81	84.60	57.26	超载	83.94	1.23	43.11	78.17	24.31	超载
宁夏	2013	275.90	428.46	276.88	164.51	231.47	259.25	超载	414.74	48.91	166.89	224.06	165.96	超载
	2012	274.40	402.80	196.02	160.11	243.61	235.57	超载	388.24	35.28	162.96	234.80	151.31	超载
	2011	266.90	350.34	310.59	153.09	266.56	258.14	超载	340.44	64.77	155.13	259.03	172.53	超载
	2010	262.58	379.29	347.28	150.41	226.88	258.93	超载	382.22	64.71	151.58	228.63	171.11	超载
	2009	258.25	400.00	344.54	151.73	230.09	263.37	富余	395.62	61.36	153.33	227.57	170.60	超载
	2008	253.86	372.33	325.57	154.78	225.90	255.15	富余	366.62	63.23	145.59	222.44	165.53	超载
	2007	253.34	144.11	322.84	144.89	215.80	195.30	超载	141.16	60.03	132.52	211.38	124.12	超载
	2006	252.14	349.66	251.17	137.35	189.96	218.79	超载	342.49	49.99	138.13	186.06	144.84	超载
	2005	240.97	346.15	162.63	149.01	154.89	189.86	超载	346.23	40.45	136.36	154.92	131.15	超载
	2004	239.44	315.01	157.40	105.99	108.96	154.69	超载	306.26	35.67	104.53	105.93	104.87	超载

续表

地区	年份	实际人口数	改进前相对承载力						改进后相对承载力					
			资源	环境	经济	社会	综合	承载状态	资源	环境	经济	社会	综合	承载状态
新疆	2013	294.70	517.10	196.56	346.24	830.65	413.49	富余	427.98	97.01	317.00	687.49	308.42	富余
	2012	289.40	498.98	144.22	344.70	852.78	381.37	富余	417.44	69.94	315.95	713.43	284.82	超载
	2011	281.40	468.20	112.20	336.58	905.05	355.67	富余	397.61	51.66	309.66	768.60	264.42	超载
	2010	271.09	489.40	127.61	328.65	874.98	366.08	富余	443.25	46.88	293.19	792.47	263.60	超载
	2009	271.23	501.27	128.55	291.78	861.75	356.77	富余	428.57	54.88	267.52	736.78	260.94	超载
	2008	265.56	455.50	118.98	384.60	766.31	355.50	富余	395.27	53.08	339.35	664.98	262.32	超载
	2007	257.65	338.06	98.57	366.83	602.31	292.93	富余	294.51	50.29	309.73	524.71	221.49	超载
	2006	225.43	398.81	109.72	350.37	98.55	197.16	超载	344.67	52.35	328.15	85.17	149.85	超载
	2005	215.35	331.36	100.43	367.29	89.42	181.82	超载	292.43	51.71	407.91	78.91	148.53	超载
	2004	208.15	328.19	101.09	295.97	178.31	204.56	超载	276.32	52.60	271.48	150.13	156.01	超载

型城镇化发展战略，使城镇化的发展与城镇承载力相协调，同时在促进新型城镇化发展的同时提高城镇承载力水平，实现新型城镇化的健康、可持续发展。

第三，西北民族地区城镇承载力的各子系统发展不协调。

城镇承载力是一个复合系统，城镇综合承载力水平的高低不仅取决于各子系统承载力水平的高低，同时取决于各子系统的协调性。如果某省区某一方面的承载力水平较高，而其他承载力水平较低，那么其综合承载力水平也就相对较低，即城镇承载力不是由承载力水平最高的那一方面决定的，而是各方面综合决定的。由表3—2可以看出，西北民族地区城镇承载力的各子系统发展不协调，大多数省（区、市）社会承载力水平较高，高于资源承载力、环境承载力和经济承载力，如甘肃、青海、新疆等均呈现这样的特征，这主要是西部大开发以来，国家加强对西部地区的支持，其中很重要的一项就是促进西部地区社会事业的发展，这直接导致西北民族地区社会承载力水平的提高。同时大多数省（区、市）的环境承载力和经济承载力相对较低，这表明经济承载力和环境承载力是制约西北民族地区新型城镇化发展的重要因素。

6. 对策建议

新型城镇化与城镇承载力是密切相关的，离开城镇承载力，新型城镇化就无法实现可持续发展；离开新型城镇化，城镇承载力也无法提高。因此西北民族地区在新型城镇化过程中要注意以下几个方面。

第一，在新型城镇化过程中提高城镇承载力，实现新型城镇化与城镇承载力相协调。

新型城镇化的发展离不开镇承载力的支撑，城镇承载力保障新型城镇化的健康发展。而西北民族地区的城镇承载力相对较低，处于超载状态，因此，西北民族地区在新型城镇化过程中要提高城镇承载力。首先，提高资源承载力。资源承载力是城镇承载力的基础，也是新型城镇化健康发展的条件。当前西北民族地区的资源承载力相对较低，大多数省区处于超载状态。随着新型城镇化的发展，这种超载状态会更加严重，因此各省（区、市）在新型城镇化过程中要提高资源承载力，为新型城镇化的发展奠定基础。其次，提高环境承载力。虽然西北民族地区各省（区、市）环境承载力相对较高，超载年份较少，但是随着其他承载力水平的提高，对环境承载力的要求也会相应地提高，因此在新型城镇化发展过程中，应该提高环境承载力，与其他承载力的发展相协调。再次，提高经济承载力。经济承载力是新型城镇化的核心，新型城镇化过程中经济发展是核心，经济承载力水平的提高是保障。当前西北民族地区的经济承载力普遍较低，只有新疆的经济承载力处于盈余状态，这也同时表明西北民族地区经济依然是依靠资源发展的，资源富集的地区经济承载力就相对较高。复次，提高社会承载力。社会承载力的提高是新型城镇化的条件，也是新型城镇化的目标。虽然当前西北民族地区社会承载力相对较高，但是这种承载力很大程度上是政府政策推动下形成的，随着新型城镇化的推进，对社会承载力的压力将加大，因此西北民族地区要根据新型城镇化的发展提高社会承载力，为新型城镇化的发展奠定基础。最后，促进新型城镇化与城镇承载力相协调。随着新型城镇化的推进，要提高城镇承载力水平，以此保障新型城镇化的可持续发展；在推进新型城镇化过程中要以城镇承载力为基础，制定合理的新型城镇化发展战略，实现新型城镇化与城镇承载力相协调。

第二，促进城镇承载力各子系统协调发展。

城镇综合承载力是一个复杂的系统结构，由资源承载力、环境承载力、经济承载力和社会承载力四个子系统构成，这四个子系统不是简单相加而是有机组合的，城镇综合承载力具有四个子系统不具备的功能，而四个子系统之间又必须协调发展才能使城镇综合承载力提高。西北民族地区城镇承载力的四个子系统发展不均衡，资源承载力和经济承载力系统相对较低，而环境承载力和社会承载力系统相对较高，这种非均衡的发展现状制约了整个城镇承载力水平的提高。提高西北民族地区城镇综合承载力，首先要提高四个子系统的承载力。作为城镇综合承载力的要素，每一个子系统承载力的提高是综合承载力提高的基础。由于西北民族地区城镇的每一个子系统的承载力水平相对较低，因此具有较大的提升空间；同时，要实现四个城镇承载力子系统的协调发展。西北民族地区城镇在四个承载力子系统发展过程中呈现出明显的非均衡发展。在城镇化过程中要提高自身发展能力，实现四个子系统的协调发展。西北民族地区提高城镇综合承载力应该建立以经济承载力为核心，资源承载力为基础，环境承载力为条件，社会承载力为保障的发展体系，全面提高城镇承载力，实现城镇承载力的四个子系统的协调发展，进而提高城镇综合承载力。

第三，促进各城镇间承载力的协调发展，提高西北民族地区城镇承载力。

城镇综合承载力是城镇化发展的基础，一个城镇的综合承载力是未来该城镇能够支持的城镇化发展的前提，各城镇在城镇化过程中必须提高城镇综合承载力。但是，当前各省（区、市）在城镇化过程中单纯重视提高本城镇的综合承载力而忽视了城镇间综合承载力的相互影响、相互制约关系，使各城镇的承载力差异较大，形成城镇间承载力的不协调。未来城镇化的发展必然是打破行政界限，一个城镇的城镇化会受到周边城镇发展的影响，城镇之间的发展是以资源、基础设施、空间结构等相互协调发展为基础的。从前文的分析可以看出，当前西北民族地区城镇的综合承载力差异较大，而且没有形成合理的等级分布，中心城镇对周边城镇的带动作用较小，这种差异的存在必将制约西北民族地区未来城镇化的发展。因此，西北民族地区应该促进各城镇间承载力的协调发展。首先，合理规划、科学定位，制定各省（区、市）城镇化发展战略。各省（区、市）的城镇化应该根据自身的优势与特点，进行合理规划、科学定位，明确未来城镇化过程中本城镇在整个大的区域范围内的角色，以此制定本城镇的发展战略。其次，提高城镇间承载力的协调发展。城镇间承载力的协调发展是未来城镇化的必然要求，城镇等级不同、区位不同、功能不同、资源环境不同，那么它们在大的区域范围内的发展路径就应该存在差异，各城镇应该从自身在未来区域新型城镇化过程中的功能定位，特别是与周边城镇的协作关系制定新型城镇化发展战略，促进城镇间新型城镇化的协调发展，进而提高整个区域新型城镇化的发展。

第四章

西北民族地区新型
城镇化与城乡一体化

第一节 城乡一体化概述

城乡一体化是我国城乡关系协调发展、解决"三农"问题的重要途径，因此成为各地广泛关注的问题。城乡一体化是针对当前城乡"二元"结构提出的，自新中国成立以来，我国实施了城乡差别的发展战略，使城镇快速发展的同时，农村发展相对缓慢；改革开放以来，激活了各种要素的流动性，城镇良好的发展条件吸引了各要素的集聚，城镇迅速发展，农村虽然也得到了一定的发展，但是与城镇的发展差距在扩大，因此形成了城乡"二元"的经济结构、社会结构、制度结构、社会保障结构等。随着社会经济的发展，这些"二元"结构已经成为制约我国社会经济发展的重要因素，因此要实现城乡一体化，打破这些"二元"结构，实现城乡一体化发展。

一 国外城乡融合理论

国外没有专门的城乡一体化理论，它们的研究主要是对城乡融合的研究。城乡融合和城乡一体化具有很多的相似之处，为我们研究城乡一体化提供了重要的借鉴。这些研究主要有以下几个代表性观点。

（一）空想社会主义者的城乡融合理论

空想社会主义者对城乡融合的研究主要是针对资本主义社会中出现的

一系列问题进行的。18 世纪后半期，英国的工业革命带来了社会生产力的大幅度提高，同时也使工人生活更加恶化。工业革命使机器生产逐步取代手工业生产，大量的手工业生产者沦为无产者，生产力的进步没有提高广大居民的福利，反而造成了劳动力相对失业、生活条件进一步恶化，无产阶级和资产阶级的矛盾成为当时社会的主要矛盾，因此很多空想社会主义者构想了理想的城市空间结构，具有代表性的有乌托邦、和谐新村、法郎吉等。

乌托邦中所构建的国度是一个假想的国度。它是一个岛国，但是其具有有利的地理位置，该岛国四周是天然的或者是人工的港湾，其防御性能极佳，有少量的守卫战士就可以防御外敌的入侵。岛上有 54 个城市，其首都是亚马罗提城（Amaurote），城市之间只有 24 英里。每个城市有 6000 户，每户成年人有 10—16 人。在城乡之间，市民必须到农村务农，以此使城乡居民相互了解，进而消除城乡居民之间的思想差异。

和谐新村（New Harmony）是 Robert Owen 提出的一种理想的社会组织形式。英国工业革命后技术发明加速，但是这些技术进步使社会财富逐步向少数人手里集中，贫富差距拉大，许多人甚至沦落为奴隶。Owen 从这样的实际出发，他认为机器生产是有益的，造成这种差距的原因在于不合理的分配，因此他努力寻求一种分配方式，使得雇主可以获得利益同时也能改善贫民和劳动者的生活境况。他通过新拉纳克实验描述了理想社会，在这个理想社会中土地为公有，人口控制在一个合理的水平，保障人们能够拥有舒适的生活环境。在 Owen 的和谐新村中，同样有工业劳动和农业劳动，但是二者是同样重要的；同时没有阶级划分，对劳动者的划分主要依靠年龄，农业也有广泛的技术进步，新村中具有公共食堂、公共仓库，人们所需的一切可以由新村满足。新村中没有中央政权，新村的治理依靠自由联盟。

傅立叶认为工业是一切社会问题的根源。工业化使社会制度无序化、贫困加剧、道德沦丧，工业化导致垄断、弄虚作假、盘剥等，因此它是一切罪恶的根源。傅立叶在此背景下构建了他的理想社会法郎吉。法郎吉是一种生产消费的合作社，以农业为主、工业为次。傅立叶根据其情欲理论确定了法郎吉的规模，他认为人的性格共有 810 种，在法郎吉里每个人要保证有两种工作可供选择，因此法郎吉的理想人口应该是 1620 人，但是可以在一定范围内浮动。法郎吉根据各种生产活动、生活需要等进行合理的空间布局，即对食堂、商场、图书馆、礼堂、旅馆、气象站等都根据方便居民、提高生活质量的原则进行合理布局。

由此可见，空想社会主义者对城乡的关系研究是在资本主义社会居民收入差距扩大、社会矛盾突出的背景下，为解决这些社会问题所提出的一些理想的城乡关系。

（二）城乡空间融合

19 世纪的工业革命在促进社会生产力发展的同时带动了各种生产要素向城市的集聚，这种集聚在促进城市工业发展的同时也形成了一系列的城市问题，改变了原来的城市结构，使城市不再是理想的生活环境。刘易斯·芒福德指出："在 1820—1900 年之间，大城市里的破坏与混乱情况简直和战场上一样，这种破坏和混乱的程度正与该城市的设备和劳动大军数量成正比……例工业主义，19 世纪的主要创造力，产生了迄今从未有过的极端恶化的城市环境。"[①] 工业化的发展使大量的人口向城市集聚，城市转型发展滞后于工业化，形成了相应的城市问题。城市用地主要以工业发展为核心，其他发展成为工业发展的附属。城市发展过程中其他设施发展滞后，随着人口的集聚出现了交通拥挤、环境污染、饮用水污染等，居民的生活条件恶化。

霍华德提出了其理想的城市形态即田园城市，他首先分析了城乡形成的动力，他认为造成一系列城市问题和农村衰退的原因在于"引力"。他说："不论过去和现在使人口向城市集中的原因是什么，一切原因都可以归纳为引力。显然，如果不给人民，至少是一部分人民，大于现有大城市的引力，就没有有效的对策。因而，必须建立新引力来克服旧引力。"[②]霍华德认为城市和农村是一个整体，因此不能将二者截然分开，人们的生活空间除了城市和乡村之外，还有一个"城市—乡村"，即田园城市。他指出城市和乡村都不是人们理想的生活场所，而必须将城市和乡村合二为

① ［美］刘易斯·芒福德：《城市发展史：起源、演变和前景》，宋俊岭、倪文彦译，中国建筑工业出版社 2005 年版，第 331—332 页。

② ［英］埃比尼泽·霍华德：《明日的田园城市》，金纪元译，商务印书馆 2000 年版，第 19—20 页。

一，这样的生活环境才是理想的生活环境。在其《明日的田园城市》中，他不仅对田园城市的人口、空间布局等做了规划，同时对社会制度、经济制度等都提出了相应的改革规划。吴志强对霍华德田园城市的目标进行了总结，认为田园城市包含以下三个目标。空间目标：（1）城市控制在一定的规模，对建成区用地的扩张进行限制；（2）几个田园城市围绕一个中心城市组成系统；（3）用绿带和其他敞地将相对独立的居住区隔开；（4）合理的居住、工作、基础设施功能布局；（5）各功能间拥有良好的铁路（交通）联系；（6）可以便捷地与自然景观接触。社会目标：（1）通过土地价格公共政策规定限制房客的房息压力；（2）资助各种形式的合作社；（3）土地出租的利息归公共所有；（4）建设各种社会基础设施；（5）创造各种就业岗位，包括自我创造就业岗位的专业户。组织管理目标：（1）具有约束力的城市建设规划；（2）城市规划指导下的建筑方案审查制度；（3）社会作为公共设置建设的承担者；（4）把私人资本的借贷利息限制在3%—4%范围之内；（5）公营（国有）或共营（集体）企业的建立。① 由此可见，霍华德的田园城市是城乡空间高度融合的城乡格局，这样的城乡空间格局不再是单纯地发展城市或者发展乡村，而是实现城乡协调发展。

（三）城乡一体化的重构

刘易斯提出的二元经济模型对发展中国家的经济发展提供了重要的借鉴，他认为在发展中国家存在现代工业部门和传统农业部门，现代工业部门的劳动边际生产率较高，因此可以带动社会经济的发展；相反，传统农业部门的劳动边际生产率较低，甚至为零或负数，这是形成发展中国家经济落后的重要原因。因此，发展中国家要消除二元经济结构，必须使传统农业剩余劳动力向现代工业部门转移。空间极化理论将城市偏向推向了一个极端，空间极化理论主要由增长极理论和核心—边缘理论构成。增长极理论认为区域经济的发展，必须培育相应的增长极，增长极通过各种要素的集聚，形成产业集聚、技术集聚、市场集聚等，通过扩散效应带动周边地区的发展。核心—边缘理论强调通过政府干预和人口流动等促进城市经

---

① 吴志强：《百年现代城市规划中不变的精神和责任》，《城市规划》1999 年第 1 期。

济发展。与空间极化理论相反的是选择性空间封闭发展理论。施特尔与托德林（Sthr and Tdling）提出了"选择性空间封闭"发展理论。这一理论不赞成把各地方各区域更紧密地结合起来以构成一体化经济，同时也不主张各地方或各区域搞闭关自守而是主张把权力分散给各地方或各区域"社区"，使它们不仅能按照自己的需要来规划人力和物力的发展，而且还能够控制对其发展有消极影响的外界联系。他们认为，有选择性地截断区际资源流动，削弱极化效应对外围乡村地区的不利影响，同时赋予乡村地区更高程度的自主权，增强扩散效应对双方的有利影响，形成自主的、具有自我成长能力的、以乡村为中心的区域单位，有效缩小城乡差距，实现城乡公平发展。[①]

这种城市偏向或者农村偏向的区域发展模式都不能得到理论界的认同，虽然城市偏向的相关理论在一定程度上揭示了发展中国家社会经济发展的一些问题，并且对发展中国家的发展具有一定的借鉴意义，但是这种城市偏向的发展理论，过度地强调了城市发展的作用，会造成农村的进一步弱化。农村偏向的发展理论虽然强调了农村发展的重要性，但是城市发展在整个社会经济发展中的促进作用无法发挥。因此，新的城乡一体化理论逐步形成，代表性的有以下观点。

美国地理学家詹姆斯在其《地理学思想史》中指出："自然界中没有真正泾渭分明的区域存在，所以，我们不能将人类的活动空间绝对地划分为城市和农村，应该作为一个以多样性为基础的关系统一体。"[②] 根据詹姆斯的观点，人类活动的区域不存在明确的分界，都是人为划分的。城市和农村同样不是绝对区分开来的，而是一个统一整体，城市具有城市的特点和功能，农村同样具有农村的特点和功能，城市和农村是有机统一的，而不是对立的。因此，我们应该客观认识其有机统一，充分发挥各自的功能，不能把二者绝对割裂开来，否则会造成一系列的城市问题和农村问题。昂温（Unwin）认为，在假设城乡主要差别在于它们的社会"阶级"

---

① Stohr, W. B. Taylor, Development from above or below? The dialectics of regional planning in developing countries [M]. Wiley, Chiehester, 1981: 9 – 26.

② ［美］普雷斯顿·詹姆斯：《地理学思想史》，李旭旦译，商务印书馆 1982 年版，第 153 页。

构成时，利普顿的城市偏向理论的主要问题是将人口和空间合并，是人口而非空间对创造城乡之间的"流"起重要作用。昂温同样强调了城乡一体化的重要性，认为城乡之间人口的流对城乡一体化起重要作用，而不是城乡空间的区分能够形成城乡差异。

（四）新时期城乡一体化理论

新时期城乡一体化理论主要是西方相关理论无法客观解释亚洲等一些发展中国家的城市化发展现象的基础上产生的，代表性的是 Desakota 模型。

城市化的发展虽然是每一个国家、地区的必经阶段，但是其发展的先后及时期不同，西方发达国家在 19 世纪末 20 世纪初进入了城市化的快速发展阶段，并形成了众多的相关理论。亚洲等发展中国家快速城市化是在 20 世纪 50 年代之后才加快，但是快速城市化发展形成了与西方发达国家不同的城市空间结构，因此根据西方发达国家城市化过程总结的相关理论无法指导这些国家和地区的城市化。1985 年麦吉提出了 Desakota 模型，用以解释亚洲这些国家的城市化。Desakota 区域是亚洲发展中国家城市化过程中形成的，在西方发达国家的大都市带的中间，通常布局的是环境优美的居住和休憩地带，而亚洲国家的 Desakota 区域是农业、工业、副业、住宅等其他用地方式综合布局的地带，在这一地带呈现出的典型特征是混杂、没有规划。亚洲国家的 Desakota 区域是在城市工业布局向城市外围延伸占用城乡交错带土地，同时亚洲发展中国家鼓励农村工业发展，农村工业的发展和城市工业向外围研究相互融合形成的，在这一区域人口密度较高，居民生活方式多样化，包括农业、工业、各种经营业等。这种独特的地域单元既体现出城乡一体化的形式，但是又不断发展变化，没有形成真正意义的城乡一体化，它本质上是城乡融合的中间地带，其发展前景就是城乡一体化。

二 国内城乡一体化研究

城乡关系本来是相互协调、相互促进的，城市和乡村是居民的两种基本生活聚落，从产生的历史来看，先有乡村后有城市。随着社会生产力的发展，工业、商业等的发展，使城市逐步形成，城市工业、商业发展的过程中离不开农村农业发展的支撑。但是，由于工商业的比较收益高于农业，强调工商业的发展使城市快速发展，而农村相对发展缓慢，造成了城乡差距的扩大。

新中国成立以来，为了实现工业化，形成了城乡差别的发展战略，这使城乡之间的差异逐步形成。为了支持城市的发展，采取了相应的城乡差别制度，城市以工业发展为主，农村以农业发展为主，农村农业的发展主要是为了支持城市发展，因此城市建立了相对完善的资源配置、社会保障等相关制度；农村采取的是自给自足制度，各种福利、保障体制的建设相对滞后，这形成了城乡之间的截然差别。随着社会经济的发展，城乡差距的逐步扩大已经成为制约我国全面发展的重要因素，因此推进城乡一体化发展成为我国的一项重要战略。党的十七大报告提出"建立以工促农、以城带乡长效机制，形成城乡经济社会发展一体化新格局"。党的十七届三中全会中指出："当前我国总体上已进入以工促农、以城带乡的发展阶段，进入加快改造传统农业、走中国特色农业现代化道路的关键时刻，进入着力破除城乡二元结构、形成城乡经济社会发展一体化新格局的重要时期……加快建立城乡一体化制度。"由此可见，城乡一体化已经成为我国国家发展战略的重要组成部分，对其的研究也有众多的成果。

（一）城乡一体化内涵

洪银兴等对城乡一体化的内涵做了全面的分析，他们认为：城乡一体化是指城市与乡村这两个不同特质的经济社会单元和人类聚落空间，在一个相互依存的区域范围内谋求融合发展、协调共生的过程。城乡一体化是指城市和乡村是一个整体，其间，人口、资金、信息和物质等要素在城乡间自由流动，城乡经济、社会、文化相互渗透、相互融合、高度依存。城市与乡村建设成一个相互依存、相互促进的统一体，充分发挥城市与乡村各自的优势和作用，因而，城乡一体化应当包含体制一体化、城镇城市一体化、产业结构一体化、农业企业一体化和农民市民一体化等内涵。

（1）体制一体化。城乡一体化首先是体制的一体化。其必要性在于城乡分离和对立的根源是城乡体制的分割。在计划经济年代，一方面城市通过工农业产品价格剪刀差把农村的相当一部分剩余转移到城市；另一方面由于城市国有制经济比重大，而农村国有制经济比重很小，因此以国家出面的资源配置更多地偏向城市。在转向市场经济体制的转型阶段，一方面城市市场化程度相对较高，农村市场化程度偏低，自然经济和半自然经济所占比重很高；另一方面各类生产要素的市场基本上集中在城市，而不在农村。显然，体制一体化的基本要求是在社会主义市场经济体制的基本框架内，特别注意发展农村市场经济，使之尽快赶上城市的市场经济水平。（2）城镇城市化。城镇处于农村区域，是连接城市和乡村的中间地带，因此城镇城市化是城乡一体化的关键。现有的城镇基本上由两个方向形成。一个方向是农村发展乡镇企业所形成的城镇，这是农业剩余劳动力的转移场所。另一个方向是在城市调整结构中，城市工业和居民住宅迁出城市后所集中进入的城镇，这是城市工业、城市人口的转移场所。一般说来，后者紧靠城市，前者离城市较远。（3）产业结构一体化。城乡产业结构一体化要求城乡在产业结构上形成有机的整体，既错位又互补。这种整体性涉及城乡产业的分工和连接。根据城市、城镇与农村的不同特质要求和发展优势，在城市、城镇和农村进行产业分工，分别发展农村型产业、城镇型产业和城市型产业，在不同的区域形成不同的产业基地（集群）。（4）农业企业化。现阶段农村落后于城市，实际上反映了生产力先进程度的差别。农业生产方式落后的主要特征是分散经营，缺少组织性，由此造成面对大工业，农业无竞争力可言；面对市场，无谈判能力可言。因此，城乡一体化的基本要求是农业生产方式的提升，使农业与工业、商业居于同等的竞争地位。（5）农民市民化。城乡一体化最根本的是城乡居民政治、经济和社会地位的平等，城乡生活方式的趋同，公共物品的享受基本一致，其必要途径是农民市民化。长期存在的城乡分割的户籍制度，将居民分割为城市居民和农村居民、城镇户口和农业户口。农村居民、农村户口明显低人一等。农民市民化首先要取消这种城乡分割的户籍制度，从而使城乡居民在城市和农村的流动和居住不受户籍的限制。农民居住在城市，城市职工居住在农村，完全取决于各自的选择。农民市民化还要求取消各种对农民的歧视性政策，使之与城市居民享受平等的政策和机会。就就业机会来说，农民进城就业与城市人享受平等的权利，高校毕业生到农村就业与在城市就业享受平等的权利；就受教育的机会来说，农民及其子弟入学及选择学校，享受与城市人平等的权利；就卫生和医疗来说，农民与城市人享受平等的权利；就社会保障制度来说，城乡也应平等，各种社会保障不只是提供给城市人，也应提供给农村人；就享用公共产品的机会来说，农村人与城市人享受平等的机会。① 鲁能和白永秀对城乡一体化的内涵进行了分析，他们认为"城乡经济社会一体化"是针对我国在经济上存在工业与农业并立二元经济结构、社会上存在根深蒂固的社会失衡的现状而提出来的。城乡经济社会一体化是指工业化和城市化发展到一定阶段，在保持城乡发展特色和功能分工的前提下，在打破城乡分割旧格局、建立城乡互动发展新机制的基础上，从经济、政治、社会、文化等方面推进城乡协调发展与融合的过程。具体来讲，城乡经济社会一体化是"四个一体化"的统一：城市与农村一体化、经济与社会一体化、城市经济与社会一体化、农村经济与社会一体化。或者可以表述为"在工业化和城市化发展到一定水平的基础上，城市与乡村、经济与社会在时间上与空间上的关联，在内容与动力上的融合，在过程与结果上的互动"。② 陈承明和施镇平认为，中国特色城乡一体化的含义，就是把工业与农业、城市与农村、市民与农民作为一个整体，通过体制改革、机制创新和政策调整等途径，实现城乡经济、社会、生态的逐步融合和一体化发展。（1）总体规划一体化。传统的总体规划存在城乡"两张皮"的现象，造成先进城市、落后农村的格局，无法解决"三农"问题和缩小城乡差距。只有以城乡一体化的理念，编制统筹城乡的总体规划，才能促进城乡经济社会的协调发展。（2）产业布局一体化。要改变城市的工业，农村的农业的产业分工和慢化布局。传统的产业布局存在城乡分割的状况。在城市以发展第二、第三产业为重点，在农村则以第一产业为主体，导致城市经济增长较快，而农村经济严重滞后，使新农村建设和城镇化发展缺少产业支撑。因此，只有改变城乡分割的状况，统筹城乡的产业布局，促进第一、二、三产业协调发展，才能实现城乡经济的共同镶荣。（3）劳动就业一体化。传统的劳动就业制度，使农村剩余劳动力进城务工，在劳动报酬、社会保障和居住条件等方面，不能享受与城市居民平等的待遇。因此，只有按照城乡产业协调的要求，统筹城乡的生产要素配置，建立统一的劳动力市场。

① 洪银兴、陈雯：《城市化和城乡一体化》，《经济理论与经济管理》2003 年第 4 期。

② 鲁能、白永秀：《城乡发展一体化模式研究：一个文献综述》，《贵州社会科学》2013 年第 7 期。

（4）基础设施一体化。要改变城乡分离、互不衔接的基础设施和公共设施状况。基础设施建设不衔接，公共服务标准不统一，致使农村居民不能像城市居民一样分享经济社会发展的成果。只有按照城乡一体化的要求，推进城乡经济社会融合，促使基础设施和公共资源的均调配置，才能实现城乡居民公共服务的均等化。（5）社会保障一体化。要改变城乡社会保障不平等和社会管理不统一的局面。传统的城乡社会保障待遇不平等，社会管理不统一。应该根据城市与城镇的承载能力，逐步实现进城农民的市民化，统筹城乡居民的居住、文化、教育、医疗和养老等社会保障和社会管理，这样才能提高全体人民的保障水平，实现城乡居民待遇的公平合理。（6）环境保护一体化。要使城乡居民能够共享自然美丽、生态平衡的居住环境。传统的生态建设和环境保护是重城市、轻农村。城市的生态环境建设常常是锦上添花，而对农村则是关注不够，投入很少。有的地方甚至以牺牲农村的生态环境为代价，来帮助城市改善生态环境。要改变这种状态，只有按照绿色、环保、低碳的要求，统筹城乡生态环境建设，才能营造城乡一致的宜居环境，共同提高宜居环境，共同提高生活质量。①

由此可见，对于城乡一体化的内涵，国内已有深入研究，主要是从破解我国城乡二元结构、实现城乡全面协调发展的角度分析的，为研究城乡一体化提供了坚实的理论基础。

（二）城乡一体化的动力机制研究

城乡一体化是在一定的动力机制下进行的，离开动力，城乡一体化就无法推进，因此对城乡一体化的动力的研究也引起了国内学者的广泛关注。

杨荣南对城乡一体化的动力进行了研究，他认为："城乡一体化的动力分为内部动力和外部动力，内部动力包括：1. 乡村城市化。乡村城市化是指乡村地域中传统型社区向城市现代型社区的逐步演变，从而使滞留在乡村地域上的居民逐渐享受到现代城市文明的过程。在这一过程中，乡村地域的就业结构、人口居住地和居住方式、居民生活方式和价值观念都将发生深刻变化，并且城市将不断从乡村中产生，但是乡村城市化并非是

---

① 陈承明、施镇平：《中国特色城乡一体化探索》，吉林大学出版社 2010 年版，第 44—45 页。

要将所有乡村都建设为城市的'全城化'，形成'城市国家'，而是使乡村与城市居民在不同地域上共同继承、创造和平等分享人类共有的物质文明和精神文明，逐步地缩小并消灭乡村与城市之间的差别，达到乡村与城市的协同发展。2. 城市现代化。过去，我们对城市功能，只注意发挥其作为工业基地的作用，而不注重城市的商贸中心、金融中心、科技信息中心等多种功能的开发，造成城市工业片面发展，而城市中心功能载体。第三产业的发展则受到抑制，这就严重削弱了城市应有的中心作用。与此相对应，城市与区域（此处指乡村）的关系仅仅是'城乡共生关系'，即乡村向城市提供粮食、副食品和工业原料，中心城市向周围乡村提供工业制品和其他服务。这种共生关系加强了我国城乡二元结构，造成了乡村城市化滞后、城市现代化受阻和乡村日益贫困化，城市与乡村的比较优势均未得到充分发挥。城乡两个子系统在各自封闭的状态下维持着低效率增长。外部动力包括：1. 改革开放政策。改革开放政策作为我国城乡一体化的外部动力之一，将影响我国城乡一体化进程的始终。2. 外资的引进。引进外资则成为解决我国城乡一体化发展资金不足问题的有效方式。"① 甄峰认为："城镇化的动力机制是城市化和农业产业化。城乡一体化是城乡两大系统发展的一种社会、经济、生态过程，同时又是这一过程的战略目标。在分析城乡关系问题上，有学者认为，城市化的滞后是中国城乡经济难以协调发展的症结所在，并由此导出了通过重新发动城市化来解决城乡发展问题。还有一些学者主张靠农村工业化来解决城乡问题。事实上，农村的发展不能单靠城市化的辐射（某种程度上会拉大城乡差距），也不能盲目推行农村工业化，造成生态环境的破坏。实现城乡协调发展必须两头启动，依靠城市化和农业产业化加以推进，这就是城乡一体化的动力所在。"② 石忆邵和何书金认为："城乡一体化的动力是大城市的向心力和离心力，中心城市向心力和离心力的非均衡运动，产生了极化效应和扩散效应；在城市发展的初中期以向心力为主，在城市发展的中后期以离心力为主。"③ 胡金林认为："城乡一体化发展的动力因素有三个方面，分别是内

---

① 杨荣南：《关于城乡一体化的几个问题》，《城市规划》1997 年第 5 期。

② 甄峰：《城乡一体化理论及其规划探讨》，《城市规划汇刊》1998 年第 6 期。

③ 石忆邵、何书金：《城乡一体化探论》，《城市规划》1997 年第 5 期。

部动力因素、外部动力因素、环境动力因素。内部动力因素是指区域内部能够促进城乡一体化发展的若干因素；外部动力因素是指来自区域外部促进城乡一体化发展的若干因素；环境动力因素是指促进城乡一体化发展的若干外部环境因素。"① 由此可见，已有的研究成果从各个角度对我国城乡一体化的动力进行了研究，为城乡一体化相关政策的制定提供了重要的借鉴。

（三）城乡一体化的模式

我国地域广阔，各地之间的城乡差别各异，不能千篇一律地推进城乡一体化，应该根据各地的实际情况，采取不同的模式稳步推进。国内学者对我国城乡一体化的推进模式也做了系统研究。马晓强和梁肖羽认为："国外城乡一体化模式有五类：（1）英美模式。其工业化和城市化有四个重要特征：第一，工业化早期农村地权的剧烈变动，土地由地主、自耕农向资本主义的大土地所有者、经营者转移，农业经营由小农经济向雇佣制规模经营转化。第二，城市工业发展迅猛，农村无地的剩余劳动力被迫向城市无序转移，导致早期大城市人口的畸形膨胀，城市污染严重。第三，早期城市化的单一市场经济体制以及由此带来的漫长性和痛苦性。第四，'二战'后，受凯恩斯理论的影响，资本主义政府对城市人口的社会保障，城市工业对农业反哺以及政府对农业、农民的保护、城市规划及环境污染治理，既是城乡经济发展的结果，同时又缓和了城乡关系和阶级矛盾。（2）东亚模式。东亚选择了'政府主导型的市场经济模式'，这是对英法（早期发达资本主义国家）日、德（晚期发达国家）工业化模式、苏联工业化模式的扬弃和发展，同时又是出于'赶超'战略的需要。（3）欧盟模式。欧盟城乡一体化模式主要特征是从欧盟层面来推动，加快欠发达地区，尤其是欠发达国家的发展，实现欧盟区域内经济社会发展的一体化。（4）苏联模式。农村的集体农庄制；城市企业的国有制和公有制；指令性计划经济体制；为筹集工业化资金对农业低价格高征购和征收各种赋税；优先发展重工业，置轻工业、农业于从属地位；经济布局分散，力求'大而全'、'小而全'。（5）拉美模式。拉美土地分配极不公平，缺

① 胡金林：《我国城乡一体化发展的动力机制研究》，《农村经济》2009年第12期。

乏土地和农村的贫困，推动农民向城市被迫流动，而城市现代化部门创造就业机会的能力非常有限，从而造成了'过度城市化'。乡村贫困与城市贫困并存，有人把这种城市化称为'维持生存的城市化'。国内城乡一体化的模式有三种：（1）上海模式。其特点为先是郊区农村企业发展，人力资源就地培养和当地消化，再到城市产业外迁辐射，实现城乡差距缩小化。（2）温苏模式。温苏模式包括温州模式和苏南模式。'温州模式'是在农村实行联产承包责任制的基础上，以个体私营经济为主要内容，以家庭和联户经营的民办工业和专业市场、农民购销员和民间信贷相结合为特点的发展农村商品经济的致富之路，也是一种以家庭为基础、以市场为导向、以小城镇为依托、以农村能人为骨干的一种新型家庭经济和市场体系相结合的农村社会经济发展模式。苏南模式是以昆山等一批苏南县（市）为典型、以产权结构多元化、区域经济国际化、农村工业新型化、城乡统筹一体化、社会发展和谐化为特征的区域社会经济发展模式。（3）成渝模式。其突出特点是地方政府强力推进，中央政府给予支持，从内容上也凸显了城乡经济社会一体化，实现包括加快农村发展和提高基层管理，实现社会公平正义、确保资源环境永续利用以及建设社会主义新农村等内容在内的综合改进。"① 鲁长亮和唐兰对国内外城乡一体化模式进行了总结，他们认为："国内城乡一体化模式有四种：（1）珠江三角洲'以城带乡'的城乡一体化发展模式；（2）上海'城乡统筹规划'的城乡一体化发展模式；（3）北京'工农协作，城乡结合'的城乡一体化发展模式；（4）以乡镇企业发展带动城乡一体化发展的苏南模式。国外城乡一体化建设模式有五种：（1）城市工业导向模式；（2）小城镇发展模式；（3）地域空间单元模式；（4）农村综合发展模式；（5）佩布模式。"② 王桂平总结了我国城乡一体化的五种模式："上海的'城乡统筹规划模式'、嘉兴的'整体推进'模式、义乌的'以城促乡'模式、珠三角的'以城带乡'

---

① 马晓强、梁肖宇：《国内外城乡社会经济一体化模式的评价和借鉴》，《福建论坛》2012 年第 2 期。

② 鲁长亮、唐兰：《城乡一体化建设模式与策略研究》，《安徽农业科学》2010 年第 3 期。

模式以及苏南的'以乡镇企业带动城乡一体化'模式"。[①]

三 城乡一体化的意义

城乡一体化发展战略是我国城乡社会经济发展到一定历史阶段的必然选择，城乡一体化发展也是解决我国"二元"经济结构，促进城乡社会经济协调发展的重要途径，实施城乡一体化战略，具有以下意义。

（一）城乡一体化可以破解"二元"经济结构

国内外对"二元"经济结构已有众多的研究，这些研究成果表明，城乡"二元"经济结构的形成是大多数发展中国家所必经的阶段，但是其发展到一定程度会制约整个社会经济的发展。从"二元"经济结构的形成来看，其根源在于城乡产业结构的差异，城市以第二、三产业发展为主，而第二、三产业本身具有相比农业较高的收益，因此各种要素不可避免地向第二、三产业流动，从而制约第一产业的发展。从我国的"二元"经济结构形成来看，除了城乡产业结构的影响外，我国的城市偏向战略是其又一重要原因。新中国成立初期，我国采取的城市偏向发展战略促进了我国工业的迅速发展，同时也促进了城市经济的快速发展。但是，在促进城市发展的同时制定了一系列的相关配套制度，如户籍制度、医疗制度、教育制度、各种福利制度等，这些制度在保障城市发展的同时也造成了城乡差距的扩大。这种差距不仅仅体现在收入上，收入之外的差距也越来越明显，这些差距已经成为制约我国社会经济发展的重要因素。因此，通过实施城乡一体化发展战略，一方面缩小城乡差距，另一方面促进城乡协调发展。

城乡一体化发展不是城乡"相同化"，而是通过相应的制度变迁使城乡协调，破解"二元"经济结构。城乡一体化首先可以破解城乡差别制度。要通过改变现有的制度安排，实现城乡制度协调。长期以来形成的城乡差别的制度是造成城乡"二元"结构的重要原因，例如户籍制度等，因此在城乡一体化过程中首先要消除这些不合理的制度安排，构建城乡协调的新制度，为破解"二元"经济结构奠定制度基础。其次，城乡一体

---

① 王桂平：《东西部城乡一体化水平 比较研究以陕西省和浙江省为例》，硕士学位论文，西北大学 2008 年。

化可以消除城乡差别的各种保障和福利制度。城乡差别的社会保障和福利制度是当前我国城乡"二元"经济结构的重要组成部分，这种差别导致大量的要素流入城市，制约了农村的发展。通过城乡一体化发展，可以消除各种社会保障和福利制度的差别，使各种要素在城乡之间合理流动，进而破解"二元"经济结构。再次，城乡一体化可以提高农村社会发育程度。由于历史的原因和现实的发展，造成农村社会发育程度低，这是城乡"二元"经济结构的又一体现。较低的社会发育程度导致城乡之间的社会差异、文明差异、习惯差异等。通过城乡一体化发展，可以消除这些差异，促进城乡协调发展。最后，城乡一体化可以增加农村就业机会，促进农村发展。当前农村剩余劳动力的就业主要是在城市，因此造成了农村"空心化"，这制约了农村社会经济的发展，通过城乡一体化发展，可以促进农村工业的发展，农村剩余劳动力实现就地转移，从而促进农村的发展，破解"二元"经济结构。

（二）城乡一体化是解决"三农"问题的重要途径

"三农"问题是我国农村普遍存在的问题，也是制约农村社会经济发展的重要因素。虽然中央把解决"三农"问题当作政府工作的重中之重，但是"三农"问题的根本解决除了中央政策的支持外，城乡一体化发展是重要途径。首先，城乡一体化发展可以促进农业发展。当前我国的农业发展特别是落后地区农业发展仍然是以传统农业为主，没有融入市场经济发展中来，这样的农业主要表现为比较收益低、以解决温饱为主要目标，无法增加农民收入。通过城乡一体化，将农业融入整个市场经济中来，提高农业生产的比较收益，进而促进农业的发展。其次，城乡一体化发展可以促进农村发展。城乡一体化的一个重要方面就是要促进农村的发展，当前我国很多农村各种基础设施建设落后、文化建设滞后，这些制约了农村的发展，而城乡一体化发展可以改善农村基础设施、加强农村文化建设等，进而促进农村发展。再次，城乡一体化可以改善农民的境况。由于农业比较收益低、农村发展滞后等原因，农民的收入、社会保障、各种福利、医疗卫生等都相对落后，通过城乡一体化发展，可以建立城乡协调的各种保障制度，促进农业、农村的发展，进而改善农民的境况。

（三）城乡一体化是扩大内需的重要途径

我国经济的发展在很长时期内是依靠投资和外贸，但是近年来的国际经济形势不容乐观，制约了我国外贸的进一步增长，进而制约了我国经济的发展。城乡一体化发展可以扩大内需，促进我国经济增长。农村是一个巨大的市场，但是当前农村由于种种制约因素，这个市场尚未开发。首先，城乡一体化可以促进农村基础设施建设，扩大农村市场。城乡一体化发展的一个重要方面就是促进农村基础设施的发展，农村道路、通信、医疗卫生、文体娱乐等各种基础设施的建设需要相应的投入，这些投入会形成一个巨大的市场，这对扩大内需、促进经济发展具有积极的促进作用。其次，城乡一体化可以增加农民收入，扩大农村市场。城乡一体化发展可以促进农业发展、增加农民收入。城乡一体化发展使农业发展融入到整个社会经济发展体系中来，增加农业生产收入，进而增加农民收入；城乡一体化发展可以改善农民的就业条件，特别是增加农闲时的就业机会，进而增加农民收入；随着农民收入的增加，农民消费也会增加，进而扩大农村消费市场，促进经济增长。

（四）城乡一体化可以促进区域协调发展

区域发展非均衡是当前我国社会经济发展过程中的重要特征，也是制约经济协调发展的重要因素。这种非均衡一方面体现为东部、中部、西部三大区域的非均衡。东部、中部和西部三大区域的非均衡表现在东部相对发达、中部次之、西部落后，这种区域发展差异不仅制约了落后地区的发展，同时也制约了发达地区的发展，因为区域之间不能形成一种良性循环。另一方面表现为城乡非均衡发展。城乡区域差异是普遍存在的问题，这种差异制约了城市的发展。城市和农村是一个有机整体，二者之间是相互促进、相互协调的。但是，由于城乡非均衡发展使城乡的协调关系难以实现，农村成为城镇的附属物，没有形成良好的互动关系，这不仅造成农村的落后，同时也制约了城市的发展。通过城乡一体化发展，可以促进农村的发展，随着农村的发展使城市和农村成为一个有机整体，进而促进城市的发展。

第二节　西北民族地区城乡一体化评价

一　西北民族地区城乡一体化评价简述

对于城乡一体化评价，当前还未形成公认的评价方法。纵观已有的研究成果，大多数采用了复合指标体系评价方法，这主要是基于城乡一体化内容的复杂性和我国的区域差异性。具有代表性的有：杨荣南指出，城乡融合应该包括以下几个方面：城乡政治融合、城乡经济融合、城乡人口融合、城乡生态融合、城乡空间融合和城乡文化融合。[1] 曹志刚等运用因子分析法对河南省的城乡一体化进行了评价，构建了 8 个准则层，即经济发展一体化、社会发展一体化、产业结构一体化、城市空间发展一体化、政策制度一体化、城乡发展一体化、生态发展一体化、文化发展一体化，在 8 个准则层下选择了 20 个单项指标进行评价。[2] 刘伟、张士运采用模糊综合评价法构建了城乡一体化的 5 个评价指标，即城乡功能一体化、城乡基础设施一体化、城乡政府服务一体化、城乡产业一体化、城乡居民一体化，选取了 15 个二级指标和 22 个三级指标。[3] 焦必方等从城乡经济融合、城乡生活融合、城乡医疗教育融合 3 个方面 10 个指标对城乡一体化进行了评价。[4] 由此可见，已有的研究成果对城乡一体化评价的侧重点不同，因此选取的指标也不同，对城乡一体化的评价应该根据实际需要合理选择相应的指标体系。

---

[1]　杨荣南：《城乡一体化及其评价指标体系初探》，《城市研究》1997 年第 2 期。

[2]　曹志刚、吴国玺、隋晓丽：《河南省城乡一体化发展综合评价及对策研究》，《晋中学院学报》2009 年第 8 期。

[3]　刘伟、张士运：《北京城乡经济社会一体化进程评价定量化研究》，《生态经济》2009 年第 8 期。

[4]　焦必方、林娣、彭婧妮：《城乡一体化评价体系的全新构建及其应用》，《复旦学报》（社会科学版）2011 年第 4 期。

二 西北民族地区城乡一体化指标体系构建

（一）西北民族地区城乡一体化评价指标体系构建原则

城乡一体化涉及内容众多。根据西北民族地区城乡一体化的特点和研究目标，主要从人口城乡一体化、经济城乡一体化、社会城乡一体化、环境城乡一体化四个方面对西北民族地区城乡一体化进行评价。

对西北民族地区城乡一体化评价指标的选择不仅能够反映城乡一体化的水平，同时也要反映城乡一体化的问题，使其评价结果具有一定的指导意义。因此，在指标选择过程中遵循以下原则。

1. 科学性原则

对于城乡一体化发展水平评价指标的选择，应该遵循科学性原则。所谓科学性原则，应该包括以下几个方面：第一，指标能够准确反映城乡一体化状况。城乡一体化内容广泛，但是又不可能选取所有的指标来评价，因此只能选择那些具有代表性的指标进行评价，这就要求选择指标具有科学性。只有科学选取指标才能通过有限的指标基本反映城乡一体化的水平。第二，指标能够体现城乡一体化评价的目的性。城乡一体化水平评价的目的是通过对现状的评价发现存在的问题，为今后的发展提供借鉴，因此在指标选取时应该具有一定的目的性，能够为今后的发展提供借鉴。

2. 系统性原则

城乡一体化是一个复杂的系统，这个系统是由众多的指标体系构成的，每一个指标都在一定程度上反映城乡一体化水平。因此，在指标选择过程中应该遵循系统性原则。第一，指标体系能够反映城乡一体化的各个子系统。城乡一体化是一个复杂的系统，它又是由不同的子系统所组成，因此在指标选取过程中，应该使选取的指标能够反映城乡一体化的各个子系统。第二，指标选取具有层次性。城乡一体化的系统性决定了各指标具有层次性，因此在指标选取时注意指标的层次性，使选取的指标能够反映出城乡一体化的不同层次。

3. 数据可得性原则

城乡一体化水平评价是一种客观评价，评价结果是通过数据说明问题的，因此在指标选择过程中应该遵循数据可得性原则。数据可得性即选取的指标应该能够得到相应的统计数据。虽然城乡一体化内容广泛，但是有些指标的数据无法获得，这样的指标无法进行相关评价，所以在指标选取时应该选择那些既能反映城乡一体化水平、同时数据又具有可得性的指标。

4. 可比性原则

城乡一体化水平评价是一种相对评价，也就是在一定的参照下的评价，选取的指标应该具有可比性。因此，在指标选择时应该考虑指标能够进行比较，既包括指标的横向比较、也包括指标的纵向比较。在本研究中，对城乡一体化中人口一体化、经济一体化、社会一体化、环境一体化等各个方面进行比较，保障研究结果的可行性与科学性。

（二）西北民族地区城乡一体化评价指标体系构建

根据西北民族地区城乡一体化评价指标选取的原则和评价目标，构建了西北民族地区城乡一体化指标体系，该指标体系共分为4大类8个指标。

表4—1　　　　　　　　西北民族地区城乡一体化指标体系

二级指标	三级指标	指标权重
人口城乡一体化	城镇人口比重	0.637
（0.253）	城市人口密度	0.363
经济城乡一体化	城乡居民收入比	0.594
（0.268）	第二、三产业产值比重	0.406
社会城乡一体化	每十万人口高等学校在校人口数	0.498
（0.241）	万人拥有公交车辆数	0.502
环境城乡一体化	人均公园绿地面积	0.501
（0.238）	一般工业废弃物综合利用率	0.499

城镇人口比重：该指标通常用来表征一个地区的城镇化率，它是利用城镇人口与地区总人口相比所得。城镇人口比重越高，说明该地区城镇化水平越高，城乡一体化水平越高。

城市人口密度：指建成区每平方公里的人口数，城市人口密度越高，说明该地区城市土地集约利用水平越高，同时也说明该城市吸纳人口的能力较高，城乡一体化水平也较高。

城乡居民收入比：是用城镇居民可支配收入与农村居民人均纯收入相比，它可以反映一个地区的城乡居民收入差异。城乡居民收入比越大，说明城乡居民收入差距越大，城乡一体化水平越低；反之，城乡居民收入比越小，说明城乡居民收入差距越小，城乡一体化水平越高。

第二、三产业产值比重：第二、三产业产值占地区生产总值的比重说明了一个地区第二、三产业的发展程度，同时也表明这个地区产业结构状况。第二、三产业产值比重越高，说明该地区产业结构水平越高，那么第二、三产业的发展可以带动第一产业的发展，从而促进城乡一体化的发展。

每十万人口高等学校在校人口数：该指标反映了一个地区的高等教育发展水平。每十万人口中高等学校在校人口数越高，说明该地区高等教育水平越高；同时，该指标也表明了该地区城乡一体化中的人力资本水平，说明该地区城乡一体化的人力资本水平越高，进而表明该地区城乡一体化中的社会事业发展水平。

万人拥有公交车数量：该指标反映了一个地区基本公共服务的发展程度。该指标越高，说明该地区基本公共服务水平越高；反之，则说明基本公共服务水平越低。该指标同时能够体现一个地区城乡一体化的基本公共服务水平。

人均公园绿地面积：该指标反映了一个城市的绿化状况。该指标越高，说明该地区绿化水平越高，生活环境越好；反之，则说明该城市的生活环境越差。城乡一体化过程中，要改善城市生活环境，这是其中的一个重要内容，因此该指标可以反映一个地区城乡一体化中的环境一体化水平。

一般工业废弃物综合利用率：该指标说明一个地区对一般工业废弃物的利用程度。该指标越高，说明该地区对工业废弃物的利用水平越高，环境保护水平也越高；反之，则说明该地区对工业废弃物的利用水平越低，环境保护水平也越低。通过该指标可以反映一个地区城乡一体化过程中的生态环境状况。

三　西北民族地区城乡一体化水平评价

（一）指标权重的确定

在进行各种水平评价时，需要对指标权重进行确定。指标权重的确定方法众多，由于对城乡一体化水平评价只是进行相对比较，同时涉及内容众多，因此选用了层次分析法。

层析分析法虽然是一种主观赋权法，但是它能够反映各专家对不同因素对城乡一体化影响的看法。为了全面评价各指标对城乡一体化的影响程度差异，在选择专家时充分考虑关注重点差异，选择政府领导和专家学者作为打分专家，以此为基础计算各指标权重。

构造判断矩阵。层次结构反映了因素之间的关系，但准则层中的各准则在目标衡量中所占的比重并不一定相同。在决策者的心目中，它们各占有一定的比例，但是这个比例存在差异。设现在要比较 n 个因子 $X = (X_1, X_2, \cdots, X_n)$ 对某因素 Z 的影响大小，怎样比较才能提供可信的数据呢？Saaty 等人建议可以采取对因子进行两两比较建立成对比较矩阵的办法。即每次取两个因子 x_i 和 x_j，以 a_{ij} 表示 x_i 和 x_j 对 Z 的影响大小之比，全部比较结果用矩阵 $A = (a_{ij})_{n \times n}$ 表示，称 A 为 $Z - X$ 之间的成对比较判断矩阵（简称判断矩阵）。关于如何确定 a_{ij} 的值，Saaty 等建议引用数字1—9及其倒数作为标度（见表4—2）。

表4—2　　　　　　　　　　　　　　1—9 级标度法

标度	定义
1	表示两个因素相比，具有同等重要性
3	表示两个因素相比，一个比另一个稍重要
5	表示两个因素相比，一个比另一个明显重要
7	表示两个因素相比，一个比另一个强烈重要
9	表示两个因素相比，一个比另一个极端重要
2，4，6，8	上述两个相邻判断的中值
倒数	若因素 i 与因素 j 的重要性之比为 a_{ij}，那么因素 j 与因素 i 重要性之比为 $a_{ji} = \dfrac{1}{a_{ij}}$

根据以上评价标准，可以建立下一层对上一层的判断矩阵。假设判断矩阵为 H，则 $HW = \lambda W$，其中：λ 为特征根，W 为特征向量。解出 max (λ) 和对应的 W，将特征向量归一化处理就得到下一层对上一层相对重

要性的权重值。

在建立判断矩阵过程中，打分涉及各个参与者的主观判断，可能会出现不一致。为了保证分析的有效性，AHP 模型要求进行一致性检验。为了衡量判断矩阵 H 的一致性，Saaty 建立了检验判断矩阵的一致性指标 CI（consistent index）：$CI = \dfrac{\lambda_{\max} - n}{n - 1}$

显然，$\lambda_{\max} = n$ 时，$CI = 0$，判断矩阵完全一致；CI 值越大，判断矩阵的一致性越差。

但影响一致性的因素除了人的判断外，还受到两两比较比例标度的影响。这使对不同阶数的矩阵，CI 的可接受值也不同。为此，Saaty 引入判断矩阵的平均随机一致性指标 RI（表4—3）来修正 CI 的值，修正后的值 CR 为：

$$CR = \frac{CI}{RI} \times 100\%$$

表4—3　　　　　　　　　　平均随机一致性指标 RI

n	1	2	3	4	5	6	7	8	9	…
RI	0.00	0.00	0.58	0.90	1.12	1.24	1.32	1.41	1.45	…

一般来说，对于 $n \geq 3$ 阶的判断矩阵，当 $CR \leq 0.1$ 时，判断矩阵具有可接受的一致性；当 $CR > 0.1$ 时，判断矩阵偏离一致性程度较大，必须对判断矩阵进行调整，直到取得满意的一致性为止。然后计算各项指标得分。

（二）城乡一体化水平评价

对西北民族地区城乡一体化水平评价，主要是为了说明西北民族地区城乡一体化水平中存在的问题。由于该评价是一种相对评价，因此选择了全国和其他西部省（区、市）作为参照。

1. 数据来源

对西北民族地区城乡一体化水平评价的原始数据来源于《中国统计年鉴 2005—2014》，按照表 4—4 所述指标选取数据。

表4—4　　　　西北民族地区城乡一体化水平评价指标原始数据

地区	城镇人口比重	城市人口密度	城乡居民收入比	第二、三产业产值比重	每十万人口高等学校在校人口数	万人拥有公交车辆数	人均公园绿地面积	一般工业废弃物综合利用率
全国	53.73	2362	3.03	90	2418	12.78	12.64	62.84
内蒙古	58.71	1059	2.97	90.5	2137	8.57	16.9	49.72
广西	44.81	1543	3.43	64	1939	9.42	11.48	70.68
重庆	58.34	1847	3.03	92	2894	11.57	18.04	85.25
四川	44.9	2900	2.83	87	2140	14.59	11.21	41.27
贵州	37.83	3406	3.80	87.1	1535	9.6	11.41	50.77
云南	40.48	2415	3.78	83.8	1662	11.61	10.56	52.46
西藏	23.71	1820	3.04	89.3	1528	7.7	9.04	1.52
陕西	51.31	5541	3.52	90.5	3612	16.27	11.77	63.52
甘肃	40.13	3916	3.71	86	2193	10.36	11.76	55.86
青海	48.51	2924	3.15	90.1	1162	14.47	9.66	54.92
宁夏	52.01	1253	3.15	91.3	2195	13.19	17.51	73.18
新疆	44.47	4361	2.72	82.4	1681	14.35	10.08	51.86

资料来源:《中国统计年鉴2014》。

2. 数据标准化

由于指标各自测量的标准不同,所以它们在量纲上存在极大的差异,这种差异导致所得到的数据不能直接用于计算,必须对这些数据进行无量纲化处理。为了使城镇综合承载力水平能够分布在0—1之间,采用下列处理方法。

最小值指标:$\min_{ij} = x'$,$x' = 0$

最大值指标:$\operatorname{man}_{ij} = x'$,$x' = 1$

中间值的指标:中间值指标又分为正向指标和逆向指标,具体标准化方法如下:

正向指标采用半升梯形模糊隶属度函数进行量化,即:

$$x'_{ij} = \frac{x_{ij} - \min x_{ij}}{\max x_{ij} - \min_{ij}}$$

逆向指标采用半降梯形模糊隶属度函数进行量化,即:

$$x'_{ij} = \frac{\max x_{ij} - x_{ij}}{\max x_{ij} - \min_{ij}}$$

按照上述标准化方法，对表4—4 的数据进行标准化，得表4—5。

表4—5   2013 年西北民族地区城乡一体化评价指标数据标准化

地区	城镇人口比重	城市人口密度	城乡居民收入比	第二、三产业产值比重	每十万人口高等学校在校人口数	万人拥有公交车辆数	人均公园绿地面积	一般工业废弃物综合利用率
全国	0.8577	0.2907	0.7163	0.9286	0.5127	0.5928	0.4000	0.7323
内蒙古	1.0000	0.0000	0.7754	0.9464	0.3980	0.1015	0.8733	0.5757
广西	0.6029	0.1080	0.3441	0.0000	0.3171	0.2007	0.2711	0.8260
重庆	0.9894	0.1758	0.7196	1.0000	0.7069	0.4516	1.0000	1.0000
四川	0.6054	0.4108	0.8988	0.8214	0.3992	0.8040	0.2411	0.4747
贵州	0.4034	0.5237	0.0000	0.8250	0.1522	0.2217	0.2633	0.5882
云南	0.4791	0.3025	0.0183	0.7071	0.2041	0.4562	0.1689	0.6083
西藏	0.0000	0.1698	0.7035	0.9036	0.1494	0.0000	0.0000	0.0000
陕西	0.7886	1.0000	0.2668	0.9464	1.0000	1.0000	0.3033	0.7405
甘肃	0.4691	0.6374	0.0837	0.7857	0.4208	0.3104	0.3022	0.6490
青海	0.7086	0.4161	0.6082	0.9321	0.0000	0.7900	0.0689	0.6378
宁夏	0.8086	0.0433	0.6051	0.9750	0.4216	0.6406	0.9411	0.8558
新疆	0.5931	0.7367	1.0000	0.6571	0.2118	0.7760	0.1156	0.6013

3. 对各指标进行赋权

根据表4—1 计算的各指标的权重，对表4—5 的指标进行赋权，结果见表4—6。

表4—6   2013 年西北民族地区城乡一体化评价指标数据赋权

地区	城镇人口比重	城市人口密度	城乡居民收入比	第二、三产业产值比重	每十万人口高等学校在校人口数	万人拥有公交车辆数	人均公园绿地面积	一般工业废弃物综合利用率
全国	0.1382	0.0267	0.1140	0.1010	0.0615	0.0717	0.0477	0.0870
内蒙古	0.1612	0.0000	0.1234	0.1030	0.0478	0.0123	0.1041	0.0684

	城镇人口比重	城市人口密度	城乡居民收入比	第二、三产业产值比重	每十万人口高等学校在校人口数	万人拥有公交车辆数	人均公园绿地面积	一般工业废弃物综合利用率
广西	0.0972	0.0099	0.0548	0.0000	0.0381	0.0243	0.0323	0.0981
重庆	0.1595	0.0161	0.1146	0.1088	0.0848	0.0546	0.1192	0.1188
四川	0.0976	0.0377	0.1431	0.0894	0.0479	0.0973	0.0287	0.0564
贵州	0.0650	0.0481	0.0000	0.0898	0.0183	0.0268	0.0314	0.0699
云南	0.0772	0.0278	0.0029	0.0769	0.0245	0.0552	0.0201	0.0722
西藏	0.0000	0.0156	0.1120	0.0983	0.0179	0.0000	0.0000	0.0000
陕西	0.1271	0.0918	0.0425	0.1030	0.1200	0.1210	0.0362	0.0879
甘肃	0.0756	0.0585	0.0133	0.0855	0.0505	0.0376	0.0360	0.0771
青海	0.1142	0.0382	0.0968	0.1014	0.0000	0.0956	0.0082	0.0757
宁夏	0.1303	0.0040	0.0963	0.1061	0.0506	0.0775	0.1122	0.1016
新疆	0.0956	0.0677	0.1592	0.0715	0.0254	0.0939	0.0138	0.0714

4. 计算城乡一体化水平（见表4—7）

表4—7　　　　　2013年西北民族地区城乡一体化水平

地区	人口城乡一体化水平	经济城乡一体化水平	社会城乡一体化水平	环境城乡一体化水平	城乡一体化综合水平
全国	0.1649	0.2151	0.1332	0.1347	0.6479
内蒙古	0.1612	0.2264	0.0600	0.1725	0.6201
广西	0.1071	0.0548	0.0623	0.1304	0.3546
重庆	0.1756	0.2234	0.1395	0.2380	0.7765
四川	0.1353	0.2325	0.1452	0.0851	0.5981
贵州	0.1131	0.0898	0.0451	0.1013	0.3492
云南	0.1050	0.0799	0.0797	0.0924	0.3569
西藏	0.0156	0.2103	0.0179	0.0000	0.2438
陕西	0.2189	0.1455	0.2410	0.1241	0.7295
甘肃	0.1341	0.0988	0.0881	0.1131	0.4341
青海	0.1524	0.1982	0.0956	0.0840	0.5302

续表

地区	人口城乡一体化水平	经济城乡一体化水平	社会城乡一体化水平	环境城乡一体化水平	城乡一体化综合水平
宁夏	0.1343	0.2024	0.1281	0.2139	0.6787
新疆	0.1633	0.2307	0.1193	0.0852	0.5984

5. 计算历年西北民族地区城乡一体化水平

按照以上的计算方法，计算 2004—2013 年西北民族地区城乡一体化水平，计算结果见表4—8。

表 4—8　　　2004—2013 年西北民族地区城乡一体化水平评价结果

地区	2013 年	2012 年	2011 年	2010 年	2009 年
全国	0.6479	0.6196	0.6357	0.6207	0.6436
内蒙古	0.6201	0.5783	0.5936	0.5956	0.6086
广西	0.3546	0.3590	0.3433	0.4247	0.3492
重庆	0.7765	0.7419	0.7388	0.6970	0.6468
四川	0.5981	0.5323	0.5380	0.5507	0.5289
贵州	0.3492	0.2869	0.2736	0.2557	0.2143
云南	0.3569	0.3096	0.3164	0.3416	0.2813
西藏	0.2438	0.2321	0.2382	0.2146	0.2203
陕西	0.7295	0.7042	0.710893	0.6677	0.6403
甘肃	0.4341	0.3717	0.3642	0.4104	0.3347
青海	0.5302	0.5425	0.5599	0.4508	0.4993
宁夏	0.6787	0.6432	0.6307	0.6120	0.6343
新疆	0.5984	0.5166	0.5386	0.5363	0.5133
地区	2008 年	2007 年	2006 年	2005 年	2004 年
全国	0.6853	0.6691	0.6505	0.6338	0.6236
内蒙古	0.6124	0.6159	0.6244	0.6033	0.5973
广西	0.3589	0.3667	0.3637	0.3695	0.3563
重庆	0.6457	0.5911	0.5495	0.5782	0.5383
四川	0.5323	0.4658	0.4720	0.5252	0.4963
贵州	0.1992	0.1377	0.2573	0.2327	0.2065

地区	2013 年	2012 年	2011 年	2010 年	2009 年
云南	0.2945	0.2610	0.2199	0.2733	0.2353
西藏	0.1806	0.2432	0.3120	0.2151	0.1906
陕西	0.5903	0.5702	0.5433	0.4712	0.4932
甘肃	0.3378	0.2724	0.3161	0.4063	0.3659
青海	0.4897	0.4807	0.4698	0.4882	0.4782
宁夏	0.5683	0.5685	0.5783	0.4875	0.5930
新疆	0.5533	0.5671	0.5275	0.6019	0.5833

从表 4—7 可以看出，2013 年全国城乡一体化相对水平为 0.6479，西北民族地区只有宁夏超过全国相对水平。西北民族地区其他省（区、市）的城乡一体化水平均低于全国平均水平。这表明，西北民族地区的城乡一体化水平较低。甘肃、青海和新疆的城乡一体化水平分别为 0.4341、0.5302 和 0.5984，远远低于全国相对水平。

从表 4—8 可以看出，2004—2013 年西北民族地区城乡一体化相对水平较低，只有宁夏 2012 年和 2013 年两年的城乡一体化相对水平达到了全国平均水平，其他省（区、市）均低于全国平均水平。

四　促进西北民族地区城乡一体化发展的建议

西北民族地区城乡一体化水平较低，制约了西北民族地区城乡社会、经济的协调发展。因此，应该从以下几个方面促进西北民族地区城乡一体化发展。

（一）制定合理的城乡一体化规划

规划是行动的先导，制定合理的城乡一体化规划，可以促进城乡一体化的科学发展。西北民族地区具有自身的特殊性，因此应该从自身的实际出发制定合理的城乡一体化规划。西北民族地区的城乡一体化规划要充分考虑当前城镇的集聚效应较弱，特别是城镇产业发展相对滞后，对人口城镇化的承载能力有限；西北民族地区同时又是全国重要的生态屏障区，在城乡一体化过程中要充分考虑其生态功能，促进生态环境的发展；协调城乡产业发展，西北民族地区很多地区的第二产业以资源开发为主，与农业的关联度较小。因此，在城乡一体化规划中，应协调各产业的发展，形成产业之间的联动效应。

（二）促进农业现代化发展

农业现代化是城乡一体化发展的重要基础。当前西北民族地区农业发展相对滞后，没有与城镇第二、三产业形成相互促进的发展局面。因此，要促进西北民族地区农业现代化的发展，使其与城镇等二、三产业相互促进、相互协调。促进农业现代化发展，要从以下几方面努力：一是进行土地集约化经营。分散的农村土地经营方式制约了农业现代化的发展，特别是现代农业机械设备无法使用，因此应进行土地集约化经营，促进现代农业机械的使用，提高农业生产效率。二是解决农村剩余劳动力的转移问题。农村剩余劳动力转移是促进农业现代化的重要条件，只有将农村剩余劳动力转移出去，才能释放土地等其他生产要素，否则这些要素只能成为维持基本生活的要素。三是加强对农业现代化的支持。农业现代化发展离不开相关政策、资金、技术等的支持，因此要根据西北民族地区农牧业发展的特点，提供相应的支持，促进农业现代化发展，进而实现城乡一体化。

（三）加快相关制度的改革

城乡一体化发展离不开相关制度的配套改革，因此西北民族地区在促进城乡一体化发展过程中，应加快以下制度的改革。一是户籍制度。户籍制度制约城乡一体化发展已经非常明显，众多的专家学者做过该方面的研究。改革现行户籍制度，促进农村人口向城镇流动，促进农业转移人口市民化。但是户籍制度改革，不仅仅是改革城镇落后条件，更为重要的是改革相关的制度，如就业、教育、医疗等。二是改革农村土地制度。虽然对农村土地制度进行了一系列改革，但是土地对农户的基本功能尚未根本改革，因此应该结合西北民族地区实际，制定适合当地实际情况的土地改革制度，将土地的养老、就业等功能弱化，提高土地对城乡一体化促进功能。三是基本公共服务政策的改革。改革各类基本公共服务制度，促进城乡基本公共服务一体化发展，特别是农村基础设施建设、教育、医疗卫生等各类基本公共服务的政策，提高农村基本公共服务建设。

第三节　西北民族地区新型城镇化促进城乡一体化

新型城镇化与城乡一体化是相互促进、相互协调的发展过程，新型城镇化的发展同时会促进城乡一体化，二者在本质上具有很多的相同之处。因此，不能将新型城镇化与城乡一体化割裂开来，应该通过新型城镇化促进城乡一体化发展。

一　新型城镇化有助于实现城乡一体化

从新型城镇化的本质内涵中可以看出，新型城镇化的发展有助于促进城乡一体化。

（一）新型城镇化的核心是"人的城镇化"

新型城镇化是有别于传统城镇化的。在传统城镇化过程中，注重城镇人口数量的增加、空间的扩张、稀缺要素的集聚等，随着城镇化的发展，城乡二元经济结构进一步强化，城镇的城镇人口和流动人口之间的差距也开始凸显，这样的城镇化发展不仅不能促进城乡社会经济的协调发展，反而会制约其发展。因此，必须走新型城镇化道路，新型城镇化的"新"就新在以"人的城镇化为核心"，这应该包含以下几个方面：一是生产方式的城镇化。新型城镇化的发展首先要形成新的生产方式，即随着新型城镇化的发展，城镇第二、三产业的发展与农业的发展形成有机整体，城乡产业分工与协调是新型城镇化的重要内容。城镇化的发展要促进城镇第二、三产业的发展，但是这些第二、三产业的发展一方面要能够吸纳转移到城镇的农村人口，同时要能够带动农业的发展，进而改变农业生产方式。二是生活方式的转变。新型城镇化的发展要实现生活方式的转变，改善农村生活环境，建设环境优美新农村。因此，在新型城镇化发展过程中，不再是仅仅促进人口、产业等向城镇集聚，同时要促进农村的发展，改善农村基础设施、生活设施、环境条件等，使农村人口能够共享发展成果，改善他们的生活方式。三是社会文化的城镇化。新型城镇化的发展同时要促进农村社会文化的发展，使农村人口能够共享社会发展成果。在新型城镇化发展过程中，要将城镇文化和农村文化有机协调，进而促进农村社会文化的发展。四是社会权益的城镇化。新型城镇化的发展要促进农村居民社会权益的城镇化，即在新型城镇化过程中，要通过各项制度改革包括基础设施建设制度、养老制度、医疗制度、教育制度等，促进城乡各项基本公共服务制度的一体化，保障城乡居民享有同等的权益。由此可见，新型城镇化的核心和城乡一体化具有共同的目标。

（二）新型城镇化有助于促进城乡社会分工的协调

城镇化是社会分工发展到一定阶段的产物，城镇是农村经济集聚的一种形式，随着人口向城镇集聚的规模不断扩大，这些人口对相应的工业品的需求也在增加，这种需求的增加刺激了城镇工业的发展。随着在人口增加刺激下的城镇工业的发展，使城镇和农村的分工逐步形成。城镇工业的发展使城镇和农村的差异也逐步形成，因为城镇工业随着分工的进一步发展，其比较收益在逐步提高，使其获得了更多的发展优势；而农业一直处于传统农业发展阶段，其比较收益相对较低，导致更多的资本、技术等稀缺要素向城镇集聚，促进城镇工业发展的同时制约了农业的发展，城乡产业发展差异越来越大。新型城镇化的发展可以改变这种城乡产业发展的差异，促进城乡社会分工的协调发展。

新型城镇化的发展在促进城镇社会分工发展的同时可以带动农村的发展，这主要体现在以下几个方面。一是新型城镇化可以进一步促进城镇分工的发展。按照新古典经济学的分工理论，随着城镇人口的集聚，城镇分工和专业化进一步发展，分工和专业化的发展一方面使城镇的经济发展加快，分工和专业化的发展使城镇工业的发展水平进一步提高，促进了城镇经济的发展；另一方面随着分工和专业化的发展，城镇经济中交易成本在提高，当交易成本的提高超过了分工和专业化的发展带来的收益增加时，分工和专业化不再进行，这时城镇进入相对均衡阶段。这种均衡的形成主要是受到人口规模和其他资源禀赋的制约，而新兴城镇化的发展可以促进人口和其他要素向城镇集聚，同时使市场进一步向农村延伸，使市场规模扩大、要素增加，进一步促进城镇分开和专业化的发展，促进城乡经济的发展。二是新型城镇化可以促进农业的发展。新型城镇化的发展不仅是促进城镇的发展，同时也促进农村经济的发展。新型城镇化的发展促进城镇分工发展的同时也促进了城乡分工的发展，城镇第二、三产业的发展不是独立于农业的发展，而是与农业协调发展的。城镇第二、三产业的发展一方面可以为农业的发展提供技术等方面的支持，另一方面城镇第二、三产业的发展对农产品的需求增加，刺激农业进一步发展，进而促进城乡社会分工的协调发展。

（三）新型城镇化可以促进城乡统筹发展

城乡统筹是新型城镇化的一个重要目标，而城乡统筹发展是城乡一体化的重要途径。城乡统筹发展就是要更加注重农村的发展，解决好"三农"问题，坚决贯彻工业反哺农业、城市支持农村的方针，逐步改变城乡二元经济结构，逐步缩小城乡发展差距，实现农村经济社会全面发展，实行以城带乡、以工促农、城乡互动、协调发展，实现农业和农村经济的可持续发展。由此可见，城乡统筹发展主要是缩小城乡之间的发展差距，建立城乡一体化的发展体制机制。

城乡统筹发展通过以下几个方面统筹，实现城乡协调发展。一是城乡规划统筹。城乡规划统筹是城乡统筹发展的基础，在制定区域发展规划时，不能将城镇规划和农村规划相隔离开来，将农村发展规划纳入城镇发展规划中，将农村作为城镇发展的重要组成部分，这样才能将城乡发展作为一个整体，实现城乡统筹发展。二是城乡分配统筹。城乡分配统筹是缩小城乡差距的重要途径，当前差距不仅体现在收入差距上，除收入差距外，社保、医疗、教育等各种基本公共福利方面的差距更加明显，如果加上这些差距，城乡居民的差距会更大。因此，城乡统筹发展过程中，要加强城乡分配统筹。城乡分配统筹主要是指在各种公共资源分配过程中要城乡统筹兼顾，以此缩小城乡居民收入差距和其他差距。特别是加强二次分配的调节功能，通过二次分配加强资源配置向农村的倾斜，促进农村各种公共福利的发展，进而实现城乡统筹发展。三是城乡发展统筹。城乡发展统筹就是要将在城乡之间合理配置各种生产要素，促进城乡经济发展、社会发展、环境发展、文化发展等的全面统筹。城乡发展统筹是一种综合统筹发展，城乡经济统筹发展是城乡统筹发展的基础，只有城乡经济实现了统筹发展，才能为其他方面的发展奠定基础；城乡社会统筹发展是城乡统筹发展的重要内容；统筹城乡环境发展是建设城乡生态文明的基础，只有统筹城乡环境发展，才能为城乡发展提供良好的环境基础；统筹城乡文化发展是城乡统筹发展的又一重要内容，统筹城乡文化发展就是要建立城乡协调发展的文化环境，既要保留农耕文化、又要促进城镇文化的发展，使二者之间能够协调发展，共同推进城镇化发展。四是城乡制度统筹。城乡制度统筹就是要建立城乡公平发展的各种制度。在各种制度制定时要充分考虑城乡之间的差异，同时要保障城乡制度的公平，使各种制度能够充分促进城乡之间的协同发展。由此可见，新型城镇化促进城乡统筹发展就是要缩小城乡之间的各种差距，实现城乡基本公共服务的均等化、生活环境的均质化、基本权利的同质化等，形成工业反哺农业、城市带动农村，工农协调、城乡协调的新型发展路线，进而实现城乡一体化。

二 新型城镇化促进城乡一体化的途径

西北民族地区通过新型城镇化促进城乡一体化发展，要从西北民族地区的实际出发，从以下几个方面促进城乡一体化发展。

（一）拓宽城乡要素互动空间

新型城镇化发展过程中，要拓宽城乡要素互动空间，促进城乡各种要素的交流，实现城乡一体化发展。新型城镇化过程中，建立城乡要素互动的机制，主要包括以下几个方面：一是建立城乡人口流动机制。城乡人口流动机制要能够保障农村剩余劳动力向城镇无障碍流动，同时城镇对农村人口的流入具有吸引力，除了户籍制度改革外，还要促进城镇第二、三产业发展，使城镇能吸纳农村剩余劳动力。二是建立合理的农村土地产权制度。农村集体土地所有制下农户拥有经营权，西北民族地区农牧户对土地的经营仍然以传统经营为主，因此应该通过建立符合农牧区生产实际的农村土地制度，改变农村土地经营方式，实现土地规模化、集约化经营，能够与城镇化协调。三是建立城乡资本流动机制。资本对西北民族地区城乡发展都具有重要的意义，但是当前资本短缺是制约西北民族地区发展的重要因素。一方面要加大对农业生产资本的投入。转变农业生产方式、促进农业生产现代化发展离不开资本的投入，因此要通过多种途径增加对农业生产的投入，建立现代农业。另一方面要根据农业生产的季节性特点，促进农村资本向城镇的流动。农业生产具有明显的季节性，其对资本的需要也体现出季节性需求，因此可以根据这一特点，在农业生产不需要资金的时候鼓励资金向城镇流动，这样可以促进城乡资本流动，满足城乡资本需求。

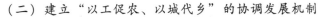

（二）建立"以工促农、以城代乡"的协调发展机制

新型城镇化的发展不仅是促进城镇的发展，同时要培育发展极，形成"以工促农、以城带乡"的协调发展机制。新型城镇化发展过程中，促进城镇产业结构的升级和新型产业的形成是其中的重要组成部分，但是产业结构升级和新型产业的形成要结合农村的实际，使这些产业在促进城镇经济发展的同时能够带动农业的发展。一是城镇产业发展与农业发展相协调。西北民族地区城镇产业的发展后改变传统的资源为主或者相对独立的城镇产业发展状况，要根据各地农业发展的特点，建立能够带动农业发展的相关产业，促进农业产业链的延伸。通过城镇产业发展形成增长极，吸纳各种农产品流入城镇相关产业，延长农业产业链，实现城镇产业与农业的协调发展。二是改变农业生产方式，实现农业生产与城镇相关产业发展相协调。传统的农业生产方式是以小规模、满足家庭需求为主的经营方式，城镇化的发展必须改变这种农业经营方式，建立农业生产与城镇相关产业发展的联动机制，根据城镇相关产业发展的需求，合理组织农业生产，真正实现农业为城镇产业提供原材料的功能，进而实现城乡产业协调发展。

（三）建立城乡社会协同治理机制

新型城镇化的发展对城乡社会治理提出新的要求，特别是随着城乡人口流动，对人口管理及由此派生的各种医疗、社会保障等相应的管理也变得更加复杂。因此，需要建立城乡社会协同治理机制，促进城乡一体化的发展。一是加强农村基层组织的建设。农村基层组织是新型城镇化过程中连接农村和城镇的重要节点，加强农村基层组织建设，提高基层组织的服务能力和服务水平，使其能够和城镇的社会治理协调，促进城乡社会治理一体化的实现。二是建立城乡社会协同治理的制度。社会治理具有一定的复杂性，而制度是保障城乡社会治理协同发展的基础，因此在新型城镇化过程中，要建立城乡社会协同治理的相关制度，主要包括流动人口管理制度、就业制度、短期社会保障制度、医疗报销制度等涉及农业转移人口切身利益的相关制度。三是加强农村社区建设。当前城镇社区建设相对完善，对新型城镇化过程中的社区管理起到了积极的促进作用，但是农村社区治理相对滞后，因此要加强农村社区治理，提高社区服务水平，实现城镇社区治理与农村社区治理的协同发展。

第五章

西北民族地区新型城镇化与生态补偿

第一节　新型城镇化与生态环境

《国家新型城镇化规划纲要（2014—2020年）》中明确指出，实行资源有偿使用制度和生态补偿制度。加快自然资源及其产品价格改革，全面反映市场供求、资源稀缺程度、生态环境损害成本和修复效益。制定并完善生态补偿方面的政策法规，切实加大生态补偿投入力度，扩大生态补偿范围，提高生态补偿标准。由此可见，新型城镇化与生态环境是密切相关的，新型城镇化的发展要与生态环境的建设和保护相协调。新型城镇化的发展会影响生态环境的发展，同时新型城镇化的发展对生态环境也提出了更高的要求。新型城镇化的发展使人口向城镇集聚，第二、三产业加速发展，这加剧了对生态环境的压力；随着新型城镇化的发展，要扩大城市生态空间，增加森林、湖泊、湿地面积，将农村废弃地、其他污染土地、工矿用地转化为生态用地，在城镇化地区合理建设绿色生态廊道。如果新型城镇化的速度超过了生态环境建设的速度，那么就会出现环境恶化、水资源短缺、空气污染加重等环境问题，这不仅制约了生态环境的发展，同时也会制约新型城镇化的发展，降低新型城镇化的质量，进而制约地区社会经济的发展。对西北民族地区来说，生态环境的建设更加重要，这些地区一方面生态环境脆弱，虽然多年来一直努力改善，但仍然没有从根本上改变，脆弱的生态环境是制约这些地区社会经济发展的重要因素；另一方面，西北民族地区作为全国重要的水源涵养区和生态功能区，这些地区生态环境的保护和建设不仅影响当地社会经济的发展，同时对全国的生态环

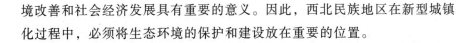

境改善和社会经济发展具有重要的意义。因此，西北民族地区在新型城镇化过程中，必须将生态环境的保护和建设放在重要的位置。

一　新型城镇化对生态环境的影响

新型城镇化的发展离不开生态环境的支持，但是随着新型城镇化的发展对生态环境的压力也在加大。新型城镇化发展对生态环境的影响主要表现在以下几个方面。

（一）人口的集聚加剧了对生态环境的影响

新型城镇化发展的一个重要方面就是人口向城镇集聚，这种集聚一方面会形成规模效应，高效利用城镇的各种公共资源，节约相关资源的投入；另一方面随着人口的集聚，需要消耗更多的自然资源，同时会产生更多的废弃物，这又加大了对生态环境的压力。如果随着城镇人口的集聚，人类各种社会经济活动对生态环境的压力在生态环境的承载力范围之内，那么新型城镇化和生态环境之间就会形成一种和谐、稳定的协调发展关系，即新型城镇化的发展在促进当地社会经济发展的同时也促进生态环境的改善，同时生态环境的改善支撑新型城镇化的发展；反之，新型城镇化的发展使人类的社会经济活动对生态环境的压力超过了生态环境的承载力范围，那么新型城镇化的发展与生态环境之间就形成了一种相互制约的状态，即新型城镇化的发展加剧了对生态环境的破坏，导致新型城镇化与生态环境之间形成一种恶性循环，直至整个系统崩溃。一方面新型城镇化的发展使生态环境恶化。新型城镇化的发展加速了对资源的利用和生态环境的破坏，造成生态环境的不可修复性，导致新型城镇化越发展，生态环境越恶化。另一方面生态环境的恶化制约了新型城镇化的发展。随着生态环境的恶化，无法支撑新型城镇化发展对环境的压力，使新型城镇化发展缺乏环境支撑，制约了新型城镇化的发展。因此，新型城镇化的发展和生态环境之间是相互协调、相互促进的，新型城镇化发展过程中要促进生态环境的改善；否则，二者之间会形成一种恶性循环，新型城镇化和生态环境都将无法发展。

（二）经济的发展加剧对生态环境的影响

经济发展是新型城镇化的重要内容，也是新型城镇化的重要支撑条件，新型城镇化的发展离不开经济城镇化。新型城镇化的发展本质上来看也是一种经济发展的演化，包括经济结构的演化和经济内容的演化。根据社会经济发展的规律，经济的发展必然经历从低级阶段向高级阶段的转变，新型城镇化的发展在促进城镇经济产业结构转型与升级的同时带动农业生产的转型，促进农业产业化和现代化。新型城镇化发展过程中，随着城镇经济发展水平的提高，经济转型和产业结构伴随发生，经济发展与生态环境的关系也相应发生改变。

经济发展对生态环境的影响主要表现在两个方面。一方面是经济的发展会制约生态环境的改善。新型城镇化的发展促进了经济的转型与升级，这要求各种要素向城镇第二、三产业集聚，主要包括资金、劳动力、技术等。如果城镇经济的发展将大量的农村相关生产要素向城镇集聚，必将制约这些要素向生态环境建设的投入，从而制约生态环境的发展。另一方面经济的发展有助于促进生态环境的改善。新型城镇化的发展促进了经济的发展，经济的发展可以为生态环境的建设和保护提供相应的资金和技术，促进生态环境的发展。但是，这种相互影响不是绝对的，需要在新型城镇化发展过程中有机协调二者的关系，实现二者的协调发展。

（三）社会发展对生态环境的影响

社会城镇化是新型城镇化的又一重要内容，也是新型城镇化的高级目标。社会城镇化主要是各项社会事业的城镇化发展，包括居民的价值观念、文化水平、科技教育、医疗卫生等各个方面。新型城镇化的发展与生态环境发展的关系，当前主要是以建立生态文明为核心。生态文明是融入居民日常生产生活中的一种理念，只有形成这种理念，生态文明才能真正实现。生态文明理念的形成与社会城镇化的发展是密切相关的，只有社会城镇化的发展，使人民的价值观念、文化水平等发生改变，才能真正理解生态文明，并按照生态文明的要求进行日常的生产生活。

社会城镇化的发展从两个方面影响生态环境。一是促进生态环境的发展。随着社会城镇化的发展，城乡社会发展水平提高，这使城乡居民的价值观念等发生改变，生态文明的理念逐步形成。随着生态文明理念的形成，城乡居民的生态环境保护意识逐步提高，加大对生态环境保护中人力、物力和财力的投入，促进生态环境的改善。社会城镇化水平越高，这种生态文明意识越强，生态环境保护投入就越多，那么生态环境改善就越明显；同时，随着生态文明意识的增强，城乡居民对生态环境质量的要求也会提高，促进生态环境的改善。二是社会城镇化的发展加大对生态环境的压力。社会城镇化的发展使人们的生活观念、消费观念发生改变，随着消费水平的提高，消费商品的数量和质量同时提高，这要求生产更多的消费品来满足消费需求，这必将加大对生态环境的压力。可见，社会城镇化的发展一方面促进生态环境的改善，另一方面会加大对生态环境的压力，这需要在新型城镇化过程中加强生态文明理念的宣传教育，在城乡居民中形成普遍的生态文明理念，使其能够影响日常生产生活，从而促进生态环境的改善。

二　生态环境对新型城镇化的影响

新型城镇化的发展对生态环境具有深远的影响，同时生态环境也会影响新型城镇化的发展，这主要体现在以下几个方面。

（一）生态环境是新型城镇化的基础

生态环境是新型城镇化发展的重要物质基础。新型城镇化的发展不管是人口的集聚、产业的优化和升级，还是社会事业的发展，都离不开生态环境的支撑。生态环境的发展为新型城镇化发展所需要的水资源、空气资源、生物资源、土地资源等，这些是新型城镇化发展的基本资源要素，也是影响新型城镇化健康发展的重要资源。

（二）生态环境影响新型城镇化的质量

新型城镇化的发展不仅仅是城镇规模的扩张和人口的集聚，经济的发展、社会发展水平的提高等也是其重要内容。总之，新型城镇化发展过程中提高城镇化质量是其重要目标。生态环境的改善对新型城镇化质量的提高有重要的影响，一方面生态环境改善是新型城镇化的本质内容；另一方面生态环境的改善提高为新型城镇化提供良好的生态环境基础，进而提高新型城镇化质量。

（三）生态环境影响新型城镇化进程

新型城镇化与生态环境是相互制约、相互促进的，生态环境对新型城镇化的进程具有重要的影响。良好的生态环境会促进新型城镇化的发展，反之会制约新型城镇化的发展。在城镇化过程中，如果处理不好生态环境与城镇化速度的关系，则会导致城镇化的不可持续性。因此，在新型城镇化过程中要加强生态环境建设，为新型城镇化健康、可持续发展提供良好的生态环境基础。

总之，新型城镇化与生态环境是相互制约、互相促进的，新型城镇化的发展离不开生态环境的支撑，生态环境的保护和建设也离不开新型城镇化的发展。在新型城镇化过程中，要协调二者之间的关系。特别是对西北民族地区来说，生态环境尤为重要，因此要在新型城镇化过程中，加强生态补偿，促进生态环境的改善，为西北民族地区乃至全国提供良好的生态环境基础。

第二节　生态补偿的理论基础

一　外部性理论

（一）外部性理论的产生与发展

外部性理论是环境经济学的基础理论，它揭示了市场活动中资源低效率配置的根源。对外部性理论的研究最早可以追溯到英国经济学家亨利·希奇威克（Henry Sidgrwick），他通过对穆勒"灯塔"问题的再探讨，认为一些公共设施实际上不可能由建造者或意愿购买的人所有。这里他虽然没有明确提出外部性的概念，但是他意识到了公共设施建设中个人的支出和收益之间存在差异，这种差异实际上就是我们所说的外部性。一般认为，外部性理论的概念是新古典经济学的完成者马歇尔（Marshall）首次提出的，他在分析个别产业和个别企业的发展时首次用到了"外部经济"和"内部经济"。他在《经济学原理》一书中提道："我们可把因任何一种货物的生产规模扩大而发生的经济分为两类：第一是有赖于该产业的一般发达所形成的经济；第二种是有赖于某产业的具体企业自身资源、组织和经营效率的经济。可把前一类称作'外部经济'（external economies），将后一类称作'内部经济'（internal economies）。"① 由此可见，马歇尔所指的外部经济是由一个产业的总体规模的扩大所形成的，也就是由同一产

---

① ［英］马歇尔：《经济学原理》，朱志泰译，商务印书馆 2005 年版，第 279—280 页。

业内所有的或者大多数企业规模的扩大所形成企业间的分工所导致的企业成本的降低、效率的提高所形成的；而内部经济是由于单个企业规模的扩大、资源的优化配置和组织结构的调整等所导致的企业经营效率提高的结果。

在马歇尔开创性研究之后，他的得意门徒福利经济学的创始人庇古（Pigou）对外部性理论进一步完善。庇古在《福利经济学》中讲到："社会净边际产品，是任何用途或地方的资源边际增量带来的有形物品或客观服务的净产品总和，而不管这种产品的每一部分被谁所获得。……在计算任何用途或地方的资源边际增量时，所有这些影响都应包括在内——其中有些是正面的，有些则是负面的。"[1] "私人净边际产品，是任何用途或地方的资源边际增量带来的有形物品或客观服务的净产品总和中的这样一部分，该部分首先——既在出售以前——由资源的投资人获得。这有时等于，有时大于，有时小于社会净边际产品。"[2] 由此可见，庇古将外部性理论进一步完善，他通过社会净边际产品和私人净边际产品将外部性区分为正外部性和负外部性。根据庇古的阐述，只有当社会净边际产品等于私人净边际产品时，资源达到最优化配置，社会红利最大；当社会净边际产品大于私人净边际产品时，就产生正外部性；当社会净边际产品小于私人净边际产品时，就产生负外部性。庇古认为，负外部性的存在可能导致市场失灵，也就是由于社会净边际产品和私人净边际产品之间存在的差异，使新古典经济学中认为完全依靠市场机制可以使资源最优配置从而实现帕累托最优是不可能的。在此基础上，庇古提出了通过税收来治理负外部性的建议。

诺斯和托马斯在《西方世界的兴起》中写道："……个人必然受刺激的驱使去从事合乎社会需要的活动。应当设计某种机制使社会收益和私人收益率近乎相等。私人的收益或成本就是参与人和经济交易的个人的利得或亏损。社会成本收益为影响整个社会的成本收益。私人和社会的收益或成本之间的不一致是指某个第三方不经他们同意会获得某些收益或付出某

① ［英］A. C. 庇古：《福利经济学》，朱泱、张胜纪、吴良健译，商务印书馆2006年版，第146页。

② 同上书，第147页。

些成本。每当所有权未予确定限制或没有付诸实施时，便会出现这种不一致。如果私人成本超过了私人收益，个人通常不会愿意去从事活动，虽然对社会来说可能有利。"① "这时我们发现了两个普遍的原因，解释了历史上所有权为什么不曾演进到使个人收益与社会收益相等的地步。（1）可能缺乏技术阻止'白搭车'或强迫第三方承担他对交易成本的份额。（2）对任何团体和个人来说，创造和实施所有权的费用可能超过收益。"② 从以上可以看出，虽然他们也没有提出外部性的概念，但是他们从社会收益和成本与私人收益和成本之间存在的差别表述了外部性思想，并且认为外部性的存在主要是因为产权的界定不清或者产权没有实施，因此产权的清晰界定和严格实施是避免外部性的重要途径。但是产权的界定不清或实施困难主要还是由于技术上的困难或者交易成本的存在，有的外部性之所以存在是因为在技术上无法阻止"白搭车"或者强迫第三方承担交易成本；另外一种情况就是产权可以清晰界定，但是在界定产权过程中的交易成本要大于其收益，这种情况下，产权所有者也就不会去界定产权，那么外部性也就无法解决。总之，他们的研究在一定程度上说明了外部性的存在，并且对外部性存在的原因也做了解释，扩大了外部性的范围，为以后的研究奠定了理论基础。

科斯在批判庇古理论的基础上，试图通过市场方式解决外部性问题。他在《社会成本问题》中对外部性问题进行了深入分析，他认为无法建立一个正确的外部性理论的根本原因在于对生产要素的错误定义，新古典经济学将生产要素定义为企业家购买和使用的一件物品而不是进行某些实际经济活动的权利。因此，他认为外部性的产生是由于产权没有界定清楚，只要产权界定清楚，私人之间的契约同样可以解决外部性，实现资源的最优配置。在解决外部性问题上，他认为解决外部性问题应该从社会总产值最大化或损害最小化的角度考虑，而不能仅仅局限于私人成本和社会成本的比较。他从交易成本为零和交易成本不为零两种情况分析这个问题，认为当交易成本为零时，只要产权别明晰地界定，那么无论产权被界

---

① ［美］道格拉斯·诺斯、罗伯斯·托马斯：《西方世界的兴起》，厉以平、蔡磊译，华夏出版社1999年版，第7页。

② 同上书，第9页。

定给谁都无所谓，各方都会达到同一个最有效率的决策，或产值的最大化。在交易成本不为零的现实世界中，会出现两种情况，一种情况是交易成本小于交易新增的收益，交易正常进行；另一种情况是交易成本大于交易新增的收益，交易不能进行。在市场无法保障交易顺利进行的条件下，这一问题可以有两种解决方法，一种就是企业，通过企业将部分交易成本内部化；另一种就是通过政府的直接管制。

（二）外部性的分类

对于外部性，现在还没有一个统一的定义。从外部性理论的发展中可以看出，外部性有三个最基本的特征：一是它是伴随着生产和消费产生的；二是外部性有有益的外部性（正外部性）和不利的外部性（负外部性）；三是外部性的施加者没有为其产生的外部性付出成本或得到收益。基于此，对外部性的分类也有许多，最基本的就是生产的外部性和消费的外部性、正外部性和负外部性、技术外部性和货币外部性、公共外部性和私人外部性、帕累托相关的外部性和帕累托不相关的外部性、稳定的外部性和不稳定的外部性等。从生态补偿来看，具有重要理论指导意义的外部性分类就是生产外部经济性和不经济性与消费外部经济性和消费外部不经济性，因此将这两种分类相结合，从生产的外部经济性、生产的外部不经济性、消费的外部经济性和消费的外部不经济性几个方面来探讨外部性的类型。

1. 生产的外部经济性

生产的外部经济性就是生产者在生产过程中给他人带来有益的影响，而生产者却不能从中得到补偿。也就是说，生产者的边际私人成本大于社会边际成本。生产的外部经济性在生活中的例子很多，在经济学上常用花园的例子，投资者投资建设一个花园，投资者可以赏花从中得到好处，但是其他人在没有任何投资的条件下就可以赏花从中得到好处，用 MSC、MPC 和 MEC 分别表示边际社会成本、边际私人成本和边际外部成本，那么 $MSC = MPC + MEC$，如图 5—1 所示。

2. 生产的外部不经济性

生产的外部不经济性就是生产者在生产过程中给他人带来了损害，而生产者却不给受损者以补偿。也就是说，生产者的边际私人成本小于边际社会成本。生产的外部不经济性的例子也很多，比如造纸厂排污水使周边

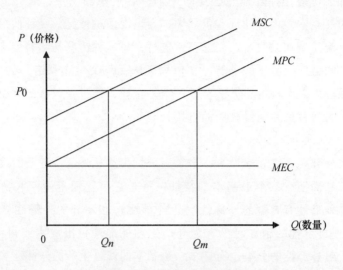

图 5—1　生产的外部经济性

的人们和整个社会造成损失，在不对造纸厂征收任何污染方面的费用的条件下，那么造纸厂的生产就是外部不经济的。同样可以用图 5—2 说明。

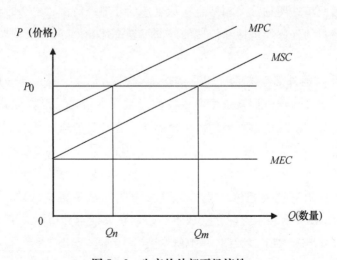

图 5—2　生产的外部不经济性

（三）消费的外部经济性

当一个消费者在进行某种消费的过程中给他人带来有利的影响，而消费者本人却不能从他人那里得到任何补偿时，便产生了消费的外部经济性。消费的外部经济性也就是消费者的边际私人成本大于边际社会成本，使其他人在不付出任何成本的条件下就可以从某个消费者的消费过程中得到好处。

（四）消费的外部不经济性

当一个消费者在进行某种消费的过程中给他人带来损失或额外费用的支出而未能给他人补偿时，便产生了消费的外部不经济性。消费的外部不经济性也就是消费者的边际私人成本小于边际社会成本，使其他人遭受了损失和额外的费用却得不到任何的补偿。

（五）外部性的解决

从福利经济学和制度经济学来看，不管是正外部性还是负外部性，都导致资源配置不当。正外部性导致资源利用不足，而负外部性导致资源的过度利用，这就促使人们从制度设计、规则安排等角度出发来校正外部性，使外部性内部化。

1. 庇古税或补贴

庇古认为，外部性是市场本身难以克服的缺陷，为了实现帕累托最优，政府就应该通过征税或补贴的办法来解决，对那些制造外部性的企业或个人征收一定的额外税或给予一定的补贴。至于征税或补贴数量的多少，应该是使企业或个人的边际成本与社会边际成本相等。当然这要求有一定的前提条件，即完全竞争的市场、私人边际成本和社会边际成本能准确测算等。虽然庇古税在实际经济活动中很难测算，但是对我们的生态补偿也有重要的指导意义。

2. 产权界定

通过产权界定来解决外部问题是科斯提出的。他首先在交易成本为零和产权界定清晰这两个假设前提下，认为当事人之间的谈判都会导致资源的最优化配置，即市场机制会自动达到帕累托最优。但是，现实世界是一个存在交易成本的世界，因此他认为存在交易成本的条件下，不同的产权界定会带来不同的资源配置效率，所以为了优化资源配置，产权界定是必要的。他的这些思想对公共物品提供和生态补偿机制构建等方面有重要的指导意义。

3. 政府直接干预

有些外部性问题，有人认为可以通过政府的直接干预来解决，弥补市场机制的缺陷。政府通过制定标准或者是颁布禁令来实现企业或个人的生产和消费活动，能实现私人边际成本和社会边际成本的一致。

4. 诉诸法律

在完善的法律制度条件下，所有社会成员的权利和义务都得到了明确的界定，那么当外部性问题产生时，就可以诉诸法律，依靠法律的权威来解决外部性问题。当然依靠法律的前提条件是法律制度必须完善。

二 公共物品理论

（一）公共物品的概念

由于公共物品的范围难以明确界定，因此对公共物品也没有一个统一的定义。学术界公认的定义是保罗·萨缪尔森（Paul A. Samuelson）等对公共物品下的定义。保罗·萨缪尔森指出："每个人对这种产品的消费，都不会导致其他人对该产品消费的减少。"[①] 曼瑟尔·奥尔森（Mancur Olson）在《集体行动的逻辑》一书中对公共物品做了如下定义[②]："任何物品，如果一个集团 X_1，…，X_i…，X_n 中的任何个人 X_i 能够消费它，它就不能不被那一集团中的其他人消费。换句话说，那些没有购买任何公共或集体物品的人不能被排除在对它这种物品的消费之外，而对于非集团物品是能够做到这一点的"。美国学者布坎南在《公共财政》一书中认为：公共物品的"显著特征就在于它的不可分性和非排他性。不可分性意味着一个灯塔可以由许多人使用，（而非排他性意味着）排除服务的潜在使用者相对来说要付出很大代价，并且是无效的。"[③] 从这些定义可以看出，他们要么是从消费的角度出发来定义公共物品，要么是从供给的角度定义

---

① ［美］保罗．A. 萨缪尔森、威廉．D. 诺德豪斯：《经济学》，高鸿业等译，中国发展出版社 1992 年版，第 1194 页。

② ［美］曼瑟尔·奥尔森：《集体行动的逻辑》，陈郁、郭宇峰、李崇新译，上海三联书店、上海人民出版社 1995 年版，第 13 页。

③ ［美］布坎南：《公共财政》，赵锡军等译，中国财政经济出版社 1991 年版，第 17 页。

公共物品，显然对一个物品的消费必须有相应的供给，因此对公共物品的定义也应该从供给与消费两个方面来定义。

我国学者高鸿业将公共物品定义为："通常将不具备消费的竞争型的商品叫做公共物品。例如，国防、道路和电视广播等等。"[①] 胡家勇将公共物品定义为："公共物品是指具有以下特征的物品：①生产具有不可分性；②规模效应特别大；③初始投资特别大；④具有自然垄断性；⑤消费不具有排他性；⑥对消费者收费不易，或收费的成本过高……公共物品的主要特征是，消费的排他性、收费困难、自然垄断性，而且只要具备一个特征就可以称为公共物品。"[②] 这个定义主要是从公共物品的特点来定义公共物品的，难以揭示公共物品的本质含义。

（二）公共物品的特点

对于公共物品的特点，不同的学者具有不同的认识。根据本书的需要，将公共物品的特点总结如下。

1. 非排他性

排他性是指产权主体对非产权主体的排斥性，或者对产权的垄断性。也就是说，特定客体利益只能由特定产权主体享受，其他人均可排除在外。排他性的实现必须能明确界定产权，如果产权不明晰，那么排他性也就很难实现，即产权界定越清晰，排他性越强。非排他性是指某一物品的存在，不能排斥社会个别或部分消费者消费该产品。这种无法排斥有两层意思，一是无法排斥他人对这一物品的消费，既一个人在消费这类物品时无法排斥他人对这类物品的消费，而且无论个人是否对这个物品支付了价格，他都能够消费这个物品（如国防）。二是在技术上可以排斥他人但是是不经济的或者是与公众的共同利益相违背的，因此是不允许的。公共物品的非排他性决定了其不能通过市场供求机制来满足，因为厂商作为公共物品的供给者，其要弥补成本就必须把那些不付钱的消费者排斥出去；公共物品如果生产出来，那么任何消费者都可以在不付费的条件下消费，即"搭便车"。消费者的这种行为很可能导致厂商难以弥补成本，因此会导致公共物品供给的市场失灵。

---

① 高鸿业：《西方经济学》，中国人民大学出版社 1996 年版，第 430 页。

② 胡家勇：《政府干预理论研究》，东北财经大学出版社 1996 年版，第 195 页。

2. 非竞争性

竞争性是指消费者人数的增加或原有消费者消费数量的增加就会减少这种物品供他人消费的数量。非竞争性是指消费者或消费数量的增加不会减少其他人对该公共物品的消费，即在公共物品数量一定的前提下，公共物品多分配给一个消费者的边际成本为零。这里所指的是公共物品的分配成本为零而不是边际成本为零，公共物品供给的边际成本仍然是正的，因为要提供公共物品就必须相应地耗费资源，其边际成本必定是正的。因此，可以看出，公共物品的非竞争性包括两个方面：一是边际分配成本为零。即增加一个消费者或者个别消费者消费数量的增加，公共物品的供给成本不会相应改变。二是边际拥挤成本为零。即在公共物品供给一定的前提下，每个消费者对公共物品的消费都不会对其他消费者对公共物品的消费造成影响。但是，边际拥挤成本为零是具有一定的时间性和空间性，也就是说，这是个相对的概念。比如清洁空气，在过去清洁空气是典型的公共物品，但是当今由于污染的产生，清洁空气越来越少，因此要呼吸到清洁空气也需要付出一定的成本。

3. 不可分割性

公共物品是向全体社会成员提供的，具有共同受益和联合消费的特点，每个社会成员不管付费还是不付费都可以享受该物品。由于公共物品是向全体社会成员提供的，所以不能按照"谁付费，谁受益"的原则来分配，同理不能将不付费的个别社会成员排除在外。公共物品与私人物品不同，私人物品可以根据个人付出的代价的多少来分配，使其消费与其所付出代价相应的物品；而公共物品则不同，每个社会成员不管付出多少都可以享受到等量的、相同的消费，各个消费主体之间对公共物品是无法明确划分界限的。因此，不能通过个人或者单个集体供给公共物品。

4. 消费的强制性

公共物品是向全体社会成员提供的，那么个人、家庭或者企业就不能依据个人的喜好来消费公共物品。公共物品一经生产出来，全体社会成员只能被动地接受，没有选择的余地。换句话说，公共物品具有非竞争性，对公共物品的消费不能依据个人、家庭或者企业的个别付出来分配。

（三）公共物品的分类

经济学把供居民消费的产品分为私人物品和公共物品，私人物品是指在消费上具有竞争性和排他性的物品。公共物品由于其使用范围和使用性质的不同，一般将公共物品分为纯公共物品和准公共物品。纯公共物品是指在消费上不具有竞争性和排他性，或者具有排他性但是是不经济的，如国防等。准公共物品是介于私人物品和纯公共物品之间的。准公共物品的种类也很多，大体上可以分为以下三类：一是具有竞争性和非排他性的公共物品，如公共牧场；二是具有排他性和非竞争性的公共物品，如城市用水等；三是存在拥挤可能的公共物品，如公路（堵车）。

三　生态系统服务及其价值

生态系统（ecosystem）这一概念最早是由 Tansley（1935）年提出的，后来这一概念得到了广泛的应用，随之生态系统的研究对象也不断发生改变。20 世纪 50 年代后，生态系统研究从宏观粗放研究转变到精确定量研究上来，数学、系统科学等学科理论广泛应用于生态系统的研究，特别是耗散结构理论和协同论的应用，不仅改进了生态系统研究的方法和手段，同时提高了该领域的研究水平。20 世纪 60 年代后，生态系统研究发生了深刻变化，传统生态系统研究主要是以生物为中心，但是在 60 年代后，随着社会经济的发展、人类生产生活方式的改变，人类的活动对生态环境造成了严重的破坏，有些破坏是不可逆的，这样生态系统的研究就转变到以人类活动为核心的研究。

（一）生态系统服务的概念

生态系统服务又叫生态系统服务功能，是指生态系统与生态系统存在过程中所形成的并以此维持人类社会生存、发展的自然环境条件。生态系统服务中的生态系统既包括自然生态系统，也包括经过人类活动所改造过的生态系统。自然生态系统所提供的是基础的、传统的服务，但是随着人类社会的发展，自然生态系统提供的服务难以满足人类社会的要求，必然将自然生态系统进行改造，经过改造的自然生态系统对人类社会提供的服务能更加促进人类社会的发展。

生态系统提供的服务又有直接的服务和间接的服务的区分。直接的生态系统服务是人类在生存过程中，依靠生态系统提供各种食物、住所等生存条件，同时生态系统在人类的生产生活过程中还创造和维持了地球生命支持系统，形成了人类生存所必须的环境条件，这些就是生态系统提供的直接服务；间接的生态系统服务是人类在生存过程中从生态系统中获得生态系统产品，或者通过改造生态系统而生产自己所需要的产品，这种利用生态系统维持人类自身生产和发展过程就是生态系统所提供的间接服务。

（二）生态系统服务的特征

生态系统服务对人类社会的生存与发展具有重要的意义，但是各地的生态系统服务又不完全相同，这主要是因为生态系统服务具有其自身的特征，这些特征主要体现在以下几个方面。

1. 空间差异性

由于各地在气候、地形、地貌、资源等自然条件方面存在的差异，使生态系统也呈现明显的差异性。这种差异决定了生态系统服务的差异，在生态系统服务的种类、数量、时间等各个方面都会有明显的差异。由于各地的社会经济条件的差异，人们对生态系统服务的利用方式、强度等方面也存在明显的差异，这也决定了生态系统服务的差异。因此，对生态系统服务的研究，必须建立在生态系统服务空间差异的基础上，然后选择不同的区域对生态系统服务进行研究。

2. 动态性

生态系统服务具有动态性，即生态系统服务是随时间的变化而发展变化的。生态系统具有明显的自然演替过程，在自然环境和人类活动的双重影响下演替，特别是在人类活动干扰下，生态系统会出现相应的变化，如乱砍滥伐、过度放牧等人类活动行为，导致生态环境的退化。由于生态系统的这种变化，因此生态系统服务也会相应地变化。

3. 整体性

生态系统服务具有整体性，这是建立在生态系统的整体性基础上的。生态系统具有整体性，当一个生态系统的某一部分发生退化时，整体的生态系统也会相应地改变。建立在生态系统的整体性基础上的生态系统服务的整体性必然受其影响。因此，在利用生态系统服务时应该注意其整体性，不能单纯利用某一方面的服务而影响其他服务作用的发挥，由此导致整个生态系统服务的退化。

4. 持续性

虽然生态系统服务是随着生态系统的自然演替而变化的，但是这种变化是缓慢的变化过程，在不受外界干扰或者外界干扰较弱的情况下，生态系统服务是可以长期持续利用的。当然，要保持生态系统服务的长期持续利用，必须保持生态系统的可持续发展，否则生态系统服务就会加速退化。

5. 多样性

生态系统服务具有多样性，即一个生态系统所提供的服务不是一种，而是多种；多种生态系统服务又是一个有机整体，这些服务功能是密切相关的。这决定了在利用生态系统服务时要服从它的多样性，不能过度利用某一方面的服务而影响其他服务作用的发挥。

（三）生态系统服务的种类

生态系统服务是生态系统给整个人类社会提供的各种服务的总称，这些服务种类繁多，功能各异。Costanza 等（1997）将生态系统服务分为17 个类型（见 5—1），这是目前对生态系统服务类型种类划分影响较为广泛的划分方法。

表 5—1　　　　　　　　　生态系统服务与生态功能的类型

序号	生态系统服务	生态系统功能	举例
1	大气调节	调节大气化学组成	CO_2/O_2 平衡，O_3 防紫外线，SO_2 水平
2	气候调节	调节区域或全球尺度上的温度、降水及其他生物参与的气候过程	调节温室气体影响云形成的 DMS 产物
3	扰动调节	生态系统对环境扰动的容量、抑制和整合响应	主要由植被结构控制的生境对环境变化的响应，如防止风暴、控制洪水、干旱恢复等
4	水调节	调节水资源	为农业、工业过程和运输提供水
5	水供给	储存和保持水	由流域、水库和地下含水层提供水
6	控制侵蚀和保持沉积物	生态系统内的土壤保持	防止风力、径流和其他动力过程造成土壤流失，淤泥储存与湖泊和湿地

续表

序号	生态系统服务	生态系统功能	举例
7	土壤形成	土壤形成过程	岩石的风化和有机质的积累
8	养分循环	养分储存、内部循环、处理和获取	固氧、N、P 和其他元素或养分的循环
9	废物处理	易流失养分的再获取，过剩或异类养分和化合物的去除或降解	废物处理、污染控制、解毒作用
10	传粉	有花植物配子的移动	为植物种群的繁殖供给传粉媒介
11	生物控制	生物种群的营养动态调节	捕食者对被捕食物种的控制、顶级捕食者对食草动物的控制
12	避难所	为定居和迁徙种群提供生境	育雏地、迁徙种群的栖息地，本地主要物种的区域生境，越冬场所
13	食物生产	总初级生产中可用作食物的部分	通过渔、猎、采集及农耕的鱼、猎物、坚果、水果、作物等的生产
14	原材料	总初级生产中可用作原材料的部分	木材、燃料和饲料的生产
15	基因资源	特有的生物材料和产品的来源	医药、材料科学产品、抵抗植物病源和作物害虫基因
16	休闲娱乐	提供休闲旅游活动机会	生态旅游、体育垂钓、其他户外游憩活动
17	文化	提供非商业性用途的机会	生态系统的美学、艺术、体育、精神及科学价值

资料来源：Costannza R.，et. al，The value of the world's ecosystem services and natural capotal，*Nature*，1997，387：253-260。

由表5—1，可将生态系统服务分为四个类型。

1. 调节服务

生态系统的调节服务是保持地球生态过程和生命支持的过程，地球上各种生命的持续发展主要依靠生态系统的调节。生态系统通过将能量转化为生物物质、食物链中能量与物质的转移、土壤中有机质的矿化与沉积、气候调节等，维持整个生态系统的发展。在调节服务中，主要包含以下几个方面：

气体调节。地球上生命的生存与发展对气体的要求非常严格，这些气体来自大气与海洋中，气体发生轻微变化就会影响整个生态系统，进而影响整个人类。生态系统通过气体调节功能保持地球生物化学过程，保持气体适应人类社会的需求。

气候调节。气候对人类社会的生存发展有着重要的影响，生态系统对区域性气候具有重要的调节作用。例如植物通过根系从地下吸收水分，再通过叶片蒸发，将水分返回大气，形成降水，通过降水降低气温、减少水土流失、补充水分等。

水调节。生态系统通过对江、河、湖、海、陆地等水环境的调节，维持生态系统中的径流状态和河流之间的水交换，保持人类社会健康可持续发展所需的水服务。

水供应。生态系统通过对水的过滤、保持、储存等活动，保持人类社会活动和生态系统维持所需的水供应。在水供应中，主要的还是储存，只有合适的水储存才能保障整个人类社会的发展需求。

土壤保持。生态系统通过树木等植物的根系稳定土壤，落叶可以截留降水，防止水土流失，通过土壤保持，可以为植物生产提供合适的土壤环境。

废弃物处理。生态系统能够储存、分解、循坏一定数量的废弃物。人类在生产生活过程中产生的各种有机或无机废弃物，生态系统通过吸收有害微粒物、处理有机废水、分解有机废弃物等，处理人类产生的废弃物，为人类提供良好的生态环境。

营养物质循环。生命的维持不仅依靠能量的供应，更重要的是营养物质的供应。生态系统通过光合作用等，可以将各种营养物质在区域范围内循环，为生命的维持与延续提供营养物质。

授粉与种子传播。授粉与种子传播。生态系统中很多野生动物进行授粉和种子传播，如昆虫、鸟类等的授粉和种子传播，这种授粉维持了生态系统的健康发展，如果没有这种授粉与种子传播，那么生态系统就会出现不平衡。

生物控制。生态系统中各种物种间是互相制约、互相协调的，通过物种间的这种相互制衡、相互促进的关系，保持了生态系统的平衡。

2. 栖息服务

生态系统为地球上各类生物提供了生存空间，同时也为各类生物提供了栖息服务。生态系统为各类生物提供的栖息服务主要有两大类，一类是避难所，另一类是物种保育。避难所，生态系统为各类生物提供了繁衍生息的空间，同时也为各种生物的进化、发展创造了条件，生态系统通过这种服务，使各类生物有了相对安全的生存环境，保持了生物的多样性；物种保育，生态系统为许多生物提供了育种和保育功能，这对生物多样性的保持、发展具有重要的意义。

3. 生产服务

人类社会的生存与发展要从生态系统中得到各种生产、生活资料，这些都依靠生态系统所提供的生产服务。生态系统所提供的这些生产服务，根据其特性又可分为可再生资源和不可再生资源两大类。可再生资源是指能够不断繁衍生长的各种资源，如太阳能、风能、空气等资源；不可再生资源是指形成时间较长、储量有限的资源，主要有煤炭、天然气、石油等资源。具体来说，生态系统所提供的生产服务主要有以下几类：食物，人类生存的食物主要来源于生态系统，虽然很多食物来自于农作物、家养动物等，但是这些动植物也是生态系统中重要的组成部分；原材料，人类社会在社会生产过程中要依靠生态系统提供各种原材料，如木材、橡胶、树脂、煤炭、石油等，离开这些原材料人类社会就无法生存、发展；遗传资源，现在各种人工种植的植物和人工养育的动物是人类社会发展的重要资源，但是这些动植物很多是原来的野生动植物，通过驯化、培育等才发展到现在的，如果没有原有遗传基因的存在，也不会有现在的家养动物和种植的各种植物；药用资源，生态系统能保证人类健康，其中重要的途径就是为人类提供了药用资源，特别是中医，各种药物都来自于自然环境，通过不同的组合可以为人类社会的健康提供保障；观赏资源，各种动植物为人类提供了广泛的观赏服务，如各种自然旅游景点、动物园等，这给人类提供了了解自然、了解生命的重要条件。

4. 休闲服务

生态系统除了为人类社会提供生产、生活服务之外，对人的精神、心灵发展等也提供了重要的服务。生态系统中的自然景观等为人类提供了科学、文化、艺术、科学研究等条件。休闲娱乐，人类在繁忙的工作之余，可以进行生态旅游等休闲活动，不仅能放松心情，更重要的是可以领略大自然的风光，增强对自然的认识；文化艺术，生态系统为人类提供了文化艺术服务，生态资源的区域差异性，使不同的人在不同的环境中形成了不同的人类文化，这种文化反映了当地人口与生态系统的关系，同时也形成了具有地域特色的民族文化，人类的文化艺术都是从生态系统中孕育出来的；科学服务，生态系统为科学研究提供了基础条件，各种科学研究总的来说离不开生态系统，生态系统的发展变化为科学研究提供了条件，同时也提出了挑战，正是生态系统的复杂性才促进了科学研究的不断发展。

四　社会—经济—自然复合生态系统理论

（一）社会—经济—自然复合生态系统理论概述

社会、经济和自然是三个不同性质的系统，但其各自的生存和发展都受其他系统结构、功能的制约，必须当成一个复合系统来考虑，我们称其为社会—经济—自然复合生态系统。[①] 复合生态系统是由社会系统、经济系统和自然系统三个子系统有机组合形成的相互协调、相互制约的整体。三个子系统有不同的组分和不同的运行方式，形成相对独立的系统；三个子系统又是相互制约、相互协调的，构成一个复合生态系统。

社会系统作为·个系统，是由不同的个人、家庭、社会组织等一系列相互联系的要素构成的一种功能性整体。社会系统的每一个组成因素又可以作为一个子系统来分析，包括家庭子系统、企业子系统、政府子系统、社会服务组织子系统等，而人是各子系统中最核心的要素，因此使社会系统更为复杂。经济系统是由相互联系、相互制约的经济要素及其相互关系所组成的具有一定结构和功能的有机整体。构成经济系统的要素有很多，如第一产业、第二产业、第三产业等；从另一角度看，构

---

① 马世骏、王如松：《社会—经济—自然复合生态系统理论》，《生态学报》1994 年第 1 期。

成经济系统的要素有个人、家庭、企业等，经济系统也是一个复杂的系统。自然生态系统是在一定的空间和时间内，各种生物之间以及生物与无机环境之间，进行物质循环和能量流动的相互作用的有机整体。自然生态系统作为一个系统，它具有系统的基本特征，如相对独立性、自组织性等。特别是自组织性，自然生态系统表现得更为明显，它能够根据自身及外界条件的变化而自我调节，达到系统的相对平衡，如食物链。自然生态系统是人类发展的基础，它为经济系统提供各种自然资源，保持经济系统的稳定与发展。自然生态系统作为一个处于非平衡态的自组织系统，在没有受到外界干扰或者外界干扰足够小的情况下，自然生态系统可以保持原始的稳定性或者进一步发展；但是，如果外界的干扰超过了它的承受能力，自然生态系统就会出现退化，如当前西北民族地区的生态环境，由于不合理的开发利用方式导致了严重的破坏，这使生态环境问题凸显。

（二）社会—经济—自然复合生态系统的关系

由社会系统、经济系统和自然生态系统组成的复合生态系统是一个复杂的巨系统，这三个系统相互协同、相互制约，它们既有统一的一面、又有矛盾的一面，即它们之间既有统一性、又有矛盾性。因此，这三个子系统在发展过程中大体可呈现两种模式，一种是冲突型社会—经济—自然复合生态系统；一种是协同型社会—经济—自然复合生态系统。

冲突型社会—经济—自然复合生态系统是指社会系统、经济系统和自然生态系统之间的物质、信息和能量的交换过程中超过了一定的范围，使各个系统的平衡受到破坏，由于累积效应和叠加效应，这种破坏使各个系统进一步恶化，无法实现自组织。此外，由于系统间的平衡受到破坏使各系统之间的物质、信息和能量流动也受到影响，系统间出现了矛盾，不能实现协同发展。

协同型社会—经济—自然复合生态系统是指社会系统、经济系统和自然生态系统之间的物质、信息和能量的合理有序交换，自然生态系统在为社会系统和经济系统提供各种资源的同时能够保持自身的稳定、发展；尤其是社会系统和经济系统在保持自己发展的同时不会破坏自然生态系统。当然，三个系统的协同不是简单地三个系统无冲突，而是要把冲突控制在合理范围内，不超过自然生态可容性。自然生态可容性就是社会系统和经济系统对自然生态系统的干扰处于它的净化、吸收和恢复的能力范围内，这些干扰不会产生累积、叠加性的破坏。这样就形成了三个系统的协同发展。

五　可持续发展理论

人类在发展过程中，形成了两种不同的发展模式，一种是"唯经济论"，一种是"可持续发展"。唯经济论的发展模式过分片面地强调国家或地区的经济增长，认为经济的增长必然会增加社会财富和人类福祉。这是工业文明时代形成的片面观点，这种发展模式暗含一个假设前提，那就是生态环境对人类社会的供给能力是无限的，没有认识到经济增长必须与生态环境的可承受能力相适应，并形成良性循环。由于这种发展模式的自身缺陷，人们只追求经济增长的目标，对资源环境的过度开发利用，引发了许多严重的环境问题，如土地沙漠化、气候干燥、物种灭绝、资源枯竭等，人们开始反思原来的发展方式，提出了可持续发展理论。

（一）可持续发展理论的提出

1. 罗马俱乐部的"增长极限"

1968 年在罗马成立了一个非正式的国际协会"罗马俱乐部"，它的会员是来自不同国籍的专家学者和实业家，它的最初目标是"促进对构成我们生活在其中的全球系统的多样性但相互依赖的各个部分—经济的、政治的、自然的和社会的组成部分的认识，促使全世界制定政策的人和公众都来注意这种新的认识，并通过这种方式，曾经对具有首创精神的新政策和行动"。① 罗马俱乐部成立后主要对人类的困境进行研究，着重研究了影响人类社会经济增长的五个主要因素：人口增长、粮食供应、资本投资、环境污染和资源消耗，在此基础上得出了三个结论：（1）如果在世界人口、工业化、污染、粮食生产和资源消耗方面照现在的趋势继续下去，这个行星上增长的极限有朝一日将在今后 100 年中发生。最可能的结果将是人口和工业生产力双方有相当突然的和不可控制的衰退。（2）改变这种增长的趋势和建立稳定的生态和经济的条件，以支撑遥远未来是可

---

① ［美］丹尼斯·米都斯等：《增长的极限：罗马俱乐部关于人类困境的报告》，李宝恒等译，吉林人民出版社 1997 年版，第 8 页。

能的。全球均衡状态可以这样来设计，使地球上每个人的基本物质需要得到满足，而且每个人有实现他个人潜力的平等机会。（3）如果世界人民决心追求第二种结果，而不是第一种结果，他们为达到这种结果而开始工作越快，他们成功的可能性就越大。这些结果是如此深刻，而且为进一步研究提出了这么多问题，以致我们十分坦率地承认已被这些必须完成了的巨大任务所压倒。我们希望，这本书将适合于许多研究领域和世界上许多国家，引起其他人的兴趣，提高他们所关心的事情的空间和时间的水平，和我们一起理解和准备这个伟大的过渡时期，即从增长过渡到全球均衡。[①] 罗马俱乐部对人类社会经济增长的前景是比较悲观的，甚至认为技术进步也无法解决增长极限的问题。"我们甚至尝试对技术产生的利益予以最乐观的估计，但也不能防止人口和工业的最终下降，而且事实上无论如何不会把崩溃推迟到 2100 年以后"。[②]

罗马俱乐部的结论给当前的经济增长模式敲响了警钟，使人们意识到必须改变当时的经济增长模式，否则就会引起人口问题、粮食问题、资源问题和环境污染问题。如果这些问题出现，将会形成恶性循环，人类陷入这样的陷阱难以自拔。

2. 增长乐观派的"增长无极限"

罗马俱乐部的"增长极限"观点提出后，遭到了许多经济学家的反驳和批评，他们认为罗马俱乐部低估了技术进步和市场机制对经济增长的作用。技术进步对于经济增长是非常重要的，从社会发展的实践来看，每一次的技术进步都会促进经济的大幅增长；市场机制会自动调节资源的利用，当资源存量在被不断消耗时，稀缺性就会增强，产品的边际成本就会提高，因此稀缺性资源就会有较高的市场价格，经济系统会自动追求新的替代资源，从而资源的稀缺性就会得到解决。在反驳和批判罗马俱乐部"增长极限"理论的过程中，形成了经济增长乐观派。代表性的观点是朱利安·林肯·西蒙的《没有极限的增长》，他认为"自然资源的供应在任

---

① ［美］丹尼斯·米都斯等：《增长的极限：罗马俱乐部关于人类困境的报告》，李宝恒等译，吉林人民出版社 1997 年版，第 17—18 页。

② ［美］朱利安·林肯·西蒙：《没有极限的增长》，黄江南等译，四川人民出版社 1985 年版，第 109 页。

何一种经济意义上说都是无限的……自然资源短缺日趋缓和"。① "技术创新创造新的资源。人类以适当价格享受无限的矿产，在能源和其他原材料方面的主要局限性是我们的知识，而知识的源泉是人类的头脑。因此，人类的重要制约因素是教育训练和想象力，这就是为什么人类不断繁衍增加，不断消费更多的资源，而自然资源的储备却不断增长的原因。"② 他自己收集资料，并建立一种分析方法，最后得出：人类资源没有走到尽头，生态环境日益好转，生态环境的恶化只是工业化过程中的暂时现象，粮食问题在未来不再是问题，人口在未来也会达到自然平衡。

3. 《我们共同的未来》

"可持续发展"作为一种新型发展观，它的思想最初出现在 1962 年美国学者莱切尔·卡尔逊所著《寂静的春天》一书。"现在，我们站在两条道路的交叉口上。但是这两条路完全不一样……我们长期以来一直行驶的这条道路使人容易错认为是一条舒适的、平坦的超级公路，我们能够在上面高速前进。实际上，在这条道路的终点却有灾难在等待着。另一个叉路……为我们提供了最后唯一的机会让我们保住我们的地球。"③ 可持续发展的概念最早萌芽是在 1972 年的斯德哥尔摩联合国人类环境会议上，但是，当时对可持续发展还没有作明确的定义。直到 1987 年，世界环境与发展委员会出版了《我们共同的未来》(*Our Common Future*) 的报告，该报告指出"人类有能力使发展持续下去，也能保证使之满足当前的需要，而不危及下一代满足其需要的能力"。④ 该报告也对可持续发展下了定义，即可持续发展是"既满足当代人的需要，又不对后代人满足其需要的能力构成危害的发展"。这一定义成了可持续发展产生的标志，并且得到了国际社会的广泛认可。

---

① ［美］朱利安·林肯·西蒙：《没有极限的增长》，黄江南等译，四川人民出版社 1985 年版，第 37—38 页。

② 同上书，第 223 页。

③ ［美］莱切尔·卡逊：《寂静的春天》，黄江南等译，科学出版社 1979 年版，第 291 页。

④ 世界环境与发展委员会：《我们共同的未来》，王之佳等译，吉林人民出版社 1997 年版，第 10 页。

4. 《21 世纪议程》

1992 年 6 月，联合国在巴西里约热内卢召开了环境与发展全球首脑会议，围绕环境与发展及国际社会普遍关注的重大问题展开了激烈争论，最终达成共识。为实现人类持续发展，为保护发展的基本条件和自己的家园地球，要彻底改变传统的发展观念，建立人与自然和谐的持续发展的新观念和新战略。会议通过了《里约宣言》，制订了全球可持续发展的纲领性文件《21 世纪议程》。

可持续发展的基本思路是：改变单纯的经济增长、忽视生态环境保护的传统发展模式；由资源型经济过渡到技术型经济，综合考虑社会、经济、资源与环境效益；通过产业结构调整与合理布局，开发应用高新技术，实行清洁生产和文明消费，提高资源和能源的使用效率，减少废物排放等措施，协调环境与发展之间的关系，使社会经济的发展既能满足当代人的需求，又不致对后代人的需求构成危害，最终达到社会、经济、资源与环境的持续稳定的发展。

（二）可持续发展的内涵

1. 发展是可持续发展的核心

可持续发展的核心是发展，其并不像"零增长"理论那样单纯地否定经济增长，而是把经济增长作为可持续发展的一个重要途径。正如可持续发展理论的定义"既要满足当代人的需要，又不对后代人满足其需要的能力构成危害"。要满足当代人的需要，那么就必须发展；同时不对后代人满足其需要的能力构成危害，这就要求在发展过程中要注意发展的方式，特别是要改变传统的经济增长方式。

经济增长是实现可持续发展的原动力。发展就要促进社会、经济、文化、技术、生态等全面进步，这些进步都离不开经济增长，只有经济增长了，才能为这些方面的发展创造条件，实现可持续发展。如果没有经济增长，那么发展就失去了原动力，也是不可持续的，可见经济增长是可持续发展最关键的内容。特别是对于发展中国家来说，贫困只是一种表现，生态环境退化、疾病、社会不稳定等都是贫困的衍生物，解决这些问题的关键还在于经济增长。

可持续发展的提出不是对经济增长的否定，而是对传统经济增长方式的重新审视。可持续发展观反对以资源的掠夺式开发和生态环境的严重破坏为代价的经济增长，反对单纯追求利润最大化的价值取向。可持续发展倡导的是通过资源替代、技术进步、制度创新、结构调整等手段，使有限的资源能得到合理、高效、循环、可持续的利用。可持续发展鼓励适度的经济增长，但是要提高经济增长的质量，强调在经济增长的同时要把对生态环境的损害最小化，以发展的可持续性为特征，以改善和提高人类社会的福祉为目标。

因此可持续发展就是要将经济增长、社会进步和生态环境改善有机结合，实现可持续的经济增长。这就要求转变经济增长方式，从传统的粗放型的经济增长方式转变为集约型的经济增长方式，依靠技术进步、制度创新等降低单位产出造成的环境污染，减少资源消耗，实现生态、经济、社会的可持续发展。

2. 资源环境是可持续发展的基础

可持续发展主要是资源环境的可持续利用，因此，可持续发展的基础是资源环境，在发展过程中要与生态环境的承载力相协调，不能超过生态环境的承载力，否则可持续发展就无法实现。

对于资源和环境与经济发展相协调，可持续发展是从生态持续能力的角度进行解释的。生态持续能力包括两层含义：一是与资源利用有关的自然资源的再生能力和替代速度相协调，即在利用资源的过程中不能单纯追求经济增长而无节制地利用资源，利用资源时不能超过资源的再生能力，保持资源总量在长期内不会减少或者减少的速度放慢，同时要寻求替代资源，特别是不可再生资源，在利用该种资源的同时寻求其替代资源，从而不会因为资源枯竭影响后代人的发展；二是废弃物排放要与环境的自净能力相协调，废弃物的排放对环境影响要控制在环境的自净能力范围内，否则就会造成环境恶化。

可持续发展从生态持续能力的角度来定义资源，它将资源分为可再生资源和非再生资源两大类，对于这两类资源有不同的利用方式。对于可再生资源的利用，可持续发展运用资源保育原理，增强资源的再生能力，对资源的利用不能超过可再生资源的再生能力，以此保证资源的可持续利用；对于非再生资源，可持续发展强调通过加强技术进步和创新，降低对非再生资源的使用，特别是要通过技术创新等用可再生资源替代非再生资源，同时运用经济手段提高非再生资源的利用效率，加强循环利用。总之，可持续发展强调在经济发展过程中保护环境，改变以牺牲环境为代价的生产方式和消费方式，通过清洁生产和环境保护，控制环境污染，改善环境质量，降低人类活动对生态系统的破坏，促进生态环境的可持续发展。

3. 提高人类社会福祉质量是可持续发展的目标

可持续发展的目标是促进人类社会发展，最终要实现人类社会的全面、协调发展。可持续发展理论中发展是核心，但是它只是手段或者途径。在坚持可持续发展道路时，要正确处理手段和目标的关系，只有正确处理二者的关系才能实现发展的可持续性。在可持续发展理念下，发展经济本身不是目的，它只是提高人类的物质文化水平、增进社会福祉的一个途径。对资源环境的利用方式会影响人类社会的福祉，从表面上来看，经济发展和生态保护二者之间是具有一定的矛盾和冲突。实质上，二者之间是互相协调、互相促进的。保护环境可能暂时影响了经济的发展，但是从长远来看正是为经济发展创造了条件，有利于经济的更好发展。通过环境保护，提高了环境的支撑能力，支撑能力的提高反过来会促进经济的进一步发展。所以，可持续发展理念不是限制经济发展，而是从长期的角度加速经济发展，提高人类社会的福祉，进而实现人类社会的全面、协调发展。

4. 系统性是可持续发展的灵魂

可持续发展不仅是协调经济发展与生态环境保护的关系，还要有社会系统的支持。可持续发展实质是生态、经济、社会复合系统的协调运行，所以，必须从系统论的视角全面理解可持续发展。

正确认识可持续发展就要把生态、经济、社会三个系统作为一个复合系统来认识，即这三个系统之间是互相联系、互相制约的，而不是独立运行的。因此，可持续发展要求将这三个子系统在发展过程中相协调，在经济发展的时候要兼顾生态系统和社会系统的发展，即在经济发展的同时要实现生态环境的改善和社会发展水平的提高；在生态发展的时候要兼顾经济系统和社会系统的发展，即在改善生态环境的同时要实现经济发展和社会发展，不能单纯追求生态改善而不顾经济、社会的发展；在社会发展的同时要兼顾经济系统和生态系统的发展，即在促进社会发展的同时要实现经济系统和生态系统的发展，只有实现了三者之间的协同发展，才能促进可持续发展的实现。

（三）可持续发展的原则

1. 可持续性

可持续性是可持续发展的核心原则，它是可持续发展区别于传统发展观的关键点。可持续发展要求在人类对资源和生态环境持续利用的基础上，实现人类社会经济的持续发展。可持续发展的研究对象是生态经济社会复合系统，这个复合系统由生态子系统、经济子系统、社会子系统三个子系统耦合而成。可持续发展观所追求的是促进人类之间的和谐以及人与自然之间的和谐。维持全面的生活质量、维持对自然资源的永续利用、避免持续的环境损害是可持续发展的三个基本特征，因此可持续性涉及生态的可持续性、经济的可持续性、社会的可持续性三个方面。生态可持续性是可持续发展的必要条件，经济可持续性是可持续发展的主导，社会可持续性是可持续发展的动力和目标。三者之间互相联系、互相作用，构成可持续发展的基本内容。

（1）生态可持续性。生态环境的可持续性原则要求在人类实现经济增长和发展的过程中，对生态和环境的破坏和污染不能超过生态环境的承载能力，人类对生态系统的扰动必须不破坏生态系统自身的恢复力。生态环境是人类实现经济发展的支持条件，生态系统的可持续性是人类持续发展的必要条件。只有保证生态系统的可持续发展才是真正的可持续发展，失去生态环境基础的发展只能是短视的、不可持续的发展。

（2）经济可持续性。经济可持续性是可持续发展的主导，也是可持续发展的物质基础。在实现经济增长和发展的过程中，对资源的利用，尤其是非再生资源的利用方式和强度，要保持在一定的限度内。为了追求经济增长而不计资源和环境代价的发展，实现的是一种虚假的经济繁荣，不能维持经济持续的增长。因为这种经济增长形式没有对资源和生态环境破坏的恢复成本进行核算，与可持续发展意义上的经济增长是不相容的。绿色GDP（国内生产总值）核算概念的提出，符合可持续发展的要求，这种核算方式将经济发展中所涉及的自然和社会成本考虑进去，有利于实现生态、经济和社会的协调发展。

（3）社会可持续性。社会可持续性是可持续发展的终极目标，生态和经济的可持续性是社会可持续性的前提条件，生态和经济可持续性是为了实现社会可持续性。社会可持续性是指人类生活水平和生活质量的提高，实现人的全面持续进步。可持续发展必须以人为本，注重人的全面发展和提高。但是，可持续发展的以人为本观念区别于人类中心主义。人类中心主义坚持人类自身的整体利益是人类实践选择的唯一终极的价值尺度，一切以人类的利益和价值为中心，以人为根本尺度去评价和安排整个世界。在人类中心主义的视野中，根本就没有考虑自然和生态环境的存在价值，这一点与可持续发展提倡的生态、经济、社会的和谐确实有着本质的差异。

2. 公平性

对公平的定义和论述形成许多观点，主要有庇古的功利主义公平观，平均主义公平观，罗尔斯的最大最小化的公平观，诺齐克的应得权利观，阿玛蒂亚·森的基本能力公平观，布坎南的一致同意公平观，市场结果公平观等。各种公平观从不同的视角出发，具有不同的侧重点。

可持续发展要求既要满足当代人发展的需要，又不能对后代满足需要的能力构成威胁和影响。可持续发展强调人类发展机会选择的平等性，因此可持续发展的公平性原则总体来讲，涉及时间和空间两个维度。

（1）空间维度的公平。空间维度的公平是指代内公平，涉及国家内部的社会阶层、地区发展间的公平和国际的公平。无论是从机会或结果来看，国家内部的贫富差距就是社会阶层间发展的不公平。在一个贫富严重分化的两极社会是没有可能实现可持续发展的。地区之间的发展差距也不符合可持续发展的公平性原则，发达地区往往倾向于把本地区高污染、高能耗的产业部门转移到发展中区域，污染和破坏了发展中区域本来就十分脆弱的生态环境。

（2）时间维度的公平。时间维度的公平主要是指代际的公平。人类在实现自己发展目标的时候，应当认识到自然资源的存量是有限的，自然资源的再生速度慢于人类需求欲望的增长速度。如果仅仅考虑当代人的发展，对人类发展赖以存在的自然资源实行掠夺式的开发利用，而不顾及后代人发展对资源的需求，就会严重损害后代公平利用自然资源的权利，也会对后代满足其需要的能力构成威胁。时间维度的公平表明当代人要合理利用资源，不要损害后代人获得发展的能力。

可持续发展在强调公平性原则时并不否定效率性原则，可持续发展观认为效率和公平相辅相成、互相促进。效率是指资源的有效利用与配置，它是可持续发展的内在要求。发展机会的均等必然导致人类生产积极性的提高，促进资源使用和配置效率的提高。提高资源利用和配置的效率又给公平地分配资源提供了基础。

3. 系统性

可持续发展把人类赖以生存的地球视为一个大系统，这个系统由生态、经济、社会三个子系统组成，子系统之间互相影响，互相联系，互相作用。可持续发展的系统性原则要求发展过程依赖于人口的控制能力、资源的承载能力、环境的自我净化能力、经济的增长能力、社会的需求能力、管理的调控能力之间的相互协调。

可持续发展的系统性原则要求生态、经济、社会三个子系统之间必须协调发展，不能偏重系统的一个因素而忽视其他因素的作用。否则，形成不合理的系统结构就会影响到系统整体功能的有效发挥，人类的可持续发展能力就会受到损害。分析可持续发展，不能把经济、社会、生态三个系统要素割裂开来，因为与物质资料的增长相关的定量因素同长期经济活动和结构活动以及结构变化的生态和社会等定性因素是相互作用的、不可分割的，必须通过协调使生态、经济和社会各系统要素互相适应，克服或减少过分强调某一系统要素而出现的不良影响。可持续发展的动态化特征要求不断地进行内部和外部的变革，在一定的经济波动幅度内，寻求最有效的发展速度，以达到持续稳定发展经济的目标。

但是，系统性并不意味着各个子系统必须同步发展。系统性强调系统要素之间的协调和系统要素形成的结构合理。只要能够保证系统总体功能的正常发挥，系统要素的发展可以不同步。

4. 共同性

无论是国家内部的不同地区，还是国际社会的国家之间，都依赖一个相同的生物圈维持生命。地球是人类社会共有的地球，不是任何国家和地区的地球。可持续发展的实现依赖于全球和全人类共同的行动。"人类只有一个地球"，这就要求可持续发展必须共同行动。

5. 创新性

创新性就是利用技术创新和制度创新为实现可持续发展提供必要的技术和经济社会条件。创新是经济增长的原动力，也是扩大人类与自然系统的环境容量变革的关键所在。通过技术创新，人类不断发现和发明新的能源、资源以及替代品，对资源的使用方法和用途进行扩展和深化，开发资源和环境承载能力的新技术，能够提高资源的利用效率，扩宽可持续发展的投入要素的范围和内容。

通过制度创新，建立实现可持续发展目标的制度保证，规范和约束人类利用和开发资源的方式。通过制度创新，可以使生态环境污染破坏的外部性内部化，合理科学地增加经济主体的经济活动的运行成本，使其经济行为得到有效的限制和约束。制度创新保障了经济发展和环境保护的统一，更为有效地组织社会经济活动，促进可持续发展的顺利推进。

（四）可持续发展的评价准则

对于可持续发展，自从布伦特兰委员会提出之后，有很多人对其下了定义，但这些定义大多是缺乏操作性的。对于可持续发展不仅要了解其定义，更重要的是形成一些可操作性的准则来判断。因此，形成了可持续发展的评价准则，即弱可持续、强可持续和生态安全最低标准的判断准则。

1. 弱可持续准则

弱可持续的观点是由罗伯特·索罗和约翰·哈德威克共同创立的，又称为可持续发展的"索罗—哈德威克准则"。该准则认为在假设效用与消费直接相关的前提下，只要保持消费在代际间处在一种非下降的水平，那么就可以认为是实现了个人效用在代际间的非下降，可持续发展的目标得以实现。要确保这种可持续发展的条件得到满足，一个重要的操作准则是要求将开发不可再生资源取得的豪特林租金（收入超过边际开采成本的部分）储蓄下来，再作为生产资本投入。[①] 因此，在资源开发过程中，特别是不可再生资源开发过程中，随着资源储量的逐渐减少，人们必须以人造资本作为补偿，这样就可以实现弱可持续发展。弱可持续是实现可持续发展的自然资本和人造资本的总水平保持不下降，自然资本和人造资本之间是可以相互替代的。大卫·皮尔斯指出："弱可持续发展意味着我们不关心传递给后代的资本储备形式，我们可以传递少量的环境资本，只要我们用增加的道路、机器或其他人造资本储备来补偿这个损失。或者，如果

---

① ［英］罗杰·珀曼等：《自然资源与环境经济学》，侯元兆等译，中国经济出版社1999年版，第58—59页。

我们用更多的湿地、绿地或教育资本来补偿。"[①] 弱可持续准则可以用公式表示为：

$$\frac{dK_N}{dt} + \frac{dK_H}{dt} \geqslant 0$$

式中，K_N 代表自然资本；K_H 代表人造资本。只要总资本保持不变或者有所增加，就实现了弱可持续。

弱可持续准则在一定程度上说明了判断可持续的原则，也为可持续发展的判断提供了思路，即可以用数量化的方法来判断可持续。但是，该准则也受到了众多的批判，主要有以下两个方面：一是生态环境不是人们生产、生活过程中的投入品，而是在生产、生活过程中从中获得效用，因此虽然消费没有下降，但是可能会出现环境退化，那么人们的福利就会随之下降；二是弱可持续的观点在总生产函数的选择上，在哈德威克的模型中，采用的柯布—道格拉斯生产函数，生产要素的替代弹性为1，而事实上自然资本是无法被人造资本替代的，这也正是强可持续准则的核心观点。[②]

2. 强可持续准则

强可持续的观点是由大卫·皮尔斯及其在伦敦大学学院与东安格利亚大学共同组建的全球环境社会经济研究中心的同事等创立的。[③] 他们的一个基本观点是自然资本与人造资本之间不存在完全的替代关系，它们只在特定的一些元素之间是可以替代的，并且自然资本中很多元素为经济提供的是不可替代的服务或称关键性过程。大卫·皮尔斯认为关键性的自然资本可以从两个方面来理解：第一，这类自然资本对人类生存虽然不重要，但是却对人类的福利有重要意义，如空间的体验和舒适性。第二，从广义上理解，很多资本对人类生存至关重要，比如臭氧层、碳循环、生物多样

---

① ［英］大卫·皮尔斯：《绿色经济的蓝图》（3），李巍等译，北京师范大学出版社1996年版，第15页。

② ［英］尼可·汉利等：《环境经济学教程》，曹和平等译，中国税务出版社2005年版，第37页。

③ ［英］埃里克·诺伊迈耶：《强与弱：两种对立的可持续性范式》，王寅通译，上海译文出版社2002年版，第37页。

性等。① 由此可见，强可持续准则一方面同弱可持续准则，即保持自然资本和人造资本的总价值不变，另一方面还强调自然资本本身的价值不变，因为自然资本和人造资本是不完全替代的。如何将某些自然资本存量维持在一定的数量水平，以此来满足人类社会的发展需求，这是强可持续准则核心解决的问题。尼可·汉利等指出，解决这个问题有四种方法：第一，保持现有水平；第二，与维持自然资本的关键元素相一致的水平；第三，与上述第一、第二两者之间的某个数量；第四，通过植被的恢复增加自然资本。② 这四种方法虽然指出了对自然资本价值评价的准则，但是对自然资本价值的评价有两种量纲，即货币量纲和物理量纲，如果用货币量纲，虽然比较起来方便，但是很多自然资本价值是无法用货币来准确表示的；如果用物理量纲，具有不可比较性，比如 100 亩原始森林的价值和 10 吨原油的价值，这两者之间是无法进行比较的。因此，后来范皮尔特提出了将自然资本进行分类，并维持每一个类别的恒定，他建议将污染、可再生资源、生物多样性、污染同化能力和不可再生资源作为可能的类别。③

3. 安全最低存量准则

安全最低存量准则是倡导对自然资本存量的开发利用不超过最低安全标准。因为，对自然资本存量的开发和利用实际上存在两个方面的影响，一方面是满足当今社会的发展，如果严格限制自然资本存量的开发，虽然能够最大程度地保护自然资本，但是可能会造成较大的机会成本；另一方面是如果不加限制地开发，那么就会造成生态环境的破坏和退化，造成不可逆的生态问题，未来社会将失去发展的基础。所以，安全最低存量准则在权衡当今社会发展的机会成本和未来社会发展的条件的基础上，确定了最低存量水平，即如果保护自然资本的机会成本很高，那么就应该对其进

---

① ［英］大卫·皮尔斯：《绿色经济的蓝图》（3），李巍等译，北京师范大学出版社 1996 年版，第 16 页。

② ［英］尼可·汉利等：《环境经济学教程》，曹和平等译，中国税务出版社 2005 年版，第 386 页。

③ Van Pelt，M. J. F.，Ecologically Sustainable Development and Project Appraisal in Developing Countries，Ecological Economics，7（1），1993，pp. 19–42.

行开发；反之，则应该进行保护。总之，安全最低存量准则倡导的自然资本开发和利用不能超过最低安全标准。

第三节　西北民族地区生态补偿机制构建

一　西北民族地区生态环境恶化的形成机制

西北民族地区生态环境的恶化是贫困、人口、经济结构、社会发育程度等因素综合作用的结果，不是某一个因素单方面作用的结果，其实质是PPE（"贫困—人口过度增长—环境退化"）怪圈和RAP（"农村社会发育程度低—传统农业所占份额大、农业经济结构单一—农民文化素质低"）怪圈恶性循环、相互耦合的结果（见图5—3）。

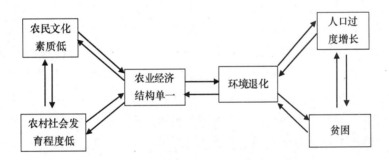

图 5—3　PPE 恶性循环与 RAP 恶性循环耦合机制

（一）PPE 怪圈的恶性循环

J. P. Grant 所提出的"PPE 怪圈"在发展中国家尤其是贫困地区存在的普遍性，是解释贫困机制的一种理论模式。厉以宁等在《区域发展新思路》中指出："我国的贫困地区存在着 PPE 怪圈（'贫困—人口过度增长—环境退化'），从理论上突破这个怪圈的途径有三条：移民、改善环境和减贫。但从目前的现实出发，可行的途径为生态—经济重建，即必须借助外部力量的投入，在保证贫困人口实现温饱的前提下，通过环境的系统建设以实现尽快走出 PPE 怪圈。"[①] PPE 怪圈是指贫困（Poverty）、人口（Population）和环境（Environment）之间的恶性循环。

1. 人口过度增长与贫困

古典经济学理论主要以劳动价值论和土地收益递减规律阐述了人口与经济增长的关系。亚当·斯密（Adam Smith）从人口增长与资本积累的关系出发，分析了人口对经济增长的作用，他同样认为一国经济繁荣的主要标志是人口的增长，而经济发展是人口增长的条件，经济的迅速发展，扩大对劳动力的需求，工资水平相应地提高，人口因此增长。斯密主要强调了工资基金的增加和工资的提高是人口增长的必要条件，如果没有工资的增加人口就不会提高，但是一个国家在经济起步阶段，人口增长是经济发展的主要因素。马尔萨斯（Malthus）的人口理论主要是他的两部著作《人口原理》（1803）和《政治经济学原理》（1820），他的理论分析主要建立在两个自然规律的基础上，即食物为人类生存所必需和两性间的情欲是必然的，在这两个自然规律的基础上，他认为人口呈几何级数增长，生活资料呈算数级数增长，因此人口必然受到生活资料的限制，从长期来看收入水平将保持在仅仅维持生存的水平上。只要生活资料增长，那么人口一定会相应地增长，除非受到强有力的抑制，这些抑制可以归结为道德的节制、罪恶和贫困。在社会转型期会存在较大的人口流动，与此伴生的还有社会贫困、劳动力不足等社会问题，英国政府为了减少贫困人口和流浪人群，颁布了《济贫法》，该法规定，政府以教区为单位向农民征收"济贫税"，用于救济圈地运动中流离失所的农民以及城市贫困者；有劳动能力的失业者要到"矫正所"或者"习艺所"从事劳动；孤儿则当学徒和帮工；只有完全丧失劳动能力或婴幼儿才能得到济贫院的基本救济等。这部法律的主要目的是减少贫困人口，缓减社会动荡等问题，但是适得其反。总的来看，人口的增长要快于生活资料的增加，人口增长受生活资料的限制，人口随生活资料的增加而增长，但是由于二者的增长速度不同，人口的增长会超过生活资料的增加，要采取措施改变二者之间的不均衡现象，人口方面采取制约其增长的措施，生活资料方面则通过提高生产水平的措施，使二者形成一个更高水平的均衡。

---

① 厉以宁等：《区域发展新思路》，经济日报出版社 2000 年版，第 199—207 页。

2. 贫困对人口的影响

人口的过度增长在一定程度上加剧了贫困，反过来，贫困对人口的增加和发展也有着重要的影响。研究表明，发达国家和发展中国家人口增长的差异主要体现在出生率上，而人口死亡率相差不大。首先，贫困地区生活水平较低，养育子女的生活支出较少，教育水平也相对落后，教育支出也低，两者共同使养育子女的直接支出较低；其次，贫困地区养育子女的机会成本较低，在贫困地区妇女的就业机会少，使养育子女的机会成本低；再次，在贫困地区没有完善的社会保障体系，养育子女成为父母年老后的主要保障；最后，在贫困地区观念比较落后，"多子多福"的封建思想仍然影响着人们的生育观念。

3. 人口对环境的影响

环境是人口生存的基础，反过来，人口对环境也会产生一定的影响。随着环境日益恶化，人口与环境的关系受到了人们的重视，很多研究结果表明，环境的承载能力是有限的，过多的人口会导致环境的恶化。生态环境的恶化并非全部都是由于人口的增加造成的，但是人口的增加会加大生态环境的压力，造成生态环境的恶化。这主要体现在以下几个方面：第一，人口的增加会加大对环境的利用程度。由于环境人口承载力是一定的，当人口数量超过了环境的人口承载力，就会产生资源的过度利用，特别是对可再生资源来说，过度的利用会降低其可再生能力，甚至会产生退化。第二，人口的增加使环境的物质流和能量流加大。环境的物质流和能量流的加大，超过环境人口承载力的可能性也加大，可能造成生态环境的恶化。第三，人口的增加会导致人均收入的下降，为了提高人均收入，必然要加大对资源环境的利用，这可能会造成生态环境的恶化。

4. 环境对人口的影响

环境对人口也有重要的影响，良好的环境会促进人口的发展，相反恶化的环境会制约人口的发展。人类是自然环境的产物，人口与自然环境是相互作用的，一方面，环境通过人类的活动为人类提供空气、水、食物等必要的生活资料；另一方面，人类的生产、生活废弃物排入环境中，对环境造成一定的影响。人类与环境之间的这种物质循环决定了环境对人口有着重要的影响。特别是对人口的健康发生重要的影响作用，环境本身的因素和水污染、大气污染、土壤污染等各种工业和农业等污染造成的环境污染导致各种地方病流行和人的生理缺陷，严重影响着人口的健康素质。

5. 贫困对环境退化的影响

一般来说，越是贫困的地区，对自然资源和环境的依赖性越强，生态环境的破坏程度也越重，很多贫困地区直接从生态环境中获取生存所必需的食物、能源、水和收入，这必然加大对生态环境的利用程度，如果超过了生态环境的承载能力就会导致环境的退化。关于贫困与环境退化的关系，一般认为，从短期来看，由于贫困就要促进经济的增长，在经济增长初期可能导致生态环境的退化，但从长期来看，当经济发展到一定程度、收入普遍提高的时候，可能会促使生态环境的改善。这就是环境库兹涅茨曲线（EKC）假说。1955 年，库兹涅茨（Kuznets）在他对收入差距的研究中发现人均收入的差异随着经济增长表现出先逐渐加大、然后逐渐缩小的规律，这两个变量之间的"倒 U"关系称为库兹涅茨曲线。1991 年Grossman 和 Krueger 从收入角度研究了人均收入水平与环境状况之间的关系，并在 1993 年发表了两者之间存在"倒 U"关系的论文，1993 年 Panayotou 进一步证实了这一结论，并借用库兹涅茨的经济增长与收入分配的"倒 U"关系理论，把这一结论称作环境库兹涅茨曲线。环境库兹涅茨曲线的基本含义是环境质量在经济发展初期处于较好的水平，随着经济的发展环境开始恶化，当经济达到某一水平、人均 GDP 高过某一程度时，环境开始好转。

环境库兹涅茨曲线说明了收入增长与环境污染之间的一种关系，它对经济发展与生态环境的关系有着同样的意义。但是，库兹涅茨曲线出现的基础并不唯一依赖于人均 GDP 的高低，而在人均 GDP 增长的同时，隐藏着一系列重大的转变，这种转变突出表现在"两转三退"。"两转"是指发展观转变、消费者对环境质量需求转变；"三退"指的是人口增长率放慢、不平等减轻和技术进步对资源环境的损害减少①。库兹涅茨曲线在一定程度上说明了环境与贫困之间的关系，虽然贫困不一定直接导致环境退化，但是贫困必然会影响环境的改善。大多数的贫困人口都居住在生态环境脆弱地区，这些地区的生态环境对外界的压力或冲击的抵御能力很低，

① 中国 21 世纪议程管理中心可持续发展战略研究组：《发展的基础中国可持续发展的资源、生态基础评价》，社会科学文献出版社 2004 年版，第 31 页。

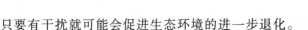

只要有干扰就可能会促进生态环境的进一步退化。

6. 环境退化对贫困的影响

环境是经济发展的基础，也是贫困地区摆脱贫困的基础，生态环境的脆弱性及其在脆弱条件下的严重恶化或退化是制约贫困落后地区社会经济发展的关键性因素。这是因为，一方面环境是人类生产、生活的必需的环境条件，另一方面环境又是人类的一切社会活动的作用对象。环境的退化出现了耕地退化、稀有动植物的丧失和灭绝、森林消失、草地退化等，这些现象的出现，制约了当地社会经济的发展，使贫困人口失去了脱贫致富的基础，导致更加严重的贫困。如果不合理的经济活动加速环境退化这样的事实没有被正确的认识，或者无视环境的脆弱性而任意向其索取，就会加速环境的退化，也会导致贫困地区失去发展的基础，陷入贫困而不能自拔。总之，环境的退化使贫困地区的生存和发展条件恶化，更加难以摆脱贫困，甚至会"陷入贫困—环境退化—贫困"的恶性循环中。

（二）RAP 怪圈的恶性循环

RAP 怪圈恶性循环是指农村社会发育程度低—传统农业所占份额大、农业经济结构单一—农民文化素质低的恶性循环，其实质就是西北民族地区农村、农业和农民三者各自发展不足而形成的相互影响和相互制约的恶性循环。

1. 农村社会发育程度低与传统农业所占份额大、农业经济结构单一

西北民族地区农村社会发育程度低主要表现为市场化水平低、城镇化水平低、人口居住分散且社会分工发育不良，基础设施建设落后，社会保障和现代社会还没有建立起来，等等。基础设施落后是西北民族地区的一个最突出的问题，由于交通、通信等基础设施建设落后，使西北民族地区基本处于封闭、半封闭状态，这种封闭或半封闭状态使社会分工发育不良，造成社会发育程度低。在西北民族地区，交通运营以公路为主，但是高质量的公路较少，大多是质量差、标准低、毁坏严重的公路，遇到降水时有的公路被迫停运，如果有强降雨会引发泥石流，交通也就被阻滞。落后的交通运输条件严重制约着西北民族地区物资、信息、资源等的流通，丰富的自然资源难以转化成经济资源。社会分工欠发育也是西北民族地区社会发育程度低的一个重要方面。在西北民族地区，我们可以看到这样一种现象，越是深山、高寒山区，交通、通信、电力等基础设施建设越落

后，其人口密度也就越低，从而也就越落后。显而易见，在交通、通信等基础设施非常落后、人口居住高度分散的西北民族地区农村，是很难形成真正意义上的社会分工的，因为交通、通信等基础设施的落后客观上制约了人们从事农业生产活动和市场交换活动的地域空间。

西北民族地区社会发育程度低的另一个重要表现就是城镇化水平低。农村城镇化是农业现代化和农村现代化的一个重要标志，西北民族地区的农村城镇化发展非常迟缓，说明这一地区的农业现代化和农村现代化水平仍然是很低的，并且西北民族地区的农村城镇化呈现出明显的地域差异性，这也是农业和农村经济发展不平衡的反映。农村城镇化水平较低严重制约了农业和农村经济的发展。即使已经发展起来的农村城镇也存在集镇数量少、规模小等特点，制约了农村工业向城镇集中的速度和农村集市贸易的区域性带动作用；尤其是农村城镇缺乏必要的产业支撑，从而也就制约了农村的剩余劳动力向非农产业的转移和就近就地消化。特别是农村城镇的区域发展的不平衡以及城镇的不正常发展，使其应有的经济辐射能力和带动功能得不到充分发挥，难以有效联系带动农业和农村经济的发展，从而也使城镇不能作为非农产业的增长极和区域经济的纽带来发挥自己的作用。此外，农村社会发育程度低还表现在农村各种社会保障制度不完善，除了合作医疗制度之外几乎没有其他的社会保障制度，这不仅制约了农村社会的发育，而且制约了整个经济的发展。因为市场经济体制在我国已经全面推行，市场经济的发展要求人力、物力和财力等在全国范围内依靠市场机制统一配置，这就必然要求农村剩余劳动力也在全国范围内自由流动。然而由于各种社会保障制度的缺失，使农村剩余劳动力无法割舍与土地的联系，导致农村剩余劳动力输出不彻底，兼业化和回流成为普遍现象，这也制约了城市经济的发展。

西北民族地区农村家庭收入以种植业和畜牧业为主，但是不管是种植业还是畜牧业，都是以传统的掠夺式的经营方式为主，这种经营方式严重破坏着生态环境。从农业生产来看，农民所使用的劳动工具十分落后，有些距今已有几千年的历史，如"二牛抬杠"，现代化的农业生产工具应用很少，其他的农业机械应用也很少，这必然不会使农业产量出现太大的增长。在生产协作方面，西北民族地区的农业生产仍然是以传统的农业生产协作方式为主，按照自然经济原则，以个人和家庭为主进行自给自足的生产，合作意识淡薄，市场观念落后。当前除了少数地区外，大多数地区的农业生产都是为了家庭消费，市场化率低，制约了农业生产的发展。从畜牧业来看也不容乐观，西北民族地区的畜牧业生产也是沿袭传统的生产方式，对生态环境的破坏日益严重。西北民族地区的牧场大多属于干旱荒漠草原、高山草甸草原，草原的承载力较低并且十分脆弱，如果遭到破坏就会迅速恶化。但是西北民族地区畜牧业经营方式上没有处理好集中放牧与分散饲养的关系，在集中放牧中也没有处理好分片放牧、季节性放牧等的关系。无视草原植被生长的规律，盲目追求牲畜的存栏数，轻视牲畜的商品化率，造成了草原的严重超载，使许多草原出现了退化、沙化。这种传统的农牧业发展方式，使西北民族地区的农牧业发展呈现出单一的经济结构特征，这和西北民族地区的社会发育程度低是密切相关的。由于西北民族地区的社会发育程度低，使经济社会在一个封闭、半封闭的条件下发展，农业的发展就受到信息、市场等条件的制约，不能发挥自己的优势，只能沿袭传统的方式进行生产；反过来，传统农业的发展使农村经济增长缓慢，大多数的农业生产只能维持基本的生活，有些地区甚至难以维持基本生活，这就导致西北民族地区农村缺乏提高社会发育程度的基础。

2. 传统农业所占份额大、农业经济结构单一与农民文化素质低

传统农业所占份额大、农业经济结构单一严重制约了西北民族地区农村地区的发展，由于传统农业的发展难以提高农村经济发展水平，农民依然在传统的发展模式下发展，制约了农民文化素质的提高。西北民族地区农村的思想观念十分落后，由于长期受计划经济的影响和文化素质水平较低，许多的县、乡和村"等、靠、要"的依赖思想在一些基层干部中已根深蒂固，市场意识淡薄，农民的意识中还是"养牛为耕田，养猪为过年，养鸡为换油盐钱"。西北民族地区自然条件恶劣，人地关系紧张，人均耕地面积逐年递减，再加上经济发展水平低，经济增长速度慢等原因，在西北民族地区存在大量的农村剩余劳动力。庞大的农村剩余劳动力成为阻碍西北民族地区农业现代化进程的主要制约因素；只有将庞大的农业剩余劳动力转移出去，才能提高农业生产率，才能实现农业的适度规模经营，才能提高农业吸收现代技术的能力，才能真正实现农业的现代化。但是农村劳动力的素质较低，这既制约了他们促进农业生产的发展，也制约了剩余劳动力的转移。

总之，西北民族地区传统农业所占份额大、农业经济结构单一制约了西北民族地区农村经济社会的发展，从而也制约了西北民族地区农民文化素质的提高低；反过来，由于农民文化素质较低，制约了现代农业和市场经济的发展，也就无法改变目前单一的经济结构。

3. 农民文化素质低与社会发育程度低

西北民族地区农民文化素质较低，这制约了社会发育程度的提高。由于农民文化素质较低，市场意识淡薄，很多地区的农业生产仍然停留在自给而不能自足的水平，农业生产和市场脱节，没有促进社会分工的形成。我们知道社会分工是人类社会进步的标志之一，也是商品经济发展的基础。没有社会分工就没有交换，更没有市场经济。社会分工的发展使每个人做自己擅长的事情，使平均社会劳动时间大大缩短，生产效率显著提高。西北民族地区农村社会分工没有形成，制约了社会发育程度的提高。农民文化素质低是西北民族地区农村社会发育程度低的重要原因，社会发育程度的提高主要依靠人，只有人的发展才能促进社会发育程度的提高。西北民族地区农民文化素质低，缺乏提高社会发育程度的能力和要求，如公路、通信等基础设施的建设，一方面要求有一定的经济基础，另一方面要求有相应的需求。由于农民文化素质低，制约了当地经济的发展，从而缺乏必要经济能力提高基础设施的建设；同时，由于文化素质低，也缺乏对基础设施的需求。很多地区的农民在农闲时主要依靠打麻将、喝酒等来消磨时间，而不是通过看新闻、上网等来了解社会、了解市场。

社会发育程度低也制约了农民文化素质的提高。由于社会发育程度低，各种基础设施建设落后，人们祖祖辈辈生活在一个相对封闭的环境里，缺乏与外界的交流，这就造成了信息闭塞，难以融入市场经济的发展大潮中去。在这种封闭的环境里使传统的观念和落后的习俗束缚着人们的思想，其结果是使农民缺乏接受现代科学技术知识和新生事物的必要能力，缺乏市场经济观念，市场开拓能力较低、市场竞争意识淡薄，更不懂得社会主义市场经济条件下的经营与管理。总之，农民文化素质低制约了社会发育程度的提高，而社会发育程度低也制约了农民文化素质的提高。

（三）PPE 怪圈与 RAP 怪圈的耦合

西北民族地区生态环境的恶化不仅是 PPE 怪圈和 RAP 怪圈恶性循环的结果，更为重要的是 PPE 怪圈和 RAP 怪圈耦合作用的结果，农业经济结构单一和环境退化成为 PPE 怪圈和 RAP 怪圈恶性循环的耦合节点。正如前面的分析，西北民族地区农村经济呈现出以传统农业为主、经济结构单一的特点，这种单一的农村经济结构一方面制约了农村社会发育程度的提高，另一方面也制约了农民文化素质的提高。农村经济结构单一决定了农民收入增长的途径只能是进行简单的扩大再生产，即农民收入的增长主要依靠增加土地耕种面积和增加牲畜数量。除此之外，其他收入来源很少，特别是农村第二、三产业发展滞后，剩余劳动力的转移受到很大的制约，农业以外的收入来源也就非常有限。当前乡镇企业多以建筑工业和建材工业为主，而且基础十分薄弱，几乎是手工业生产，技术水平很低，很难提高生产效率。由于乡镇企业一方面缺乏与农业发展的紧密联系，另一方面又和城市工业在技术和产业链条上没有建立切实的合作关系，因此乡镇企业的发展缺乏对农业强有力的支持和带动作用，在经济职能上难以改变农村单一经济结构的现状。所以，乡镇企业对农村剩余劳动力的吸纳能力有限，剩余劳动力转移到城市又受到很多因素的制约，大量的剩余劳动力只能滞留在农村。受有限土地的制约，农民只能进行粗放型扩大再生产，这必然加大对生态环境的破坏，加剧环境退化。西北民族地区环境退化影响了农村经济社会的发展，一方面生态恶化制约了农业收入的增长，由于生态恶化，西北民族地区农村农业生产条件十分恶劣，干旱少雨、各种自然灾害频发，这导致农村经济增长缓慢；另一方面环境退化制约了农业产业结构的调整，迫使农民保持原有的农业生产结构。由于环境退化，使西北民族地区农业生产发展缓慢，以传统农业生产为主，这导致环境进一步退化。

总之，西北民族地区生态环境的恶化是 PPE 恶性循环的结果、也是 RAP 恶性循环的结果，更重要的是 PPE 恶性循环与 RAP 恶性循环耦合作用的结果。

二　西北民族地区生态补偿机制的构建

（一）西北民族地区生态补偿机制构建的基本思路

1. 西北民族地区生态补偿应该采取多样化方式

当前对西北民族地区的生态补偿主要是现金补偿和实物补偿，这样的补偿对顺利实施退耕还林工程、生态移民工程等具有重要的意义。退耕后农民收入来源大幅度减少，有的甚至难以维持基本生活，通过给退耕户一定的粮食和现金补偿，可以帮助他们解决基本生活问题，但是从长远来看，这种补偿不能提高被补偿者的后续发展能力。因此，在采取现实补偿和实物补偿之外，应该采取其他的一些补偿方式，如政策补偿、智力和技术补偿等。实物补偿除了采用粮食之外可以补偿农业机械、优良品种等，通过这样的补偿促进农业生产结构的调整和技术水平的提高，提高生态建设地区自我发展能力。政策补偿可分两大类，一类是给当地政府的政策补偿，如允许其在资源开发方面具有一定的优先权、在资金筹集方面可以采取适度宽松的政策等；另一类是对生态建设者的政策补偿，如自主创业时给予优惠等。技术和智力补偿主要是对生态建设者给予一定的技术培训，提高他们的创业能力，特别是随着新型城镇化的发展，提高农民发展农业相关产业的能力。总之，西北民族地区的生态补偿除了采取资金补偿、实物补偿之外还可以采用多种形式，主要是根据被补偿者的需求，采取合理的补偿方式。

2. 西北民族地区生态补偿与产业结构调整相结合

西北民族地区生态补偿要与支持产业结构调整结合起来，特别是要与后续产业的发展相结合。西北民族地区生态补偿要想取得良好的效果，就必须通过生态补偿改变当前西北民族地区农村以传统农业为主的单一产业结构，实现农、林、牧协调发展。在发展各类产业时，必须从当地的区域特征出发，抓住本地的特色优势资源，发展特色产业。但是，西北民族地区农村地区社会发育程度低，缺乏产业结构调整的经济基础、技术基础和市场基础，因此在生态补偿的过程中，不但对各种生态环境建设的成本进行补偿，而且对产业机构转换也应该进行补偿。只有在国家和其他地区的支持下，西北民族地区的农村才可能实现产业结构的转换。当前产业结构改变的补偿包含多个方面，经济支持是一个方面，除此之外，还应该有技术支持、产权改革、政策支持等。至于这些方面的补偿方式，可以根据不同地区的具体特点有区别地进行。总之，在进行生态补偿的时候，必须注意当地产业结构的转换，改变传统农业生产方式和单一的农村经济结构，开辟农业收入增长新途径，这样才能保证生态建设的成效。

3. 西北民族地区生态补偿要引入市场机制

　　生态补偿的根本目的是促进生态环境的改善，为社会发展创造良好的生态环境。因此，在政府作为补偿主体的同时要探索其他的补偿主体，也就是说在政府作为主要的生态补偿主体的同时应该引入市场机制。生态建设提供的是公共产品，依据公共产品理论，生态建设支出应该由政府来承担；但是，生态建设的成果又是生态资本，依据生态资本理论，应通过市场机制来筹集生态补偿资金。生态建设必将会改善生态环境，给全社会提供良好的生态服务，因此可以探索将生态服务通过市场的方式进行交易，这可以采用一对一的市场交易方式和配额交易方式。一对一的市场交易主要是在上下游之间，上游的生态建设为下游提供了良好的生态服务，那么下游就应该按照市场机制给上游一定的补偿，同时可以采取全球范围内的配额交易方式进行补偿，如碳汇交易。

　　4. 生态补偿应以生态发展促进生态产业的形成

　　聂华林认为："生态发展是以生态建设为基础，以人工生态模拟为条件并通过一定的生态技术、生物技术、化学技术、工程技术、经济技术等手段建立起来的生态经济系统，不仅应具有维持人类的生态条件、提高人民生活质量的效用，而且还应有较高的经济产出和伴随着经济产出的增加对人类的经济结构和收入结构产生明显有利的变化，并且有利于新兴产业（生态产业、水土保持产业、沙产业、林产业、草产业）的形成，通过新兴产业形成促进区域特色经济的发展，从而达到充分、科学地利用水、土、热、光等自然资源，激活贫困地区的造血功能以解决贫困落后的目的。"① 由此可见，生态发展就是通过经济、行政和法律等手段，以生态重建为基础，以生态与经济协同发展为目标，在实现生态环境改善的同时促进生态建设地区生产结构和收入结构的转变，通过新型产业的形成发展区域特色经济，最终实现生态改善经济发展的过程。因此，西北民族地区生态补偿应该促进生态产业的形成，重点对那些既能改善生态环境又能带动当地经济发展的产业进行补偿，如沙产业、草产业、水土保持产业等，这样可以形成生态与经济协调发展的机制，实现生态、经济和社会的协同发展。

---

　　①　聂华林：《论生态发展》，《开发研究》2002 年第 1 期。

总之，西北民族地区的生态补偿应该从西北民族地区的实际出发，在原有生态补偿机制的基础上进一步完善，特别是要通过生态补偿提高西北民族地区生态资本存量和质量。在补偿方式上也应该采用多样化的方式，充分调动各方的积极性，生态补偿要与生态建设地区后续产业发展相联系，增加生态建设地区自我发展能力。

（二）西北民族地区生态补偿机制的总体框架

西北民族地区生态补偿是促进生态、经济和社会协调发展的基础，合理的补偿机制能促进生态补偿工作的顺利开展，保障生态补偿目标的实现。但是，生态补偿是一项复杂的系统工程，涉及不同的主体、对象等，同时还要有相关的法律、政策等来协调，因此应该建立一个系统的补偿机制框架，以此促进生态补偿的顺利开展。西北民族地区生态补偿机制结构如图5—4所示。

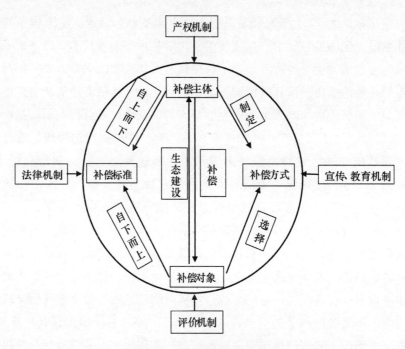

图5—4　生态补偿机制结构

如图5—4所示，西北民族地区生态补偿机制就是建立由中央政府和地方政府为主、市场为辅的补偿主体，以科学合理的补偿方式，通过对补偿对象的合理补偿，促进西北民族地区生态建设和经济发展。在该生态补偿主体机制结构中，补偿主体主要包括中央政府、地方政府、企业、社会团体等，改变过去政府单一补偿主体的现状。在补偿主体中，各主体的地位不同、职责也不同，中央政府主要是制定宏观的生态建设规划、筹集生态补偿的资金、制定生态补偿的政策、规定生态补偿的方式、制定生态补偿标准确定的方法等。地方政府主要是贯彻执行中央政府的政策，同时也要筹集部分生态补偿的资金，在中央政府宏观政策指导下，对当地生态建设具体规划，主要是选择生态建设的范围，制定生态建设具体执行过程。地方政府在选择好生态建设范围后，要将生态补偿的方式、补偿的资金、生态建设的具体程序等向当地生态建设者公布并广泛宣传，引导农户等生态建设主体进行生态建设；同时对农户等各生态建设主体提出的生态建设计划进行审核，然后上报中央政府，在中央政府同意的条件下与生态建设主体签订合同；在具体的生态建设过程中要对生态建设主体进行指导，并按照合同的规定对生态建设成果进行检查监督，以此为基础执行生态补偿政策。企业、社会团体等主要是通过生态补偿的市场机制参与生态补偿，如通过生态服务交易市场，同时对生态建设进行监督。

补偿对象主要是农户和其他的生态建设主体，补偿对象是主动提出进行生态建设并希望得到补偿的一方。在所构建的补偿机制中的补偿对象，除了农户之外还包括各企业、社会团体、民间组织等。补偿对象主要是根据地方政府所提供的生态建设信息考虑是否参与生态建设，如果决定参与生态建设就需要自己拟定生态建设计划书，在计划书中应该说明希望得到的补偿数额、补偿方式等，特别要说明生态建设预期成果，然后向当地政府提出申请，如果通过则按照计划实施，如果未通过则对计划书进行修改，等到下一个申请期或者下一年再进行申请。在当地政府通过的前提下，申请者就可以得到前期的补偿，开展生态建设，根据生态建设的进程逐步得到补偿，但是补偿对象必须保障生态建设目标的实现，如果生态建设各个阶段的进程没有实现计划书的计划，补偿主体根据情况可以终止对其补偿。当然，特殊情况除外，如自然灾害等原因造成计划无法实现。所以，在该补偿机制结构框架下，补偿对象可以得到补偿，但是也有可能得不到补偿，其关键是看能否保障生态建设成果按计划实现。

补偿方式是补偿主体对补偿对象进行补偿时所采用的方式，主要有资金补偿、实物补偿、政策补偿、智力补偿等。资金补偿和实物补偿是当前西北民族地区生态补偿中所主要采用的补偿方式,如退耕还林工程中所采用的补偿方式,这些补偿对促进生态建设具有重要的作用,通过资金补偿和实物补偿可以缓解退耕农户暂时的困难,保障他们基本的生活,促进生态建设工程的顺利开展。但是,当前所采用的资金补偿和实物补偿都是为了解决退耕农户基本生活问题,没有将后续产业的发展与生态补偿结合起来,也就是没有建立起一种长效的补偿机制,因此在当前生态补偿方式的基础上,应该根据补偿主体和补偿对象的实际,建立多种补偿方式。补偿主体可以设定多种补偿方案,由补偿对象的选择,如在采取资金补偿和实物补偿的同时加上政策补偿,即制定特殊优惠政策,补偿对象在进行其他经济活动时给予一定的优惠;资金补偿、实物补偿和智力补偿相结合,这就是在保障补偿对象基本生态的同时,通过专门的教育培训,使他们能有一技之长,为拓宽就业面创造条件;此外还可以根据实际需要建立不同的生态补偿方式。补偿对象可以根据自己的实际情况选择补偿方式,在不同的补偿方式中选择一种最适合自己发展需要的补偿方式。当然,在该补偿机制中的补偿方式不再是以解决补偿对象的基本生活为目标,而是在解决基本生活的同时要提高他们的自我发展能力。

补偿标准的制定有多种方式,当前大多数生态建设补偿标准都是自上而下制定的,如退耕还林工程中的补偿标准,采用的就是这种方式。这种制定补偿标准的方式一个明显的缺陷就是不利于调动生态建设者的积极性,因为自上而下确定补偿标准时容易造成"一刀切",这样就会导致一些地区"补偿不足"而一些地区"补偿过度"。如在西北民族地区的一些重要生态功能区,如果按照这样的补偿方式补偿就存在严重的补偿不足。合理的补偿标准是提高补偿资金利用效率,实现生态建设工程顺利实施的关键,因此在该补偿机制中的补偿标准是采取自上而下和自下而上相结合的方式制定,也就是政府制定生态补偿标准的一个大体范围,生态建设者在自己的计划书中应该提出对生态补偿标准的要求。补偿对象仔细核算生态建设的成本、预期收益等,决定自己希望得到的补偿方式,在此基础上确定期望得到的补偿标准。补偿主体在收到补偿对象的计划书后要对其补偿标准进行核算,如果是在合理的补偿范围内就可以与其签订协议;如果不是在合理的补偿范围内可以拒绝签订协议。这种自上而下与自下而上相结合的确定生态补偿标准的方式，可以调动生态建设者的积极性，提高生态建设资金的利用效率。

此外，还有生态补偿的配套机制，主要包括产权机制、法律机制、生态建设效益评价机制和宣传教育机制等。产权机制在生态补偿中的作用主要是明确界定不同主体的权利与义务，充分调动各主体的积极性。生态环境产权虚置是一个历史问题，特别对西北民族地区来说更是如此，这不仅制约了生态建设的开展，同时也制约了社会经济的发展。因此，在生态建设过程中应该建立完善的产权机制，明确界定所有权、使用权、收益权等，在此基础上要建立完善的产权交易市场，使生态建设主体投入可变成相应的收益，从而加速生态建设的进程。法律机制主要是通过生态补偿方面的相关法律法规，对生态建设过程中所涉及的不同主体的权利与义务进行约束，保障各主体权利的实现，进而促进生态建设工程的顺利开展。生态建设效益评价机制是对生态建设的过程和结果进行评价的机制，它对保障生态建设目标的实现具有重要的意义。生态建设效益评价主要有过程评价和结果评价两大类。过程评价就是对生态建设各个阶段的评价，评价的结果是决定是否实施补偿进而继续推进生态建设的重要决定因素；结果评价是对生态建设的最终成果进行的评价，这对科学合理地评价整个工程具有重要的意义。可持续发展的宣传教育机制对整个生态补偿机制的作用是从思想上提高各个主体的生态保护和生态建设意识，在从物质和资金上促进生态建设的同时，更重要的还是从思想上提高社会的生态建设意识，可持续发展的宣传教育机制就是通过广泛的社会宣传，使生态保护与生态建设成为社会成员的一种思想意识，以此来促进生态环境的健康发展。

在生态补偿机制中，各个要素之间是相互影响、相互制约的，他们之间必须协调一致才能促进生态建设的顺利开展。因此，在构建生态补偿机制时要充分考虑各要素之间的相互关系，实现各要素间的协调发展。

三　生态补偿效益评价机制

生态补偿是一项复杂的系统工程，它的实施不仅是为了改善生态环境，提高生态系统服务功能，更重要的是它除了生态效益之外还具有一定的经济效益和社会效益。但是，生态补偿的生态效益、经济效益和社会效益有多大，这些问题的解决需要建立一个完善的生态补偿效益评价机制。

而且生态补偿效益的评价对于生态建设有效进行是一个必要的方面。首先，生态补偿效益评价是全面地评价国民经济增长的条件。当前，我国对经济增长率的评价没有把生态效益加入，从而也就没有反映出生态建设对国民经济发展的贡献，也无法核算生态建设者对国民经济增长的贡献，因此建立生态建设效益评价机制，可以完善国民经济增长评价体系。其次，生态补偿效益评价可为生态建设和生态补偿提供科学依据。在生态建设过程中，不仅有劳动投入，还有资金投入、土地投入等，那么应该投入多少劳动、多少资金、多少土地是合理的，对生态建设主体的补偿应该是多少等问题，都需要建立完善的生态建设效益评价机制。

生态补偿效益评价是一个比较复杂的问题。首先，大部分生态要素不具有市场特征，难以实现货币计量。生态建设的成本支出可以用货币计量，但是生态建设成果很多无法在市场上进行交易。如生态林建设，这些生态林无法在市场上进行交易，那么对生态林的价值就无法科学合理地评价。其次，生态补偿效益具有多重性，指标体系建立比较复杂。生态补偿具有生态效益、经济效益和社会效益，对这三大效益的评价又有不同的指标体系，生态补偿对不同的地区这三大效益是不相同的，对不同的主体所关注的侧重点不同，所设置的指标权重也不同，那么评价的结果就不相同。再次，生态价值难以科学合理贴现。生态建设和其他投资虽然有很多不同，但是有一相同点，那就是要核算成本和收益，生态建设的主要成本支出是在现期，当然以后还有支出，如管护费用的支出等，它所产生的收益是在未来，那么未来的收益如何贴现成现期的收益，难以选择一个合理的贴现率。除此之外，生态补偿涉及范围广、地域差异大、评价成本高等都影响生态建设效益评价的进行。

在国内外都有对生态价值评价的研究，苏联在20世纪50年代末提出森林效益评价方法，如森林公益效能经济评价的生态功能作用系数法等。日本在1982年完成的《森林公益效能计量调查：绿色效益调查》中提出了森林公益效能计量方法，利用多变量解析方法计算了全日本7种森林生态效益。1997年，Costanza等[①]在 Nature 杂志上发表了题为："The value of

---

① P. Costanza, P. Arge: The value of the world's ecosystem services and nature capital, *Nature*, 1997, 386: 253—260.

the word's ecosystem services and nature capital" 的文章，对全球生态系统服务功能进行了划分和评估，他们将生态系统服务功能分为干燥调节、土壤形成、营养循环、废物处理、授粉等 17 种类型，并按 16 种生态系统以货币形式进行估算。国内对生态系统功能价值也有广泛的研究，石培基等以甘肃省 4 个退耕还林试点县为例，应用费用效益法估算政策实施前后退耕者所得纯经济效益，采用比较分析法对比政策实施前后退耕者所得纯经济效益的大小，从而实现退耕还林政策对退耕者经济纯效益的影响评价。[①] 何家理根据我国西部地区生态环境问题的显著特征选取了水土流失、草原退化、土地荒漠化、干旱缺水四个一级评价指标，在一级评价指标内又选了四个二级评价指标，以全国总体情况与西部地区情况对比，根据第一、二级评价指标体系，结合国家采取的综合治理措施，设定第三级评价指标，将我国西部地区生态环境建设绩效评价设定为"常态、一般、差"三个评级级别。[②] 李世东等采取植被因子与环境因子相结合的综合多因子方法，以内蒙古凉城县为例，运用层次分析法和系统聚类分析法，对退耕还林重点工程县进行了定量化立地分类，把县划分为 5 个立地类型组、19 个立地类型，同时建立了退耕还林立地分类体系和定量化方法，为促进退耕还林工程实现生态、社会、经济的协调发展提供了依据。此外，还有张更生、欧阳志云、李金昌、崔丽娟、李智广、杨旭东等对该内容进行了研究。[③]

　　总的看来，国内外对生态系统服务价值的研究取得了一定的成效，对建立和完善生态建设效益评价指标体系的构建具有重要的启发意义。但是，这些研究都是集中于单个方面的评价，如生态建设的防风治沙的作用、水源涵养功能、农民收入的影响等，缺乏对生态建设成果的全面评价。正如前文所述，生态建设不仅具有生态效益，还有经济效益和社会效

---

　　① 石培基、冯晓淼、宋先松、于江海：《退耕还礼辽宁政策实施对退耕这经济纯效益的影响评价》，《干旱区研究》2006 年第 9 期。

　　② 何家理：《西部生态环境建设的三个相关问题探讨》，《生态经济》2005 年第 8 期。

　　③ 李世东、沈国舫、翟明普、李俊清：《退耕还林重点工程县立地分类定量化研究》，《北京林业大学学报》2005 年第 11 期。

益，因此应该建立一个全面的评价体系。目前，对生态建设效益的评价主要是对近期效益的评价，没有对中期和远期效益的评价。在评价机构上，也主要是由政府机构作为评价机构，这是从政策制定和项目管理角度出发对工程实施效果的监测，但是这与政策评价的独立性原则相矛盾，因此必须建立独立的评估机构。此外，在评价信息、评价指标体系、评价时间等方面都存在一定的问题。因此，要建立完善生态效益评价机制。

第 六 章

主 要 观 点

第一节　稳步推进西北民族地区新型城镇化

新型城镇化是社会经济发展到一定历史阶段的产物，是促进社会经济协调发展的重要途径。当前及未来较长的一段时期内，新型城镇化、农业现代化、工业化和信息化是我国建设富强民主文明和谐的社会主义强国的必然选择，然而新型城镇化又起着举足轻重的作用。新型城镇化是关系中国转变发展方式、扩大国内市场、实现区域协调发展的重要途径，因此新型城镇化是我国当前社会经济发展的必然选择。但是，中国由于区域差异较大，由此决定了各地的新型城镇化既有共性又有自身的特点。例如，东部地区总体经济发展状况较好，人口密度大，生态环境较好，因此这些地区新型城镇化的基础就较好，发展起来也相对容易；而西北民族地区则不然，社会经济总体状况不太好，生态环境恶劣，人口密度较小，缺乏产业支撑等，这些因素决定了西北民族地区新型城镇化发展应该采取适宜的发展方式，促进新型城镇化的稳步推进。西北民族地区作为我国的一个重要组成部分，其新型城镇化的发展对全国的发展影响更为重大，因为西北民族地区具有其自身的特殊性。西北民族地区大多处于边疆地区，同时又是贫困落后地区和各项社会事业发展滞后地区，因此西北民族地区的新型城镇化不仅是要促进城镇经济的发展，更重要的是其生态的发展、社会事业的发展等，其对全国新型城镇化发展具有重要的影响。

新型城镇化是西北民族地区发展现代农牧业的必然要求。现代农牧业是相对于传统农牧业而言的，从传统农牧业到现代农牧业是一个动态的、渐进的过程。现代农牧业的发展是通过应用现代科学技术，提高农牧业生产过程中的技术水平、管理水平和专业化水平，实现农牧业生产的可持续发展。新型城镇化的发展，可以促进西北民族地区工业化的发展；新型城镇化的发展有利于培育发展极，形成集聚效应；新型城镇化的发展为工业化的发展奠定基础。新型城镇化的发展加速对外开放，促进工业化的发展。新型城镇化的发展，降低对生态环境的过度利用；新型城镇化的发展，对环境的治理更加有效；随着新型城镇化的发展可以增强农牧民的生态环境保护意识，促进生态环境的改善与发展。西北民族地区的新型城镇化在促进社会经济发展的同时使各民族之间的联系和交往更加密切。新型城镇化的发展为民族文化的保护和发展创造了条件，有利于促进民族文化的保护和发展。

西北民族地区新型城镇化是中国新型城镇化战略的重要组成部分。因此，西北民族地区在新型城镇化过程中，要按照全国新型城镇化战略规划实施；同时，西北民族地区的新型城镇化又具有自身的特点，因此还需要因地制宜制定新型城镇化发展战略。西北民族地区制定新型城镇化发展战略前，需要考虑以下关键问题：中国新型城镇化规划与西北民族地区新型城镇化战略选择；新型城镇化规律是否适合西北民族地区；新型城镇化的集约功能与西北民族地区城镇空间结构的碎片化；经济发展与社会发展的断裂等。

西北民族地区新型城镇化过程中要促进以下内容的改进：提高新型城镇化的质量、促进新型城镇化体制机制要进行创新，实现城乡基本公共服务一体化，主要包括户籍制度、医疗卫生制度、土地制度、住房制度、就业创业机制、收入分配机制等涉及基础民生的制度；促进环境的改善，包括生态环境的改善、城镇环境优化、建设资源节约环境友好型社会；城镇空间结构优化是西北民族地区新型城镇化的一项重要内容。

第二节　西北民族地区新型城镇化应以城镇承载力为基础

城镇承载力是一个完整的系统结构，只有用系统论的方法来研究城镇承载力，才能客观真实地反映出一个城镇的承载力水平。根据城镇化的影响因素和在城镇化中的作用以及西北民族地区城镇化发展的特殊性，将城镇承载力系统分为资源承载力、环境承载力、经济承载力和社会承载力四个子系统，由这四个子系统构成城镇综合承载力系统。这四个子系统具有完整的系统结构，它们之间相互联系、相互作用，相互进行物质、信息和能量的交流与传递，它们之间的相互作用具体体现为：一是相互限制，限制意味着四个子系统的自由度降低，这正是城镇承载力出现的条件；二是筛选，即限制不是对一切进行限制，而是有选择地限制，保留系统所需要的一切内容；三是协同，即系统内部各要素协调和同步，从而使系统能够形成新的功能。城镇承载力系统是一个复杂的巨系统，具有自己特殊的结构和功能，根据西北民族地区城镇化发展中的关键问题，可以将城镇承载力系统简单概括为 REES 系统。

新型城镇化应以城镇承载力为基础。新型城镇化是使农村从传统农业社会向现代工业社会、信息社会演进的过程，也是城市文明向农村传播的过程，这是任何一个传统社会向现代社会转变的必然选择。但是新型城镇化是一个渐进的过程，不能一蹴而就。在过去的城镇化，各地单纯追求城镇化的数量而忽视城镇化的质量，使城镇化速度超过了城镇承载力水平，造成一系列城镇问题的出现。城镇承载力是由众多要素共同作用的结果，这些要素必须协调发展才能提高城镇总体承载力，进而促进新型城镇化的发展。新型城镇化与城镇承载力是密切相关的，二者之间是相互制约、相互促进的。因此，一方面，在推进新型城镇化的同时要提高城镇承载力。新型城镇化是农村人口向城镇集聚、城镇数量和规模扩张的过程，但是更为重要的是要实现城镇结构和功能的优化，使城镇的承载力逐步提高，实现人口集聚、产业集中、社会发展、生态文明的和谐城镇化。另一方面，提高城镇承载力的同时要促进新型城镇化发展。提高城镇承载力就是要通过改善城镇的基础设施、产业结构、就业结构、各种制度（就业、医疗、上学、社会保障等），使城镇发挥其聚集效应和带动作用，进而促进城镇化的健康、可持续发展。

城镇承载力不仅取决于资源绝对量的多少，同时受资源使用效率的影响。西北民族地区城镇综合承载力水平相对较低，都处于超载状态，这就需要根据各省（区、市）超载状况，制定适合本省（区、市）城镇承载力状况的新型城镇化发展战略，在促进新型城镇化发展的同时提高城镇承载力水平，实现新型城镇化的健康、可持续发展。城镇承载力是一个复合系统，城镇综合承载力水平的高低不仅取决于各子系统承载力水平的高低，同时取决于各子系统的协调性。西北民族地区城镇承载力的各子系统发展不协调，大多数省（区、市）社会承载力水平较高，高于资源承载力、环境承载力和经济承载力，如甘肃、青海、新疆等均呈现这样的特征，这主要是西部大开发以来，国家加强对西部地区的支持，其中很重要的一项就是促进西部地区社会事业的发展，这直接导致西北民族地区社会承载力水平的提高。同时大多数省（区、市）的环境承载力和经济承载力相对较低，这表明经济承载力和环境承载力是制约西北民族地区新型城镇化发展的重要因素。

第三节　新型城镇化促进城乡一体化

国内外对"二元"经济结构已有众多的研究，这些研究成果表明，城乡"二元"经济结构的形成是大多数发展中国家所必经的阶段，但是其发展到一定程度会制约整个社会经济的发展。因此，通过实施城乡一体化发展战略，一方面缩小城乡差距，另一方面促进城乡协调发展。城乡一体化可以破解城乡差别制度；城乡一体化可以消除城乡差别的各种保障和福利制度；城乡一体化可以提高农村社会发育程度；城乡一体化可以增加农村就业机会，促进农村发展。城乡一体化是解决"三农"问题的重要途径；城乡一体化是扩大内需的重要途径；城乡一体化可以促进区域协调发展。西北民族地区城乡一体化相对较低，只有宁夏在 2012 年和 2013 年两年的城乡一体化相对水平达到了全国平均水平，其他省（区、市）均低于全国平均水平。

从新型城镇化的本质内涵中可以看出，新型城镇化的发展有助于促进城乡一体化。新型城镇化的"新"就新在以"人的城镇化为核心"，这应该包含以下几个方面的内涵：一是生产方式的城镇化；二是生活方式的转变；三是社会文化的城镇化；四是社会权益的城镇化。可见，新型城镇化的核心和城乡一体化具有共同的目标；新型城镇化有助于促进城乡社会分工的协调；新型城镇化可以进一步促进城镇分工的发展；新型城镇化可以促进农业的发展；新型城镇化可以促进城乡统筹发展。

在新型城镇化发展过程中，要拓宽城乡要素互动空间，促进城乡各种要素的交流，实现城乡一体化发展。新型城镇化过程中，建立城乡要素互动的机制，主要包括以下几个方面：一是建立城乡人口流动机制；二是建立合理的农村土地产权制度；三是建立城乡资本流动机制。建立"以工促农、以城代乡"的协调发展机制。新型城镇化的发展不仅是促进城镇的发展，同时要培育发展极，形成"以工促农、以城带乡"的协调发展机制。一是城镇产业发展与农业发展相协调。西北民族地区城镇产业的发展要改变传统的资源为主或者相对独立的城镇产业发展状况，根据各地农业发展的特点，建立能够带动农业发展的相关产业，促进农业产业链的延伸。通过城镇产业发展形成增长极，吸纳各种农产品流入城镇相关产业，延长农业产业链，实现城镇产业与农业的协调发展。二是改变农业生产方式，实现农业生产与城镇相关产业发展相协调。传统的农业生产方式是以小规模、满足家庭需求为主的经营方式，城镇化的发展必须改变这种农业经营方式，建立农业生产与城镇相关产业发展的联动机制，根据城镇相关产业发展的需求，合理组织农业生产，真正实现农业为城镇产业提供原材料的功能，进而实现城乡产业协调发展。

新型城镇化的发展对城乡社会治理提出新的要求，特别是随着城乡人口流动，对人口管理及由此派生的各种医疗、社会保障等相应的管理也变得更加复杂。因此，需要建立城乡社会协同治理机制，促进城乡一体化的发展。一是加强农村基层组织的建设。农村基层组织是新型城镇化过程中连接农村和城镇的重要节点，加强农村基层组织建设，提高基层组织的服务能力和服务水平，使其能够和城镇的社会治理协调，促进城乡社会治理一体化的实现。二是建立城乡社会协同治理的制度。社会治理具有一定的复杂性，而制度是保障城乡社会治理协同发展的基础，因此在新型城镇化过程中，要建立城乡社会协同治理的相关制度，主要包括流动人口管理制度、就业制度、短期社会保障制度、医疗报销制度等涉及农业转移人口切身利益的相关制度。三是加强农村社区建设。当前城镇社区建设相对完善，对新型城镇化过程中的社区管理起到了积极的促进作用，但是农村社区治理相对滞后，因此要加强农村社区治理，提高社区服务水平，实现城镇社区治理与农村社区治理的协同发展。

第四节　新型城镇化过程中加强生态补偿

《国家新型城镇化规划纲要（2014—2020 年）》明确指出，实行资源有偿使用制度和生态补偿制度。加快自然资源及其产品价格改革，全面反映市场供求、资源稀缺程度、生态环境损害成本和修复效益。制定并完善生态补偿方面的政策法规，切实加大生态补偿投入力度，扩大生态补偿范围，提高生态补偿标准。由此可见，新型城镇化与生态环境是密切相关的，新型城镇化的发展要与生态环境的建设与保护相协调。新型城镇化的发展会影响生态环境的发展，同时新型城镇化的发展对生态环境也提出了更高的要求。对西北民族地区来说，生态环境的建设更加重要，这些地区一方面生态环境脆弱，虽然多年来一直努力改善，但是仍然没有从根本上改变，脆弱的生态环境是制约这些地区社会经济发展的重要因素；另一方面，西北民族地区作为全国重要的水源涵养区和生态功能区，这些地区生态环境的保护和建设不仅影响当地社会经济的发展，同时对全国的生态环境改善和社会经济发展具有重要的意义。因此，西北民族地区在新型城镇化过程中，必须将生态环境的保护和建设放在重要的位置。

生态环境对新型城镇化发展具有重要的影响。生态环境是新型城镇化发展的重要物质基础，新型城镇化的发展不管是人口的集聚、产业的优化和升级，还是社会事业的发展，都离不开生态环境的支撑。生态环境影响新型城镇化的质量，一方面生态环境改善是新型城镇化的本质内容；另一方面生态环境的改善提高为新型城镇化提供良好的生态环境基础，进而提高新型城镇化质量。生态环境影响新型城镇化进程，新型城镇化与生态环境是相互制约、相互促进的，生态环境对新型城镇化的进程具有重要的影响，良好的生态环境会促进新型城镇化的发展；反之，会制约新型城镇化的发展。

西北民族地区生态环境的恶化不仅是 PPE 怪圈和 RAP 怪圈恶性循环的结果，更为重要的是 PPE 怪圈和 RAP 怪圈耦合作用的结果，农业经济结构单一和环境退化成为 PPE 怪圈和 RAP 怪圈恶性循环的耦合节点。

　　西北民族地区生态补偿机制就是建立以中央政府和地方政府为主、市场为辅的补偿主体，以科学合理的补偿方式，通过对补偿对象的合理补偿，促进生态建设和经济发展。在该生态补偿主体机制结构中，补偿主体主要包括中央政府、地方政府、企业、社会团体等，改变过去以政府单一补偿主体的现状，在补偿主体中，各主体的地位不同、职责也不同。补偿对象主要是农户和其他的生态建设主体。补偿对象是主动提出进行生态建设并希望得到补偿的一方。在所构建的补偿机制中的补偿对象，除了农户之外还包括各企业、社会团体、民间组织等。补偿方式是补偿主体对补偿对象进行补偿时所采用的方式，主要有资金补偿、实物补偿、政策补偿、智力补偿等。合理的补偿标准是提高补偿资金利用效率、实现生态建设工程顺利实施的关键，因此在该补偿机制中的补偿标准是采取自上而下和自下而上相结合的方式制定，也就是政府制定生态补偿标准的一个大体范围，生态建设者在自己的计划书中应该提出对生态补偿标准的要求。此外，还有生态补偿的配套机制，主要包括产权机制、法律机制、生态建设效益评价机制和宣传教育机制等。

参考文献

［1］陈理：《构建社会主义和谐社会重大战略思想的形成与发展》，《党的文献》2012 年第 3 期。

［2］韩雅楠：《论"和谐社会"与"以人为本"的现代意义》，《经济研究导刊》2012 年第 6 期。

［3］姜爱林：《中国城镇化理论研究回顾与述评》，《城市规划汇刊》2002 年第 3 期。

［4］彭红碧、杨峰：《新型城镇化道路的科学内涵》，《理论探索》2010 年第 4 期。

［5］郭汝：《城镇规模研究综述及趋势探讨》，《中国经贸导刊》2011 年第 8 期。

［6］黄锟：《中国城镇化的特殊性分析》，《城市发展研究》2011 年第 8 期。

［7］吴志强、仇勇懿、干靓、刘朝晖、陈锦清、王兰：《中国城镇化的科学理性支撑关键》，《城市规划学刊》2011 年第 4 期。

［8］周元、孙新章：《中国城镇化道路的反思与对策》，《中国人口·资源与环境》2012 年第 4 期。

［9］宋洪远、赵海：《同步推进工业化、城镇化和农业现代化面临的挑战与选择》，《经济研究参考》2012 年第 28 期。

［10］孙荣：《城市治理：中国的理解与实践》，复旦大学出版社 2007 年版。

［11］［美］戴维·奥斯本、特德·盖布勒：《改革政府：企业家精神如何

改革着公共部门》，周敦仁、汤国维、寿进文、徐获洲译，上海译文出版社 2006 年版。

[12] ［美］B. 盖伊·彼得斯：《政府未来的治理模式》，吴爱民等译，中国人民大学出版社 2001 年版。

[13] 邱竞、薛冰：《新经济地理学研究综述》，《兰州学刊》2008 年第 4 期。

[14] 陈文福：《西方现代区位理论述评》，《云南社会科学》2004 年第 2 期。

[15] 石红波、徐大伟：《质量型内涵式城镇化路径：集约发展抑或集聚经济》，《改革》2013 年第 7 期。

[16] 安虎森、吴浩波：《我国城乡结构调整和城镇化关系研究》，《中国地质大学学报》（社会科学版）2013 年第 7 期。

[17] 马永欢、张丽君、徐卫华：《科学理解新型城镇化推进城乡一体化发展》，《城市发展研究》2013 年第 7 期。

[18] 孔令刚、蒋晓岚：《基于新型城镇化视角的城市空间"精明增长"》，《中州学刊》2013 年第 7 期。

[19] 吴福象、沈浩平：《新型城镇化、创新要素空间集聚与城市产业发展》，《中南财经政法大学学报》2013 年第 4 期。

[20] 白先春、凌亢、郭存芝、金志云：《中国城市化：水平测算与国际比较》，《城市问题》2004 年第 2 期。

[21] 王维国、于洪平：《我国区域城市化水平的度量》，《财经问题研究》2002 年第 8 期。

[22] 都沁军、武强：《基于指标体系的区域城市化水平研究》，《城市发展研究》2006 年第 5 期。

[23] 李晓刚、张孝成、许恒周：《区域城市化水平综合评价及其地域差异研究》，《资源开发与市场》2008 年第 3 期。

[24] 刘志刚、代合治：《城市化水平测定的方法与实证分析》，《国土与自然资源研究》2006 年第 2 期。

[25] 张佰瑞：《城市化水平预测模型的比较研究》，《理论界》2007 年第 4 期。

[26] 姜爱林：《城镇化水平的五种测算方法分析》，《中央财经大学学报》

2002 年第 8 期。

[27] 仲盼：《中国城镇化水平测定中存在的问题及调整方法》，《经济体制改革》2006 年第 3 期。

[28] 梁普明：《中国城镇化水平的合理测度及实证分析》，《经济研究参考》2003 年第 86 期。

[29] 王学山：《人口城镇化水平测定方法的改进》，《经济地理》2001 年第 3 期。

[30] 程如轩、李澄清：《我国城市化水平的评价及预期分析》，《经济问题探索》2005 年第 1 期。

[31] 张樨樨：《我国城市化水平综合评价指标体系研究》，《中国海洋大学学报》2010 年第 1 期。

[32] 徐琳瑜：《城市生态系统复合承载力研究》，博士学位论文，北京师范大学，2003 年。

[33] 李东序：《城市综合承载力理论与实证研究》，博士学位论文，武汉理工大学，2008 年。

[34] 吴丽芳：《城市建设系统的理论与实证研究》，博士学位论文，天津大学，2005 年。

[35] 朱旭：《基于增长极理论的滨海新区发展战略研究》，硕士学位论文，天津大学，2010 年。

[36] 赵常兴：《西部地区城镇化研究》，博士学位论文，西北农林科技大学，2007 年。

[37] 王雅红：《西北少数民族地区城镇化模式研究》，博士学位论文，兰州大学，2010 年。

[38] 杨万江、蔡红辉：《近十年来国内城镇化动力机制研究述评》，《经济论坛》2010 年第 6 期。

[39] 李冰：《二元经济结构理论与中国城乡一体化发展研究——基于陕西省的实证分析》，博士学位论文，西北大学，2010 年。

[40] 吴振明：《工业化、城镇化、农业现代化进程协调状态测度研究》，《统计与信息论坛》2012 年第 7 期。

[41] 曹海英：《西部民族地区新型工业化研究》，博士学位论文，中央民族大学，2009 年。

[42] 蒋彬:《四川藏区城镇化进程与社会文化变迁研究》,博士学位论文,四川大学,2003年。

[43] 吴子稳、潘群群、傅为忠:《三次产业与城镇化的关系分析》,《西北人口》2011年第4期。

[44] 驰威:《制度变迁与传统农业改造》,博士学位论文,南京农业大学,2007年。

[45] 刘国新:《中国特色城镇化制度变迁与制度创新研究》,博士学位论文,东北师范大学,2009年。

[46] 杨贤智:《环境管理学》,高等教育出版社1990年版。

[47] 王家骥、姚小红、李京荣、常虹、王渊高:《黑河流流域生态承载力估测》,《环境科学研究》2000年第2期。

[48] 高吉喜:《可持续发展理论探索——生态承载力理论、方法与应用》,中国环境科学出版社2001年版。

[49] 王如松:《复合生态系统理论与可持续发展模式示范研究》,《中国科技奖励》2008年第4期。

[50] 石建平:《复合生态系统良性循环及其调控机制研究》,博士学位论文,福建师范大学,2005年。

[51] 邰晓琳:《环境承载力评价研究》,硕士学位论文,复旦大学,2011年。

[52] 李明昌、张光玉、司琦、梁书秀、孙昭晨:《区域综合承载力的多子系统非线性集对耦合评价》,《北京理工大学学报》2011年第12期。

[53] 魏宏森:《钱学森构建系统论的基本设想》,《系统科学学报》2013年第2期。

[54] 魏宏森、王伟:《广义系统论的基本原理》,《系统辩证学学报》1993年第1期。

[55] 乔非、沈荣芳、吴启迪:《系统理论、系统方法、系统工程——发展与展望》,《系统工程》1996年第5期。

[56] 景跃军、陈英姿:《关于资源承载力的研究综述及思考》,《中国人口·资源与环境》2006年第5期。

[57] 张红:《国内外资源环境承载力研究述评》,《理论学刊》2007年第

10 期。

[58] 曾维华、杨月梅、陈荣昌、李菲菲：《环境承载力理论在区域规划环境影响评价中的应用》，《中国人口·资源与环境》2007 年第 6 期。

[59] 王俭、孙铁珩、李培军、李法云：《环境承载力研究进展》，《应用生态学报》2005 年第 4 期。

[60] 宁佳、刘纪远、邵全琴、樊江文：《中国西部地区环境承载力多情景模拟分析》，《中国人口·资源与环境》2014 年第 11 期。

[61] 马世俊、王如松：《社会—经济—自然复合生态系统》，《生态学报》1984 年第 1 期。

[62] 王如松、欧阳志云：《社会—经济—自然复合生态系统与可持续发展》，《中国科学院院刊》2012 年第 3 期。

[63] 关晓菡、郑勇、顾培亮：《社会系统可持续性建模与仿真研究》，《系统工程理论与实践》2005 年第 6 期。

[64] 卓彩琴：《生态系统理论在社会工作领域的发展脉络及展望》，《江海学刊》2013 年第 3 期。

[65] 邬建国：《耗散结构、等级系统理论与生态系统》，《应用生态学报》2015 年第 2 期。

[66] 张晓瑞、王振波：《基于 PP - EDA 模型的区域城镇化发展差异的综合评价》，《中国人口·资源与环境》2012 年第 2 期。

[67] 王宇峰：《城市生态系统承载力综合评价与分析》，硕士学位论文，浙江大学，2005 年。

[68] 毛汉英、余丹林：《区域承载力定量研究方法探讨》，《地球科学进展》2001 年第 8 期。

[69] 苟斌、于德永、杜士强：《快速城市化地区生态承载力评价研究》，《北京师范大学学报》2012 年第 2 期。

[70] 王玉昭：《国有林区生态经济社会综合竞争力研究》，博士学位论文，东北林业大学，2008 年。

[71] 孙莉、吕斌、周兰兰：《中国城市承载力区域差异研究》，《城市发展研究》2009 年第 3 期。

[72] 鲁丰先：《河南省综合生态承载力研究》，博士学位论文，河南大

学，2009 年。

[73] 岳立、于翠、高新才：《基于区域的城市生态承载力评价与分析》，《干旱区资源与环境》，2011 年第 4 期。

[74] 何禧严：《基于生态承载力的南宁市循环经济发展研究》，硕士学位论文，广西大学，2009 年。

[75] 韦晓宏：《可持续经济发展视野中的生态承载力研究》，博士学位论文，兰州大学，2010 年。

[76] 刘俊艳：《陇东地区生态承载力时空格局及其驱动因子研究》，博士学位论文，兰州大学，2010 年。

[77] 邓波、洪绂曾、龙瑞军：《区域生态承载力量化方法研究述评》，《甘肃农业大学学报》2003 年第 3 期。

[78] 周红艺、李辉霞：《区域生态承载力研究方法评述》，《佛山科学技术学院学报》2010 年第 2 期。

[79] 顾康康：《生态承载力的概念及其研究方法》，《生态环境学报》2012 年第 2 期。

[80] 高鹭、张宏业：《生态承载力的国内外研究进展》，《中国人口·资源与环境》2007 年第 2 期。

[81] 岳东霞：《生态承载力理论、方法及其应用研究》，博士学位论文，兰州大学，2005 年。

[82] 吕光明、何强：《生态承载力综合测度方法的系统分析》，《经济问题探索》2008 年第 11 期。

[83] 张铁男、李晶蕾：《对多级模糊综合评价方法的应用研究》，《哈尔滨工程大学学报》2002 年第 3 期。

[84] 熊德国、鲜学福：《模糊综合评价方法的改进》，《重庆大学学报》2003 年第 6 期。

[85] 李玉琳、高志刚、韩延玲：《模糊综合评价中权值确定和合成算子选择》，《计算机工程与应用》2006 年第 23 期。

[86] 佘震宇：《复杂经济系统演化建模研究》，博士学位论文，天津大学，2000 年。

[87] 郭志伟：《经济承载能力研究》，博士学位论文，东北财经大学，2009 年。

[88] 卢桂林：《经济行为与社会网络》，博士学位论文，上海大学，2011年。

[89] 李皓：《民族地区经济结构研究》，博士学位论文，四川大学，2005年。

[90] 翁鑫：《复杂社会经济系统中的流动性》，《上海理工大学学报》2012年第2期。

[91] 王天送：《中国社会经济系统发展与可持续性的"社会代谢多尺度综合评估"》，博士学位论文，西北师范大学，2008年。

[92] 朱嬿、李章华：《模糊综合评价的分层抽样方法》，《清华大学学报》2002年第8期。

[93] 张军涛、刘建国：《辽宁区域发展差异的多层次模糊综合评价研究》，《财经问题研究》2009年第8期。

[94] 庄锁法：《基于层次分析法的综合评价模型》，《合肥工业大学学报》2000年第4期。

[95] 冷树青：《社会系统论纲》，《江西社会科学》2005年第5期。

[96] 冷树青：《中国社会主义的社会系统哲学解读》，博士学位论文，天津师范大学，2008年。

[97] 张雄：《西部大开发与西部少数民族经济社会和谐可持续发展论纲》，博士学位论文，西南财经大学，2007年。

[98] 张敏：《社会系统的动态平衡发展与中国现代化》，博士学位论文，黑龙江大学，2006年。

[99] 董淑英、王学义：《复杂社会系统研究的系统模型方法》，《计算机仿真》2007年第12期。

[100] 叶文虎、万劲波：《从环境—社会系统的角度看"建设和谐社会"》，《中国人口·资源与环境》，2007年第4期。

[101] 王海萍：《区域社会发展质量评价与时空分异特征研究》，博士学位论文，南昌大学，2012年。

[102] 胡鞍钢：《社会与发展：中国社会发展地区差距报告》，《开发研究》2003年第4期。

[103] 傅鸿源、胡焱：《城市综合承载力研究综述》，《城市问题》2009年第5期。

[104] 郁枫:《空间重构与社会转型》,博士学位论文,清华大学,2006 年。

[105] 林卡:《社会质量理论:研究和谐社会建设的新视角》,《中国人民大学学报》2010 年第 2 期。

[106] 李东序、赵富强:《城市综合承载力结构模型与耦合机制研究》,《城市发展研究》2008 年第 6 期。

[107] 张小富、张协奎:《广西北部湾经济区城市群城市综合承载力评价研究》,《国土与自然资源研究》2011 年第 2 期。

[108] 龙志和、任通先、李敏、胡贵平:《广州市城市综合承载力研究》,《科技管理研究》2010 年第 5 期。

[109] 李秀霞:《基于综合承载力的吉林省适度人口研究》,博士学位论文,吉林大学,2009 年。

[110] 王书华:《土地综合承载力指标体系设计及评价》,《自然资源学报》2001 年第 5 期。

[111] 刘惠敏:《长江三角洲城市群综合承载力的时空分异研究》,《中国软科学》2011 年第 10 期。

[112] 吴耀、牛俊蜻、郝晋伟:《区域城镇化综合发展水平评价研究》,《西北大学学报》2009 年第 6 期。

[113] 黄敬宝:《外部性理论的演进及其启示》,《生产力研究》2006 年第 7 期。

[114] 李寿德、柯大钢:《环境外部性起源理论研究述评》,《经济理论与经济管理》2000 年第 5 期。

[115] 卫玲、任保平:《治理外部性与可持续发展之间关系的反思》,《当代经济研究》2002 年第 6 期。

[116] 中国 21 世纪议程管理中心可持续发展战略研究组:《生态补偿:国际经验与中国实践》,社会科学文献出版社 2007 年版。

[117] 张蓬涛、杨艳昭、封志明:《国外退耕实践及其对我国退耕工程实践的启示》,《水土保持通报》2005 年第 1 期。

[118] 王照平、杨珺、杨超:《国内外退耕还林工程的研究与比较》,《当代经济》2006 年第 5 期。

[119] 高国雄、张国良、刘美鲜、李文忠、刘国强、胡文忠:《国内外退

耕还林研究与实践回顾》，《西北林学院学报》2007 年第 2 期。

[120] 洪尚群、吴晓青、段昌群、陈国谦、叶文虎：《补偿途径和方式多样化是生土补偿基础和保障》，《环境科学与技术》2001 年第 12 期。

[121] 汪中华、郭翔宇：《农村贫困地区实现生态建设与经济发展良性耦合的补偿机制》，《中国农学通报》2006 年第 6 期。

[122] 赵光洲、陈妍竹：《我国流域生态补偿机制探讨》，《经济问题探索》2010 年第 1 期。

[123] 禹雪中、冯时：《中国流域生态补偿标准计算方法分析》，《中国人口·资源与环境》2011 年第 9 期。

[124] 伊媛媛：《跨流域调水生态补偿的利益平衡分析》，《法学评论》2011 年第 3 期。

[125] 张程、徐小玲、李雯：《两型社会建设中流域生态补偿机制构建问题探析》，《科技创业》2010 年第 8 期。

[126] 葛颜祥、吴菲菲、王蓓蓓、梁丽娟：《流域生态补偿：政府补偿与市场补偿比较与选择》，《资源经济》2001 年第 4 期。

[127] 段靖、严岩、王丹寅、董正举、代方舟：《流域生态补偿标准中成本核算的算来分析与方法改进》，《生态学报》2010 年第 30 期。

[128] 李怀恩、尚小英、王媛：《流域生态补偿标准计算方法研究进展》，《西北大学学报》2009 年第 4 期。

[129] 王燕鹏：《流域生态补偿标准研究》，硕士学位论文，郑州大学，2010 年。

[130] 赵进：《流域生态价值评估及其生态补偿模式研究》，硕士学位论文，南京林业大学，2009 年。

[131] 王晶：《生态补偿问题的研究》，硕士学位论文，天津大学，2005 年。

[132] 孟力贤：《矿产资源开发生态补偿机制研究》，硕士学位论文，石家庄经济学院，2010 年。

[133] 李勇：《矿产资源开发生态补偿收费政策研究》，硕士学位论文，中国环境科学研究院，2006 年。

[134] 庞敏：《矿产资源开发生态补偿制度研究》，硕士学位论文，山东

大学，2011 年。

[135] 冯思静：《煤炭资源型城市生态补偿研究》，博士学位论文，辽宁工程技术大学，2010 年。

[136] 赵烨：《我国矿产资源生态补偿机制研究》，硕士学位论文，云南大学，2010 年。

[137] 赵玉娟、盛勇：《矿产开发中资源生态补偿机制的理论基础研究——基于可持续发展的视角》，《经济研究导刊》2009 年第26 期。

[138] 康新立、潘健、白中科：《矿产资源开发中的生态补偿问题研究》，《资源与产业》2011 年第 12 期。

[139] 胡宝清、严志强、廖赤眉等：《区域生态经济学理论、方法与实践》，中国环境科学出版社 2005 年版。

[140] 王幸斌、董瑞斌、黄永平、占涛：《浅论生态补偿机制的模式与功能》，《景德镇高专学报》2007 年第 6 期。

[141] 陈刚华：《西部地区退耕还林工程亟需解决的矛盾及对策》，《中国林业》2007 年第 2 期。

[142] 唐忠、郑风田：《产权理论与资源利用和保护》，《科技导报》1994 年第 2 期。

[143] 刘金富、徐文国：《关于产权理论的几点思考》，《北华大学学报》（社会科学版）2003 年第 4 期。

[144] 陈霜华：《科斯产权理论评析》，《云南财贸学院学报》2002 年第3 期。

[145] 林建华：《基于外部性理论的西部生态环境建设的基本思路》，《西北大学学报》（哲学社会科学版）2006 年第 7 期。

[146] 刘旭芳、李爱年：《论生态补偿的法律关系》，《时代法学》2007 年第 2 期。

[147] 杨艳芳、罗剑朝：《退耕还林还草投资效益评价指标体系的构建》，《安徽农业科学》2007 年第 10 期。

[148] 严立冬：《经济可持续发展的生态创新》，中国环境科学出版社2002 年版。

[149] 王珠娜、潘磊、余雪标、史玉虎：《退耕还林生态效益评价研究进

展》,《西南林学院学报》2007年第1期。

[150] 聂华林、王宇辉、李长亮、李光全:《区域可持续发展经济学》,中国社会科学出版社2007年版。

[151] 赖作莲、王建康:《退耕还林后续产业发展的制约因素与对策》,《内蒙古财经学院学报》2007年第4期。

[152] 柳吉业:《退耕还林后续产业发展存在的3个问题及几点建议》,《新疆林业》2007年第4期。

[153] 龙世谱:《退耕还林后续产也研究》,《科技情报开发与经济》2004年第4期。